마음의 세계를 지배하는
브랜드 스토리 전략

마음의 세계를 지배하는
브랜드 스토리 전략

초판 1쇄 인쇄 2011년 9월 26일
초판 1쇄 발행 2011년 10월 5일

지은이 김훈철
펴낸이 김선식

1st Creative Story Dept. 변지영, 신현숙, 김희정, 양지숙, 이 정, 송은경
Creative Design Dept. 최부돈, 황정민, 박효영, 김태수, 손은숙, 이명애
　　　　Marketing Dept. 모계영, 이주화, 정태준, 신문수
　　Communication Team 서선행, 박혜원, 김선준, 전아름
　　Contents Rights Team 이정순, 김미영
　　　Management Team 김성자, 송현주, 김민아, 권송이, 류수민, 윤이경, 김태옥

펴낸곳 (주)다산북스
주소 서울시 마포구 서교동 395-27번지
전화 02-702-1724(기획편집) 02-703-1725(마케팅) 02-704-1724(경영지원)
팩스 02-703-2219
이메일 dasanbooks@hanmail.net
홈페이지 www.dasanbooks.com
출판등록 2005년 12월 23일 제313-2005-00277호

ISBN 978-89-6370-658-0 (13320)

- 책값은 표지 뒤쪽에 있습니다.
- 파본은 본사와 구입하신 서점에서 교환해드립니다.
- 이 책은 저작권법에 의하여 보호를 받는 저작물이므로 무단 전재와 복제를 금합니다.

마음의 세계를 지배하는
브랜드 스토리 전략

김훈철 지음

프롤로그

브랜드 스토리가 없는
브랜드의 비극

안젤리나 졸리가 허름한 보트 위에 앉아 있다. 캄보디아의 어느 호숫가. 속이 살짝 비치는 듯하면서도 우아한 품격을 보여주는 리넨 소재의 바지와 셔츠를 입은 졸리의 눈에서는 차분한 행복과 여유가 느껴진다. 졸리의 매력을 온전히 느끼고 나서야 그녀의 어깨에 루이비통 가방이 걸려 있음을 발견하게 된다. 그 아래 이렇게 쓰여 있다.

"단 한 번의 여행이 인생의 항로를 바꿀 수 있다.
캄보디아, 2011년 5월.
루이비통저니스닷컴louisvuittonjourneys.com에서 안젤리나 졸리의 발자취를 따라가 보자."

　일간지 전면에 실은 브랜드 광고이지만, 루이비통에 관한 카피는 한 줄도 없다. 배우가 메고 있는 루이비통 가방과 로고를 제외하면 이것은 안젤리나 졸리 개인의 프로필에 불과하다.

　하지만 이 광고를 보면서 저자는 처음으로 루이비통 가방을 사고 싶다는 생각을 했고 이 이야기와 루이비통이 동시에 궁금해졌다. 도시적이고 세련되며, 어느 정도 '잘산다'는 이미지를 주기에 국내에서 가장 선호도가 높고 선물로도 인기가 많은 명품인 루이비통은, 그럼으로 인해 지나치게 대중적이고 조금은 속물적인 느낌을 주기도 했다. 그런 편견을 일순간에 지워버리게 한 것이 바로 이 광고의 '스토리'다.

　영화 촬영을 위해 캄보디아를 찾았다가, 천진하게 뛰어노는 아이들이 하루에도 수십 명씩 지뢰를 밟아 불구가 되는 현실에 충격을 받아 지뢰 제거를 위한 국제 활동에 적극 참여하고 이후 캄보디아의 아이들을 입양하기도 한 그녀의 스토리는 잘 알려져 있다. 그녀가 살아온 삶과 이미지, 매력도에 루이비통이라는 브랜드가 자연스럽게 보태지면서 전혀 어색하지도, 억지스럽지도 않게 하나의 느낌으로 통합되게 만들어주는 광고다. 루이비통은 아무것도 한 게 없다. 단지 우아한 그녀의 어깨에 가방 하나 걸어주었을 뿐이다.

　브랜드 스토리는 이렇게 점점 정교해지고 있다. 스토리가 없는 브랜드는 살아남지 못한다.

　제품에 브랜드 이름을 붙이는 순간 우리는 실제 존재하는 제품과의 접촉을 잃어버린다. 그리고 그 대신 브랜드에 대한 우리의 생각, 즉 브랜드에 대한 이미지와 느낌, 환상에 사로잡히게 된다. 브랜드 정보, 브랜드 메시지는 오감을 통해서 전달되고 오감은 총체적인 경험에 의해 더욱더 확실하게 우리의 두뇌 속에서 정보로 자리 잡게 된다. 그래서 소비자의 기억 속에 오랫동안 남아, 소비자가 제품을 구매할 때 자연스럽게 브랜드가 생각나도록 한다. 기억은 자신이 직접 경험한 사실이나 접한 내용에 대한 종합적 스토리라 할 수 있다. 인간은 기억으로 자의식을 이어가고, 기억이 스토리라면 자의식은 스토리에 의존할 수밖에 없다.

　화젯거리의 중심에는 언제나 스토리가 있다. 대대로 물려온 왕후들의 궁중 비법을 담았다는 '후'나 백세주를 먹지 않아 늙어버렸다는 백발의 아들을 회초리로 때리는 젊은 아비의 기묘한 이야기로 관심을 끈 '백세주'처럼 브랜드 히스토리로 각인을 시키는 방법이 대표적이다. 한편 대장암을 선고받고 투병하다가 알칼리 환원수를 알게 되어 기적적으로 암을 극복한 대표이사의 실제 일화를 담은 알칼리 소주 이야기 '처음처럼'이나 실수로 만들어진 제품이 히트를 하게 된 3M의 '포스트잇'은 브랜드 비하인드 스토리의 성격이 강하다.

또한 기발하고 친절한 게시판 상담으로 화제가 되었던 '세스코'의 바퀴벌레 이야기, 자동차에 깔린 뒤에도 부숴지지 않고 화재 현장에서 극적 구조를 가능하게 했다는 '애니콜'의 핸드폰 이야기처럼 브랜드 에피소드로 주목을 끌기도 한다. 그 외에도 소비자들이 직접 제품을 써본 체험담이나 특별한 사연을 가지고 브랜드 소문을 내기도 하고, 올림푸스의 마이 디지털 스토리 my digital story, 삼성전자의 또 하나의 가족처럼 브랜드 창조 이야기를 통해 소비자의 현재적 욕구와 잠재적 욕구를 건드리기도 한다.

사람들은 브랜드 스토리 들으면, 그 의미를 무의식적으로 받아들이고 그다음에는 그 정보를 통해 브랜드 스토리 뒤에 숨은 감정을 찾아낸다. 소비자를 설득하는 힘이 흥미롭고 공감할 수 있는 이야기라면 그 파급 효과는 더욱 크다. 그래서 브랜드가 자연스럽게 회자되기 위해서는 브랜드 스토리가 반드시 필요하다. 브랜드는 소비자에게 끊임없이 이야기를 만들어주고, 소비자는 그 브랜드의 이야기를 소비한다. 브랜드가 자신의 이야기를 들려주지 않으면 소비자가 직접 나서서 브랜드의 이야기를 만들어내기도 한다. 브랜드 스토리를 소비자가 스스로 만들었을 때 그것이 좋은 스토리라면 다행인데, 나쁜 브랜드 스토리라면 문제가 된다. 브랜드의 생명을 하루아침에 사라지게 만들어 버릴 수도 있다. 소비자는 브랜드의 의도대로만 움직이지는 않는다.

어떻게 하면 사람들에게 브랜드의 진실을 그대로 보여주며 기억시킬 수 있을까? 마음을 사로잡고 움직이게 하는 브랜드의 힘은 어디에 있는 것일까? 소비자가 특정 브랜드를 좋아하고 구매를 반복하는 이유는 무엇인가? 소비자를 설득시킬 수 있는 브랜드의 감정은 무엇인가? 브랜드 감정에는 브랜드 감성과 브랜드 이성, 그리고 브랜드 경험 가치가 담겨 있다. 그래서 브랜드 감정을 느낄 수 있는 이야기를 해야 한다. 소비자와 함께 서로의 정서를 공유하는 상호 작용의 맥락 속에서 브랜드 존재를 확인해야 한다. 훌륭한 브랜드 스토리는 소비자가 직접 참여하게 유도하고, 정서적으로 강력한 유대감을 느끼게 한다. 많은 사람들에게 사랑받는 브랜드는 대부분 스토리를 가지고 있다. 브랜드 스토리가 없는 브랜드는 마케팅을 제대로 해보지도 못하고 비극적인 죽음을 맞는다. 마케팅 아이디어를 터뜨리는 바이러스가 브랜드 스토리이기에 이제 브랜드는 자신만의 브랜드 스토리를 만들어 소비자와 끊임없는 상호 커뮤니케이션을 해야 한다. 소비자의 세계를 지배하는 자신만의 브랜드 스토리를 통해 브랜드를 영원히 살아 있게 해야 한다.

차례

• 프롤로그

1 Brand Story Strategy
마음을 열게 하는 스토리는 따로 있다

01 마케팅의 시작은 소비자의 마음을 이해하는 것 14
02 브랜드의 의미를 전달하는 브랜드 스토리 19
03 브랜드 스토리는 육감 커뮤니케이션이다 24
04 브랜드 스토리는 브랜드 열정이다 28

2 Brand Story Strategy
무의식의 기억 속에 브랜드를 구축하라

01 소비자 마음은 언제나 움직인다 36
02 브랜드 태도를 형성하는 브랜드 스토리 41
03 브랜드 감정이 브랜드를 기억하게 한다 48
04 스토리는 기억 속에 이미지로 남는다 56

3 Brand Story Strategy
스토리라고 다 같은 것은 아니다

01 브랜딩 전략 실패에서 벗어나게 하는 브랜드 스토리 62
02 브랜드 스토리 전략의 두 가지 형태 67
   1• 기업 주도형 스토리 69   2• 소비자 주도형 스토리 90
03 브랜드 스토리 전략 수립 시 고려 사항 117

4 Brand Story Strategy
브랜드 스토리 실행 전략

01 브랜드 스토리 전략의 프로세스 128
    1 • 브랜드 스토리 전략 형태의 결정 130   2 • 브랜드 핵심 스토리 설정 146
    3 • 브랜드 스토리 원천 조사 148   4 • 브랜드 스토리 개발 164

02 브랜드 스토리 커뮤니케이션 전략 수립 184
    1 • 브랜드 접촉점을 찾아라 184   2 • 효과적인 접촉점을 발견한다 191
    3 • 소비자 접촉점에서 효과를 발휘하는 BTL 커뮤니케이션 전략 199
    4 • 소비자 접촉점에 맞는 브랜드 신호를 창출하라 247

5 Brand Story Strategy
무의식적 브랜드 행동을 유도하는 브랜드 스토리

01 브랜드 연상은 이미지 단서로 구성된다 272
02 브랜드 스토리가 최초 상기를 유도한다 278
03 브랜드 구매 결정은 소비자도 모른다 283
04 브랜드 스토리는 브랜드 습관을 만든다 293

- 에필로그 299
- 참고문헌 306

BRAND STORY STRATEGY

―――
브랜드 스토리 전략 1
―――

마음을 열게 하는 스토리는 따로 있다

01 마케팅의 시작은 소비자의 마음을 이해하는 것

brand story Strategy

마케팅의 출발점은 어디일까? 모든 일은 시작점을 찾으면 그 다음 일은 수월해진다. 특히 변화가 심해지고 있는 하루하루의 시장 상황에서 현재의 마케팅 전략^{브랜딩 전략}의 첫 단추를 끼우는 핵심을 아는 것은 무엇보다 중요하다.

혼돈과 불확실, 점점 빠르게 변해가는 세상, 갈수록 경쟁이 치열해지는 시장 속에서 마케팅 출발점이 어디에 있는가를 아는 것은 대단히 중요하다.

설혹 지금 시장 환경에 잘 적응하고 있다고 해서 미래에도 그러리라는 보장은 없다. 시장 진화에 맞춰 함께 진화하고 있는 경쟁자나 소비자를 따라잡지 않고서는 생존 자체도 확신하기 어렵기 때문이다. 시장의 경쟁 패러다임이 변화함에 따라, 이전의 마케팅 지식은 점차 무의미해지고 있다. 시장 변화의 임계점은 빠르게 돌파되고, 그 변화의 속도가 2000년 이후 너무도 가속화되고 있어서 미래 시장의 흐름을 읽기도 전에 시장이 변해 버리는 사태가 일어나고 있다.

이런 변화의 소용돌이 속에서 그 속도를 따라잡으려면 소비자의 진화 속도에 맞춰 마케팅도 진화해야 한다. 마케팅 진화의 핵심은 소비자 마음의 빠른 이해, 즉 그들의 생각을 읽어내는 것이다. 소비자의 생각을 읽어내고 그들의 마음을 이해하고, 그들의 이해 속에서 공감을 이루어내는 것이 최적의 해결안이다.

모든 마케팅의 해결안solution은 소비자 마음 그 자체에 있다. 그렇기 때문에 마케터는 소비자 생각대로 마케팅을 해야 한다. 소비자들이 변화하고 느끼는 방식을 알고, 거기에 적응하는 것이 소비자를 이해하는 새로운 관점이 되는 것이다.

인위적인 길은 올바른 길이 아니다. 아무리 길을 넓게 잘 닦아놓는다고 해도 사람들이 이용하지 않으면 그 길은 무용지물이다. 사람들이 움직임을 통해 만들어내는 자연스러운 길이 바로 올바른 길이다. 마케팅 역시 마찬가지다. 소비자의 생각대로 움직일 때 소비자를 이해하는 최단거리를 발견할 수 있다. 소비자와의 상호 작용으로 그들과 자연스러운 교감을 이루어낼 때 소비자는 브랜드라는 배에 탑승하게 되고, 배는 푸른 바다blue ocean을 향해 전진할 수 있다.

마케팅은 본질적으로 '변화change'를 다룬다. 세상이 변하지 않으면 마케팅 자체도 필요 없다. 사람의 마음도 항상 변한다. 변하지 않으면 사람이 아니다. 소비자 변화라는 것은 자연의 현상과 동일하기에 당연한 것으로 여겨야 한다. 시장은 결국 소비자들의 집단이기에 시장을 이해한다는 말은 바로 소비자들을 이해한다는 말과 같다. 그들의 행동을 시장 현장에서 있는 그대로 관찰하는 것이 바로 소비자 이해이며, 소비자 이해는 항상 현재의 순간에서 소비자의 변화를 발견하는 것이다. 소비자 이해란 그들의 삶을 이해하고, 삶의 현장에서 생활의 한 장면life scene을 보는 것이다. 이해understand라는 말의 의미는 아래under에 서 있는stand 것이다. 바로 시장 현장에 있는 것이 소비자 이해의 지름길이다. 그것은 바로 인간의 내면under에 서 있으면 된다는 뜻과 동일하다. 낮은 데로 임하는 것만이 소비자를 이해하는 것이다. 잠재의식, 무의식의 세계를 이해하는 것이 바로 이해의 참뜻이다.

모든 해결점은 소비자에게 있다. 그러나 자신조차도 자기를 모르는 마음은 블랙박스black box다. 소비자 마음을 알아보고, 훔쳐 보기 위해서는 그들의 속마음을 알아야 한다. 이것은 소비자의 생각이 어떻게 전개되느냐에 대한 이해로부터 출발해야 한다. 잠재적, 무의식적 욕구가 드러나도록 해야 하며, 그것은 소비자의 바람wish이 있기에 가능하다.

소비자의 목소리를 귀담아듣지 마라. 소비자를 위해 좋은 서비스를 개발하는 건 헛수고일 수 있다. 이 말은 소비자를 무시하라는 말이 아니다. 오히려 '고객 만족 경영'을 주장하고 있는 기존 기업이 그것을 제대로 실행하지 못하고 있음을 역설적으로 말한 것이다. '소비자고객 만족'이 경영의 핵심이라고 부르짖으면서도 실제도 이를 제대로 실행하는 기업은 거의 없다.

최근 소비자들이 어떻게 브랜드와 관계를 맺고 자신들과 브랜드가 연결되는가에 대한 새로운 시각이 주목을 끌고 있다. 브랜드 마케팅의 다음 단계로의 진화는 소비자들을 설득하고 구매로 이끌 수 있는 브랜드 스토리 마케팅brand story marketing이다.

브랜드 스토리를 통하여 우리는 단순한 단어 이상의 의미를 전달할 수 있으며 그러한 브랜드 스토리는 시각적 이미지, 디자인, 사운드 및 모선을 포함한 광범위한 표현을 담고 있다. 신경과학 분야의 많은 논문들은 사람들이 단어가 아닌 이미지로 사고한다는 것을 보여주고 있다. 왜 브랜드 스토리로 커뮤니케이션해야 할까? 그것은 브랜드 스토리가 소비자들이 브랜드를 학습하고 기억하며 자신과 동일시하는 데 있어 가장 효과적인 방법이라는 것이 인지과학적 측면에서 입증되었기 때문이다. 이것은 결국 소비자들이 기업의 어떠한 커뮤니케이션 형식보다도 브랜드 스토리를 통해 브랜드를 보다 더 정확히 해석하고 이해할 수 있다는 것을 보여준다.

소비자의 마음을 사로잡는 힘은 무엇일까? 이제 소비자는 제품 그 자체를 사는 것이 아니라 브랜드를 사고, 나아가 브랜드가 갖고 있는 스토리이야기를 산다. 스토리에는 꿈과 감성이 있기 때문이다. 브랜드 가치를 높이는 것이 브랜드 스토리다. 소비자 변화가 소비자 진화 시대로 가고 있는 현시점에 시장에서 살아남을 수 있는 브랜드가 되기 위해서는 끊임없이 화젯거리를 만들어야 한다.

브랜드 스토리에 대한 통찰은 광범위한 영역의 기업 커뮤니케이션에 적용될 수 있다. 그 효과가 가장 명확히 드러나는 분야는 광고와 PR 같은 마케팅 커뮤니케이션 분야다. 또한 포장, 유통, 스폰서십과 같은 활동으로 확대 적용될 수 있다. 브랜드 스토리는 브랜드 커뮤니케이션에 있어서 중요하고 설득력 있는 수단이 될 수 있다. 또한 브랜드 스토리는 통합된 브랜드 문화brand culture를 만들어낼 수 있는 가장 좋은 방법이 될 수 있는 것이다.

경영을 잘하려면 성공 뒤에 자리 잡고 있는 근본적인 메커니즘을 고찰해야 한다. 새는 그 날갯짓만으로 창공을 날 수 있는 게 아니다. 새가 공중에 뜰 수 있는 기본적인 원리를 파악하고 있는 사람만이 비행에 성공할 수 있다. 변화하는 시장을 기업의 입장에서 외부적 시선으로 바라보는 게 아니라, 시장 내부에서 소비자들과 함께 생각하고 소비자들이 제품브랜드을 이용하면서 무엇을 요구하는지를 먼저 깨달아야만 마케팅이 시작된다.

브랜드의 의미를 전달하는 브랜드 스토리

요즘 소비자들은 브랜드^{제품} 선택에 있어서 얼마나 합리적이고 이성적이라고 생각하는가. 또한 소비자들은 어떤 기준에 의해서 특정 브랜드를 선호하고, 구입하는가. 소비자 목소리를 직접 들어본 적이 있는가. 소비자의 목소리를 들어보면 소비자는 이성적 욕구에 의해서보다 감성적인 욕구에 의한 소비 경향을 가지고 있음을 알 수 있다.

"나는 오늘 아이폰iPhone으로 바꿨어. 왜냐고? 그냥 마음에 들어서!"라고 말한다. 아니면 "주위의 친구들이 모두 그걸 사용하니까", "이전 것이 유행에 뒤처져서, 디자인도 마음에 들지 않고." 이렇듯 소비자들은 각 개인들만의 감정에 따라 소비하는 경향을 보인다.

우리가 흔히 알고 있는 고관여 제품high involvement products인 자동차의 구매에도 그 선택 기준은 더욱 애매모호하게 들린다. 그리고 그들의 의사 결정도 총체적인 경향holistic trend을 보인다.

이러한 소비 경향의 변화성은 소비자를 둘러싸고 있는 환경 요소가 바뀜에 따라 브랜드 선택이 급격하게 변화됨을 알 수 있다.

이러한 원인은 세 가지가 있다.

첫째, 소비자 지식의 증가다. 소비자들은 기존의 어떤 브랜드든 관계없이 직접 사용해서 그 내용을 알고 있든, 아니면 간접적인 경험에 의해 알고 있든 간에 많은 지식을 갖고 있다는 점이다. 소비자들은 이미 특정 브랜드에 대하여 기능적으로 많이 알고 있고 또 어느 정도 믿음을 갖고 있기 때문에 실제로 제품에 대한 많은 정보를 필요로 하지 않는 경향이 높아지고 있기 때문으로 보인다. 소비자들이 과거 어느 시기보다 쉽게 정보를 접하고 있고, 소비자의 권리가 한층 강화되고, 인터넷 검색과 소셜 네트워크social network를 통해 자신들이 원하는 브랜드제품, 서비스를 찾아낸다.

둘째, 경쟁 활동의 강화에 의한 소비자의 교육화 현상이다. 경쟁 업체들이 새로운 제품이나 서비스를 더 빨리 모방하기에 투자 수익률이 빨리 회수되지 않는다. 실제로 제품의 기능이나 기술력의 차이는 그리 많이 나지 않을 것이다. 그러나 더욱 무서운 것은 이러한 치열해지는 경쟁 활동은 더욱더 소비자들을 비합리적인 의사 결정으로 구조화시킨다는 점이다. 소비자들은 "다 같은데, 이왕이면 내가 좋아하는 브랜드로!" 바로 브랜드 감정brand emotion이 이제 소비자의 의사 결정 요인화되고 있다는 사실이다.

셋째, 소비자들의 내부적 변화다. 일부 소비자들은 자기의 주관에 의해 구매하지만 유행적 구매 행동은 과거보다 심화되는 경향이 있다. 이러한 유행병에 걸린 소비자들은 우리가 흔히 애기하는 합리적 구매 결정 과정의 견해로는 이해될 수 없다. 오히려 경험적 구매 의사 결정 과정으로 이해되어야 한다. 그들에게 있어서 실제적 가치보다는 자신의 인지된 품질이 중요하다. 따라서 브랜드의 감정 부문은 이러한 추세에 힘입어 더욱 중요한 가치를 지니게 된다.

브랜드 감정을 효과적으로 전달해야만 소비자의 브랜드 선택에 대한 이해를 정확하게 알 수 있다. 이를 위해서는 브랜드를 핵심 타깃에 맞게 개성화시켜야 한다. 이는 브랜드를 드라마화시키는 것이나 상징화시키는 방법이다. 또한 핵심 타깃의 문화적 가치 배경을 이해해야 한다. 느낌이 있는 브랜드가 되기 위해서는 브랜드 문화가 형성되어야 한다. 기술적으로 낙후된 느낌을 주지 않고, 단순하고 디자인 지향적이며, 장기적 관점에서 글로벌한 의미를 지녀야 한다. 이것은 현대 소비자 변화의 흐름에 적합해야만 그들의 마음을 이해한다. 복잡해지는 소비자의 욕구 변화는 보다 진화되고 있다.

공유된 스토리들은 사람들 간에 공감대를 형성해주며 공유된 역사관과 커뮤니티 의식을 제공하기도 한다. 모든 한국인들은 고조선 단군 시대, 삼국 시대 이야기를 알고 있지만, 대다수의 외국인들에게는 매우 생소한 이야기일 뿐이다. 또한 가족들은 스토리를 공유한다. 이는 세대를 뛰어넘어 후손들에게 물려주고, 새로운 스토리를 첨가하기도, 때로는 바꾸기도 한다. 친구들 사이에도 지속적으로 공유하는 스토리가 존재한다. 이러한 모든 스토리들은 매우 강력한 아이덴티티와 소속감을 만들어낸다. 이는 브랜드에 있어서도 마찬가지다. 가장 강력한 브랜드는 모두 한 가지 공통점을 가지고 있다. 즉, 강력한 스토리를 가지고 있다는 점이다.

만일 당신이 맥줏집에서 하이트나 카스와 같은 브랜드를 주문하려고 할 때, 당신은 그 브랜드의 스토리와 일체감을 가진다. 그리고 타인이 같은 맥줏집에서 하이트나 카스를 주문하는 것을 보고 당신과 무엇인가 공통점을 가지고 있을 것이라고 생각할 수 있다. 이것이 브랜드 아이덴티티의 공유감이자 소속감이다. 이러한 브랜드 스토리는 매우 오랜 시간에 걸쳐 만들어지며, 많은 심리적 자극과 접촉점들을 통해 전달되기도 한다.

그리고 스토리들은 우리의 사고가 진행되는 방식 때문에 효과가 있다. 우리는 어떤 스토리를 들었을 때 과거의 모든 기억과 경험들을 바탕으로 그 스토리를 이해하게 된다. 우리는 스토리를 우리의 문화적 배경을 통해 해석한다. 가장 설득력을 가질 수 있는 새로운 스토리들은 우리의 마음속의 코드를 정확히 짚어내 우리가 이미 알고 있는 스토리들과 공감할 수 있는 것들이다. 현재 인지과학이나 심리학의 새로운 발전은 시인이나 작가들, 영화 제작자들이 수백 년 동안 직관적으로 알아왔던 사실들을 검증해내고 있다.

우리는 어릴 적 들었던 이솝 우화의 도덕적 교훈들을 기억해낼 수 있다. 하지만, 단지 몇 시간 혹은 며칠 전 들었던 사실들을 종종 잊는 경우가 있다. 이러한 사실은 브랜드 스토리의 위력을 보여주는 간단한 예다.

바야흐로 현대의 소비자들은 제품브랜드의 기능적 욕구에서 감성적 욕구, 그리고 경험적 욕구의 차원을 넘어선 총체적 욕구에 기반을 둔 의미적 욕구로 변화한다. 소비자 개개인이 브랜드 의미성을 제각기 부여함으로 브랜드 선택을 결정하고 있다. 또한, 소비자에게 전달하는 가치 제안과 소구점을 유지하는 전략을 펼쳐야 한다. 브랜드 의미brand meaning는 소비자 각 개인의 감정이 들어 있어야 한다. 소비자의 소비 성향에 맞는 브랜드 선택은 브랜드 의미성과 소비자 각각의 퍼스낼리티와 브랜드 아이덴티티와의 올바른 연결이 필요하고, 이를 위한 총체적 접근 방법이 브랜드 스토리다.

03 브랜드 스토리는 육감 커뮤니케이션이다

brand story Strategy

　브랜드가 소비자와의 감정적 유대 관계를 맺지 않는 이상 절대로 소비자는 브랜드를 받아들이지 않는다. 커뮤니케이션 활동 자체가 이미 소비자와 함께 교감하고, 공감하는 것이다. 그래서 브랜드와 소비자가 동상이몽해서는 안 된다. 커뮤니케이션을 잘한다는 것은 소비자와 브랜드 둘 사이의 공감대가 형성되어 동감同感이 된다는 뜻이다. 이를 위해서 소비자의 마음, 구매 동기, 잠재 욕구를 불러일으킬 수 있는 브랜드 활동이 필요하다. 브랜드의 성공은 소비자와 공유된 감정을 가졌을 때 가능하다. 그것이 현재 욕구를 자극하고, 숨어 있는 잠재 욕구를 드러내도록 한다. 소비자의 구매 동기가 마음속에서 움직여야 소비가 가능하다. 소비자의 구매 결정, 브랜드 선택은 즉시 일어날 수 없다. 구매 욕구가 행동으로 나타날 때까지의 대기 시간이 필요하고, 시간의 차이를 메울 수 있어야만 브랜드 선택을 한다. 이렇게 되기 위해서는 브랜드를 소비자 머리에 각인시켜야 한다.

사람은 감정 커뮤니케이션을 한다. 그러나 감정은 감성, 감각이 아니다. 소비자의 마음을 이해하는 커뮤니케이션이 감정 커뮤니케이션이다. 이는 소비자의 마음을 움직여 소비자와 브랜드 간의 관계를 친밀하게 만든다. 감정 바이러스인 스토리는 사람들의 일상생활 속에 존재하는 유일무이한 커뮤니케이션 방법이다. 그래서 끊임없이 스토리는 일상생활에서 창조되고 소비된다. 새로운 스토리는 보다 널리 퍼지게 된다.

사실상 브랜드는 그 자체가 차별적 의미를 포함한다. 마케팅 세계에서 똑같은 브랜드는 없다. 브랜드의 탄생 배경이 불에 지진, 결코 잊지 못할 브랜드 화상^{불에 덴} 흔적을 소비자 마음에 남기기 위해서 존재하는 것이기에 이미 브랜드는 차별화의 표식으로 사용되고, 두뇌에 각인되는 것이다.

여기에다가 브랜드가 소비자의 마음속에 어떤 의미성^{meaning}을 부여하는가가 관건이 된다. 브랜드를 인식하고, 자각하는 것이 실제로 오감^{五感-시각, 청각, 미각, 후각, 촉각}에 의해서 받아들여지지만 그 의미성은 오감의 차원을 벗어나는 육감^{생각, six sense}의 차원이다. 즉 두뇌의 작용에 의해 받아들여진다. 브랜드 스토리는 스토리를 통해 브랜드와 소비자의 쌍방 커뮤니케이션이 일어나고, 그것은 상호 간의 공유된 세계에서 이루어진다.

  브랜드 스토리는 타깃 청중target audience이 원하는 브랜드 가치가 녹아 있고, 그 브랜드를 소비자의 뇌리에 자연스럽게 침투시키고, 소비자의 기억 창고에 고스란히 보관시키는 가장 좋은 커뮤니케이션이다. 사실 브랜드 스토리는 새로운 방식의 커뮤니케이션이 아니라 이미 실제적으로 활용된 커뮤니케이션이다. 브랜드의 성공은 이미 사람들에게 습관처럼 되어버린 스토리 방식을 통해서 이루어지고, 브랜드가 실패했다면 그것은 바로 자기 멋대로의 방식으로 소비자와 커뮤니케이션했기 때문이다.

  브랜드 스토리는 브랜드 세계를 좀 더 알기 쉽게 만든다. 그래서 브랜드 스토리만이 브랜드 아이디어를 퍼뜨리는 유일한 방법이다. 믿음, 진정성, 신뢰는 인식의 차원이 아니라 감정의 차원이다. 소비자는 자기가 원하는 것이면 무조건 받아들인다. 자기의 생각과 일치해야만 받아들이는 마음이 생기기 때문이다. 사람은 언제나 자유 의지로 움직인다. 자기 스스로 결정한다는 것이다. 하지만 그것은 의식이 아니다. 우리가 의식적 사고로 이해하는 그 무엇이 아니라 무의식적 사고로 느끼고, 움직인다는 것이다. 자신의 내밀한 욕구를 충족시키는 것은 자기도 모르는 자기 마음이다. 무의식에 근거한 마음의 활동이 소비자 자신에게 최면을 걸게 하는 것이 스토리의 힘이다.

끊임없이 새로운 이야기를 찾는 행위 자체가 사람의 본능이다. 흥미로운 이야기, 재미있는 이야기, 충격적·감동적 이야기 등은 오감을 통해 감정을 일으킨다. 좋은 이야기는 사람들이 적은 에너지를 사용하며 쉽게 받아들인다. 감정을 건드리는 좋은 브랜드 스토리는 무의식적으로 받아들인다. 그래서 브랜드 스토리는 육감을 울리는 원초적인 커뮤니케이션 내용이 된다.

커뮤니케이션이란 브랜드 아이디어를 소비자에게 전하는 것이고, 아이디어는 바로 소비자의 이상理想이다. 브랜드 아이디어를 퍼뜨리는 바이러스가 브랜드 스토리다.

사람들은 눈에 보이는 현실을 중요하게 생각하지만 실제로는 눈에 보이지 않는 내부의 또 다른 현실이 반영되어 있다. 소비자들의 세계관은 이미 형성되어 있고, 오직 변화에만 관심을 두고 있다. 그렇지만 소비자가 마음의 준비가 되어 있지 않으면 브랜드 스토리는 소비자의 육감을 움직이지 못한다. 이렇듯 브랜드 스토리는 소비자의 세계관과 만남으로써 영원히 지속된다.

오감을 통해 생각에 맞게 움직이는 육감 커뮤니케이션은 브랜드 스토리만이 가능하다.

04 브랜드 스토리는 브랜드 열정이다

brand story Strategy

마케팅은 제품과 소비자를 브랜드라는 매개체를 통해 관계를 맺게 하는 기술relationship technology이다. 진정한 관계는 하루아침에 형성되지 않는다. 소비자 만족 마케팅을 전개한다 할지라도 진정한 관계를 맺기가 쉽지 않다. 물론 관계 맺기의 끝은 결혼이다. 하지만 이혼이 많이 발생하는 현대에서 실제로 결혼 생활을 지속적으로 이끌어가는 것은 어렵다. 브랜드와 소비자의 첫 만남을 연애 관계로 발전시키고, 상호 간의 공감대가 지속적으로 형성되어야만 결혼 관계가 이루어진다. 여기서 중요한 것이 바로 브랜드 약속brand promise이다. 브랜드 약속은 믿을 만하고, 설득력이 있어야 하고, 소비자와의 개인적인 교류가 이루어지도록 해야 한다.

소비자와 브랜드의 관계 맺음은 소비자가 처음부터 브랜드와 연결되는 유대감의 깊이 속에서 발생한다. 소비자와 브랜드의 상호 관계를 계속 유지시킨다는 것은 단순한 약속 이상의 의미가 있어야 하며, 여기에는 완벽한 브랜드 체험 가치가 필요하다. 소비자가 브랜드를 신뢰하는 것은 반드시 필요한 기반이지만 브랜드와 감정 관계는 단순한 신뢰성보다 깊어야 한다. 그래서 지속적인 상호 관계를 유지하기 위해서는 브랜드 열정brand passion이 있어야 한다.

현대 생활에 있어 브랜드는 이제 피할 수 없는 존재다. 브랜드는 소비자들에게 관심attention을 받기 위해 노력하고, 지속적이고 의미 있는 관계로 발전하도록 소비자를 유도하는 방법을 모색한다. 브랜드가 러브마크love mark로 불리게 되는 것도 브랜드 열정이다. 그렇기에 브랜드 열정은 브랜드 편익에 보이지 않게 느끼는 브랜드 감정이 포함되어야 한다. 형태적인 제품 속성을 기반으로 하는 편익으로 차별화하는 것이 아니라 소비자들과 지속적인 감정의 연결 고리를 유지해야 한다. 소비자가 느끼는 독특한 감성적 친밀감이 브랜드 열정이다. 그래서 브랜드 열정은 브랜드와의 강력한 감성적 유대감을 만들어내는 모든 것이 된다. 즉 소비자에게 유일하게 잊히지 않는 기억을 간직하게 해 줄 수 있는 것이 브랜드 열정이다. 소비자 관계에 관심이 있는 브랜드라면 소비자들이 브랜드를 어떻게 느끼고, 어떤 채널을 통해 그런 느낌을 가지는지가 중요한 문제가 된다.

브랜드 스토리를 통해 브랜드와 만남으로써 브랜드 열정이 일어난다. 사실 브랜드 관계를 형성하는 과정은 브랜드 약속으로부터 시작된다. 브랜드 약속은 소비자들과 연결이 되어야 한다. 소비자들은 약속한 브랜드 경험이 독특하고 매력적일 뿐만 아니라 직접적이고 개인적이어야 더욱 관심을 갖는다. 브랜드가 개인적으로 소비자에게 어떠한 의미를 갖는지 느껴야 한다. 브랜드 약속이 소비자와 브랜드 사이에 감성적 친밀감을 이끌어내지 못하면 커뮤니케이션광고, 홍보, 판촉, 영업사원 등을 통해 반복적으로 경험하더라도 오래 지속되지 못한다. 브랜드 약속이 소비자 자신에게만 제공된다는 특별한 편익점이 존재하지 않는 경우에는 소비자들의 브랜드 열정을 이끌어낼 수 없다. 다른 브랜드와의 차별이 소비자 개개인과 연계되지 않을 경우 브랜드 열정은 일어나지 않는다. 그래서 브랜드 약속은 믿을 만해야 하고, 설득력이 있어야 하고, 소비자 개인적인 연계감이 있어야 한다. 또한 브랜드 열정은 브랜드 매니아brand mania를 만들어낸다.

소비자를 설득하는 좋은 방법은 브랜드 아이디어brand idea를 중심으로 도저히 주목하지 않을 수 없는 스토리를 구성해 사람들의 감성을 사로잡는 것이다. 애플의 스티브 잡스Steve Jobs가 신제품을 출시할 때마다 소비자들을 사로잡는 방법이다.

스티브 잡스는 비즈니스 역사상 가장 위대한 이야기꾼 중 한

명으로 항상 모든 것을 스토리로 시작하며, 스토리를 전달한 후에야 비로소 제품에 관한 여러 사실과 특성들을 설명한다. 1983년 가을, 스티브 잡스는 까다로운 시청자들에게 매킨토시를 소개하는 그 유명한 광고 빅브라더Big Brother를 공개했다. 그는 어째서 1984년이 컴퓨터 산업에 있어 중요한 전환점인지, 설득력 있는 스토리를 펼쳤다. 그는 컴퓨터 산업을 지배하려는 IBM의 시도에 대한 애플의 반격이 바로 매킨토시라고 설명했다. 즉, 컴퓨터 판매상들과 소비자들이 그러한 독점 체제에서 벗어나 선택의 자유를 향유하게 해줄 수 있는 유일한 희망이 애플뿐이라고 주장했다. 2001년 스티브 잡스는 아이팟을 출시하며 또 하나의 놀라운 스토리를 준비했다. 아이팟의 존재는 사람들로 하여금 주머니 속의 생활 필수품인 음악 도서관을 휴대할 수 있게 했다. 그리고 2007년, 스티브 잡스는 시대의 전환을 약속하며 아이폰을 출시했다. 아이폰은 혁신적이고 똑똑하며 사용이 간편하고, 휴대용 오디오와 전화, 인터넷을 결합한 제품이었다. 스티브 잡스는 신제품이 나올 때 자신의 설득력 있는 스토리로 컴퓨터와 음악, 휴대전화 산업에서 '변혁'이라는 미션을 사람들에게 전달했다. 하지만 스티브 잡스가 우리에게 들려준 스토리들은 그저 시작에 불과했다. 애플의 가장 완벽한 스토리는 다양한 저자들, 즉 애플의 직원들과 협력사, 그리고 가장 중요한 소비자들이 끊임없이 협력해 지속적으로 갈고닦은 것이다. 수평적 세계에서 브랜드를 둘러싼 가장 중요한 부분은 집단적인 지혜로부터 촉발된다. 스토리는 한 저자에게서 다른 저자에게로 전달되며 계속해서 다시 만들어진다. 브랜드는 최종적으로 어떤 스토리가 시장에 퍼지게 될지 결코 알 수 없기에 항상 처음부터 가장 확실한 브랜드 스토리를 열정적으로 전해야 한다.

브랜드 스토리에는 브랜드 감정이 있고, 브랜드 열정을 만들어내는 힘이 있다. 브랜드 마케터들은 입소문을 주로 하는 브랜드 열광자, 브랜드 지지자, 브랜드 홍보 대사들로 인해 브랜드 성패가 결정됨을 알고 있다. 소비자와의 관계에 있어서 사랑하는 것^{love}과 좋아하는 것^{like} 간의 차이점이 브랜드 열정이다. 브랜드 열정을 갖고 있는 소비자는 그 브랜드가 자신에게 가장 완벽하다고 확신한다. 그것은 브랜드에서 느끼는 최고의 감정적 몰입이다. 소비자들과의 감성적 고리가 강할수록 브랜드 열정은 더욱 높다. 보이지 않고 어느 누구도 지금까지 본 적이 없을지라도 브랜드 열정은 엄연하게 존재한다. 브랜드 스토리는 브랜드 열정을 만들어낸다.

브랜드 열정은 브랜드에 따라 다양하다. 여기서 중요한 것은 소비자들이 중요하게 생각하는 핵심 요소가 모두 다르다는 것이다. 즉, 개별 소비자들이 브랜드와 갖는 경험은 매우 특별하고, 다른 사람이 경험한 것과는 다르다고 이야기한다. 브랜드 경험은 소비자 시각에서 창출된다. 브랜드 경험 없이 브랜드 열정을 만들 수 없다. 브랜드 열정은 브랜드 경험을 통해서만 창출됨을 의미하기에 소비자에 의한 브랜드 스토리는 브랜드 열정을 만들어내는 강력한 동인이 된다.

브랜드 스토리는 즐기면서 그 내용을 잘 받아들일 수 있는 훌륭한 커뮤니케이션 방법이다. 빼어난 브랜드 스토리를 가진 광고는 문화의 일부가 된다. 이러한 종류의 광고는 일상 생활의 언어에 녹아든다. 그러나 우리는 훌륭한 스토리를 가진 광고들을 접하고도 그 광고가 어떤 브랜드를 홍보하는지를 기억하지 못하는 경우가 많지 않은가? 또는, 그것을 경쟁사의 광고로 오해하지는 않는가? 가장 좋은 광고는 브랜드 스토리와 광고 속의 재미있는 스토리를 모두 이야기한다. 브랜드는 광고 속의 스토리에서 필수불가결한 요소로서 전체를 포괄할 수 있어야 한다. 브랜드가 그러한 역할을 소화해내지 못한다면 그 광고의 효과는 미미할 수밖에 없다.

BMW는 사람들이 인터넷에서 다운로드 받을 수 있는 단편영화 시리즈를 만들어냈다. 이 단편영화 The Hire 들은 문화 이벤트일 뿐 아니라 매우 효과적으로 BMW의 브랜드 스토리를 전달하고 있다. BMW는 단편영화를 통해 전형적인 세일즈 메시지 없이 강력하고 설득력 있는 전략적 메시지를 전달한다.

나이키 Nike 는 브랜드 출범 초기부터 브랜드 스토리와 신화적 이미지 창출에 대한 이해를 기업 커뮤니케이션 활동 전반에 명확히 반영하고 있다. 나이키라는 브랜드 이름은 그리스의 승리의 여신에서 따온 것이며 로고는 승리의 날개인 나이키의 날개를 연상시킨다. 하지만, 브랜드의 성공을 위해 이러한 장치들을 소비자에게 명시적으로 드러낼 필요는 없다. 나이키는 승리의 스토리들을 현대적으로 재구성하여 전달한다. 마이클 조던, 타이거 우즈 등 나이키 광고 속의 영웅들이나 종목들은 변해왔지만, 승리를 위한 투쟁이라는 브랜드 스토리는 일관되게 유지되고 있다.

여기에는 알게 모르게 브랜드 열정이 숨어 있고, 그것이 브랜드 경험을 통해 드러나게 한다. 여기에 브랜드 스토리가 담겨 있기 때문에 소비자들은 브랜드와의 상호 관계를 형성한다. 또한 소비자들은 브랜드와 관계 맺음에 대해 다른 소비자에게 이야기하고 싶어 하기에 브랜드 마케터는 소비자들이 하는 이야기에 두말할 필요 없이 귀 기울여야 할 것이다.

BRAND STORY STRATEGY

―――
브랜드 스토리 전략 2
―――

무의식의 기억 속에 브랜드를 구축하라

01 소비자 마음은 언제나 움직인다
brand story Strategy

"소비자 변심을 막아야 우리 브랜드가 산다."
"소비자 변심을 우리 브랜드로 유도해야 산다."
　시장 현장에서는 소비자들의 브랜드 전환brand switch의 이유, 원인을 파악하기 위한 정보 전쟁이 벌어지고 있다. 지금 시장에서 특출나게 뛰어난 브랜드는 없다. 모든 브랜드는 소비자의 선택에 의해 결정된다. 소비자의 자유 의지에 의해 선택된 브랜드만이 살아남는다. 그것을 억지로 해서는 안 된다. 변화와 속도가 빨라지는 시대에 기억해야 할 것은 소비자들이 어떻게 변심할지 모른다는 사실이다.
　브랜드 전환이란 어떤 브랜드를 사용하든 소비자가 마음의 변화를 일으켜 다른 브랜드로 옮겨가는 일종의 이탈 현상을 의미한다. 소비자들의 브랜드 전환은 때로는 독려해야 할, 때로는 견제해야 할 현상이다. 마케터는 이제 소비자 마음을 자기 뜻대로 움직일 수 없다. 그럴 수 있다는 생각 자체가 몽상이다. 브랜드 전환의 독려, 즉 경쟁사의 소비자들을 끌어들이기 위한 최고의 순간은 값싸고 품질 좋은 제품을 내놓는 것이다. 즉 소비자들에게 가치 있는 제품을 제안하는 것이다. 이를 위해 기업들은 저렴한 고성능 제품을 출시하려고 연구·개발R&D에 전력을 다한다. 그러나 더 좋은 제품을 원하는 소비자 심리에서 비롯된 브랜드 전환도 일어나므로 기업들은 소비 심리에 대한 다각적인 연구를 진행해야 한다.

소비자 브랜드 전환에 대한 독려가 공격적인 방법이라면, 견제는 방어적인 방법이다. 긍정적인 브랜드 전환을 이뤄내려면 소비 트렌드와 경쟁사의 움직임을 주시하면서 자사 브랜드에 대한 충성도를 높여야 한다. 가장 보편적인 방법은 질 좋은 서비스의 제공이다. 제품 구매 단계는 물론 사후에도 적극적인 서비스를 제공해 최대한 소비자 이탈을 막는 전략이다. 온라인망이 발달된 우리나라의 특성을 이용, 일부 기업은 '자사 브랜드를 좋아하는 사람들이 만든 커뮤니티'를 적극적으로 지원한다. 이러한 활동에도 막상 구매 시기가 왔을 때 소비자는 어떤 브랜드를 살 것인지, 경제력은 뒷받침되는지, 구매할 브랜드가 자신과 맞는지 꼼꼼하게 살핀다. 기업은 소비자가 찾는 가치가 무엇인지를 명확하게 파악해야 한다. 소비자의 필요와 욕구는 수시로 변한다. 소비자는 언제라도 자신의 태도를 바꿀 수 있다. 가치를 자각하는 소비자들을 붙잡아야 한다. 갈수록 변덕스러워지는 소비자의 마음을 움직일 수 있는 상당히 지능적인 마케팅 전략이 요구된다. 소비자의 필요와 욕구에 맞는 제품서비스으로 변화시켜야 한다.

과거에는 마케터의 기획과 의도가 소비자를 움직였지만, 브랜드는 이제 마케터의 공간을 뛰어넘어 현실화된 소비자 공간에 존재한다. 마케터의 공간이 '소비자들이 제품을 구매하는 시간, 장소 등 기업이 각자 자생적으로 만들어내는 공간'이었다면, 소비자 공간이란 '현실이 브랜딩branding되는 공간'이다. 이제 소비자의 욕구는 마케터의 생각 속에 있지 않다. 소비자가 원하는 공간 속에 브랜드제품가 있어야 한다. 브랜드 가치도 결국 소비자의 지각인지, 인식 속에 있다. 브랜드 가치도 마케터가 창조하는 것이 아니다. 소비자들의 자유 의지 속에서 가치가 창조된다. 소비자는 적극적으로 브랜드의 메시지를 찾고 자신만의 특성을 통해 브랜드 의미를 파악하여 자아 개념self concept으로 흡수한다.

소비자는 무엇 때문에 브랜드를 소비할까? 브랜드다움brandism이 소비자 공간과 만나지 못하면 브랜드는 사라진다. 브랜드에 소비자 개개인의 특성이 반영되지 않으면 소비자는 브랜드를 소비하지 않는다. 브랜드 퍼스낼리티는 그만큼 중요하다. 브랜드^제품 퍼스낼리티가 소비자 퍼스낼리티와 만날 때 비로소 서로의 마음이 통하게 된다.

 소비자의 생각을 알아차리지 못하면 브랜드는 소비자 공간 속에서 사라지고 만다. 브랜드는 마케터 공간이 아니라 소비자 공간 속에서만 살아남는다. 전략적 관점에서 브랜드 마케터는 충성도가 높은 소비자들에게 특별한 관심을 기울이는 동시에 타깃 소비자들을 만족시키는 데 역량을 집중하고, 무엇보다도 소비자의 필요와 욕구에 대한 철저한 조사가 사전에 있어야 한다.

 브랜드는 오늘날 소비자 문화의 상징이다. 브랜드는 소비자의 친구이자 욕구의 대상이다. 브랜드 그 자체가 소비자 가치, 라이프 스타일을 그대로 보여준다. 그렇기에 소비자가 사랑하는 브랜드가 무엇인지를 밝혀내야 한다. 광고, 유통, 판촉, UCC, 사용후기, 입소문 등에서 드러나듯이 이제는 브랜드 커뮤니케이션 자체가 바로 소비자 문화, 브랜드 문화를 의미하게 되었다. 마케팅 힘의 균형이 소비자에게로 이동되고 있음을 잊지 말아야 한다. 그들과의 대화 속에서 브랜드는 다시 살게 된다.

 브랜드 소비에 가장 큰 영향력을 행사하는 것은 소비자의 개인적 추천이고, 그다음으로는 아는 사람으로부터 전해 듣는 입소문^브랜드 이야기의 전파이다. 그리고 사회적 환경의 힘^social power 으로 입소문이 유지된다. 브랜드 스토리는 밈^meme이다. 밈은 문화적 복제자로서 사람들의 두뇌와 두뇌로 전달된다. 밈은 실제로 사람의 행동을 바꾸고 동기를 부여한다. 그것은 바로 마음에서 마음으로 전달된다. 그래서 밈은 마음의 바이러스다. 밈이 성공하는 이유는 정서적 선택에 있기에 많은 사람이 공유하는 정서적 반응을 불러일으킨다. 언제나 움직이는 소비자의 마음을 브랜드 스토리로 잡을 수 있다. 이야기는 인간의 본능이며 기본적인 기억 방식이다. 사람의 경험과 지식, 사고의 대부분은 스토리로 정리되기 때문에 브랜드 스토리의 입소문 전파 속도는 매우 뛰어나다.

언제나 움직이는 소비자에게 브랜드는 길을 내주어야 한다. 브랜드 웨이brand way를 잘 닦아놓은 브랜드에 소비자가 쉽게 들어선다. 그래서 브랜드 웨이는 소비자 웨이consumer way가 되어야 한다. 이들을 합체시키는 것이 브랜드 스토리다.

브랜드 태도를 형성하는 브랜드 스토리

　브랜드에 대한 소비자의 태도 변화가 일어나지 않는 한 브랜드는 선택되지 않는다. 브랜드 태도brand attitude는 브랜드 구매 결정의 핵심이다. 단지 브랜드가 인지, 인식, 지각된다고 해서 우리의 브랜드로 전환되는 것이 아니다. 브랜드 태도는 소비자의 정서, 정감과 함께 드러나는 현상 이미지, 그것은 바로 내부 마음의 변화다. 브랜드 감각은 브랜드 자극에 대한 1차적인 반응일 뿐이지, 그것이 속마음까지 전달되지 않는다. 브랜드 태도라는 것은 브랜드에 일관되게 호의적이거나 비호의적인 방식으로 반응하는 학습된 선경향성learned predisposition을 의미한다. 쉽게 말해 브랜드 태도는 브랜드에 대한 마음의 자세로, 좋고 나쁨의 선호나 호감 여부를 떠나 다소 감정적으로 표현된다. 소비자들과 감정적 유대 관계가 형성되어야만 소비자 태도가 변화된다. 눈에 보이는 느낌이 소비자 마음의 전체를 대변하는 것은 아니다. 감정적 유대 관계는 태도를 좌우하는 요소가 되고, 태도는 인지적 태도, 정서적 태도, 행동적 태도와 연관되어 있다.

인간의 누뇌는 마음을 좌우하고, 그 마음이 브랜드 태도를 형성한다. 이것이 무의식 세계에서 일어나는 보이지 않은 마음의 현상이다. 소비자들의 브랜드 선택에 대한 의사 결정은 우리가 상상하는 것보다 훨씬 즉각적인 반응으로 일어난다. 소비자가 의식적으로 아무런 노력을 하지 않고 있을 때 일어난다. 그래서 그런 일이 일어난 후에야 그 사실을 깨달을 뿐이다. 시장에서 본능적으로 반응하는 대부분의 소비자들은 브랜드 메시지가 타깃 소비자들이 의식하지 못한 상태에서 커뮤니케이션된다. 이러한 태도를 좌우하는 것이 두뇌 속에서의 대뇌변연계(limbic system)다. 두뇌는 구체적인 감각과 지각을 통해 진화를 거듭했다. 의사 결정은 의식적인 사고를 하기도 전에 사람의 지각을 지배하고 있다. 이는 바로 감정 두뇌에 대한 것이다. 소비자들의 심리 반응이 긍정적이면, 행동 반응 역시 긍정적으로 이어진다. 브랜드 태도는 브랜드에 대한 소비자의 마음 자세를 좋고 나쁨의 선호나 호감 여부를 떠나 다소 감정적으로 표현한다. 브랜드 태도가 중요한 것은 소비자들이 브랜드를 감정적으로 좋아하게 되면 별다른 고민 없이 브랜드를 구매할 가능성이 높기 때문이다.

좋아한다는 것은 사람이 이성적인 판단보다 정서적으로 느끼는 감정에 가깝다.

　브랜드 스토리는 소비자들에게 우리 브랜드에 우호적인 태도를 형성하여 브랜드 구매 행동을 유도한다. 소비자 마음의 반응을 일으키는 것이 브랜드 태도 형성에 달려 있기에 브랜드 스토리는 우리 브랜드로 소비자 태도를 변형시킨다. 또한 브랜드 태도 형성은 브랜드 학습으로 형성된다. 한 번 형성된 태도는 변하기가 어렵다. 왜냐하면 이후에 들어오는 정보를 기존의 정보에 부합하도록 해석하기 때문이다. 그래서 흔히 인간 관계에서 첫인상이 중요하다는 말을 하는 것이다. 브랜드 역시 소비자에게 어떤 첫인상을 심어주느냐에 따라, 브랜드 태도의 방향이 달라진다. 한 번 굳어진 브랜드 태도는 이후의 브랜드 정보를 해석하는 기준으로 작용하기 때문에, 소비자의 브랜드 태도 변화를 유도하는 것은 쉽지 않은 일이다.

　사람들은 사회생활을 하면서 일반적으로 다양한 요소들 간의 균형과 일관성을 유지하려고 하고, 이때 특정한 태도가 형성된다. 사람들은 그 태도와 다른 사람과의 관계 사이에서 조화로운 균형을 유지하려는 동기가 있다.

　브랜드 태도는 소비자 간의 개인적 관계만으로도 변화할 수 있기에 브랜드 스토리에 대한 주변의 이야기나 다른 소비자들의 이야기에 의해 긍정적인 태도 변화를 유도한다. 물론 그 반대도 마찬가지다. 브랜드 스토리는 브랜드 가치를 전달함으로써 소비자들의 브랜드 기대감을 높여 브랜드에 대한 태도를 변화시켜 브랜드를 선택하게 한다. 한 번 형성된 브랜드 태도는 변하기 어렵다. 브랜드의 첫인상이 중요하다는 것은 브랜드 태도 방향을 고정화시킨다는 것이다. 그렇다고 해서 기존에 형성된 브랜드 태도가 고정불변한 것은 아니다. 브랜드 스토리는 소비자의 감정 이입을 유도함으로써 소비자를 설득할 수 있다. 왜냐하면 브랜드 스토리는 브랜드 의미성(기능, 감성, 경험, 상징적인 편익)이 브랜드 태도를 변화시키기 때문이다.

브랜드 태도를 변화시키는 설득 매커니즘은 전달 내용(브랜드 메시지에 대한 이해), 정서의 전이(특정한 브랜드에 대해 가지고 있는 긍정적인 감정을 소비자에게 전이), 일관성 기제(브랜드에 대한 호의적인 태도를 일관성 있게 제공), 반론의 제시 가능성에 의존하고 있다.

좋아하는 사람은 자신도 모르게 계속 생각나듯, 좋아하는 브랜드 스토리도 그렇다. 계속 생각이 나면 이상하게 브랜드에 대한 호의가 점점 강해진다. 브랜드 스토리의 일관성을 유지하는 것이 브랜드 아이덴티티를 성립하는 것이다. 소비자의 인식상에 있는 긍정적인 브랜드 연상들을 지속적으로 환기시키고 유지시킴으로써 브랜드 스토리의 효과는 드러난다. 그리고 일단 형성된 브랜드 태도의 지속성은 높다.

소비자의 브랜드 태도는 시장에서의 구매 행동과 밀접하게 연결되어 있다. 그래서 브랜드 마케터는 브랜드 태도에 대해 끊임없이 신경 쓴다. 정확하고 긍정적인 브랜드 태도로 인해 소비자들은 스스로 브랜드를 찾아나서고 브랜드를 선택한다. 브랜드 스토리는 소비자도 모르게 브랜드 태도를 변화시킨다. 그러나 브랜드에 대한 소비자들의 우호적인 태도가 반드시 구매 행동으로 연결되는 것은 아니다. 자신이 좋아하는 브랜드가 있음에도 불구하고 다른 브랜드를 선택하거나, 반대로 특별히 호감을 가진 것도 아닌데 자주 구매하는 브랜드가 있는가 하면, 심지어 평소에 부정적인 태도를 지닌 브랜드를 구매하는 경우도 있다. 실제로 태도와 행동 간의 일치도를 밝히기 위한 연구에서 태도와 행동 간의 상관계수는 0.3을 넘는 경우가 드물었다고 한다. 이는 열 번의 행동 중 태도와 행동이 일치한 경우는 세 번 정도에 불과했다는 것을 의미하는 것으로 이처럼 태도와 행동 간의 괴리는 생각보다 크다고 할 수 있다.

 태도와 행동 간의 괴리가 크다면 브랜드 커뮤니케이션 활동의 효과에 의문을 가질 수밖에 없다. 왜냐하면 브랜드 커뮤니케이션 활동은 자사 브랜드에 대한 인지도 제고와 함께 브랜드에 대한 소비자들의 태도를 긍정적으로 형성함으로써 브랜드 구매 행동을 유도하는 것을 기본적인 과제로 하고 있기 때문이다. 보다 엄밀한 의미에서 브랜드 커뮤니케이션 활동의 핵심 과제는 브랜드 인지도와 브랜드 이미지를 전략적으로 연결해 최종적으로 소비자들의 심리적인 반응이라 할 수 있는 브랜드 태도 형성에 영향을 미치는 것이다.

소비자들은 브랜드를 소비하는 일상적인 경험을 통해 브랜드 태도를 학습한다. 브랜드 태도는 학습이기에 소비자 학습을 통해 브랜드 태도를 변화시킬 수 있다. 이 순간 브랜드 태도는 다르게 변화되는데 소비자에게 브랜드 가치에 대한 표현, 소비자 자아를 보호하고, 소비자 지식을 통합시킬 뿐만 아니라 소비자를 움직이게 한다.

브랜드 태도는 세 가지 요소로 이루어져 있다.

첫째, 브랜드 지식적 요소인지적 태도

둘째, 브랜드 정서적 요소정서적 태도

셋째, 브랜드 행동적 요소행동적 태도

소비자 마음의 눈에 비친 브랜드 이미지는 브랜드 태도를 결정한다(Brand attitude is the picture in the consumer mind's eye). 소비자들이 특정한 브랜드에 대해 지니고 있는 이미지는 소비자 자신이 스스로 만들어낸 것이다. 브랜드 스토리는 소비자의 브랜드 이미지에 영향을 미친다. 하지만 브랜드 이미지는 소비자 마음속에 그려지는 것이므로 똑같은 브랜드에 대해서도 사람마다 완전히 똑같은 이미지를 지닐 수 없다. 브랜드 이미지는 시장에서 학습된 지식과 소비자 개개인의 경험이 포함된 것이다. 브랜드 스토리는 소비자의 마음속에 무의식적으로 형성되는 이미지로 브랜드 태도에 깊은 영향을 미친다. 브랜드 성공은 브랜드 태도^{이미지}에 달려 있다. 즉, 브랜드 스토리에 달려 있다.

03 브랜드 감정이 브랜드를 기억하게 한다
brand story Strategy

기억은 이야기를 기반으로 한다. 소비자의 기억도 이야기를 기반으로 이루어지며 그 이야기들은 소비자의 신념과 지식이 담겨 있어야 브랜드에 대한 확신을 갖고 만족할 수 있다.

사람의 두뇌 속에서 기억과 연관된 부문은 해마이고, 해마는 눈시각을 통해 들어온 정보를 거르는filtering 역할을 한다. 브랜드 정보, 브랜드 메시지는 오감을 통해서 전달되고, 오감은 총체적인 경험에 의해 더욱 확실하게 되는데, 경험은 몸 전체의 감각에 의해서 전달되기에 우리의 뇌 속 해마가 그 정보를 걸러내기가 쉽지 않게 된다.

인간 경험에 의한 정상적 기억은 자신이 경험한 사실fact이나 내용에 대한 종합적 스토리에 의존할 수밖에 없다. 그래서 브랜드에 대한 인지도, 호감도, 충성도를 높이기 위해서는 브랜드 스토리가 필요한 것이다. 이는 바로 간접 경험의 가치를 보유할 수 있다. 마음에 새겨진 우리의 연상과 마음 습관에 의해 자동으로 결정된다.

  마음은 한꺼번에 여러 가닥을 통해 흘러들어오는 많은 정보를 받아들여 처리한다. 소비자 마음은 브랜드 이야기를 들으면, 그 의미를 무의식으로 받아들이고, 그다음에는 그 정보를 통해 브랜드 스토리 뒤에 숨은 감정을 찾아낸다. 그래서 브랜드 스토리는 물리적인 속성을 초월한다. 자동차를 구매할 때 구매자들은 차의 성능과 그 이야기의 힘이 기억 속에 차별화된 이미지를 심어주고 소비자의 잠재의식 속에 받아들이도록 하여 필요할 때마다 꺼내도록 유도한다. 이것을 토대로 소비자 자신만을 위한 상상력을 발휘하여 시각적 정보로 전환, 이미지를 머릿속에 저장시킨다. 이를 '이야기의 시각화 효과'라고 한다.

  요즘 소비자들은 브랜드 선택에 있어서 합리적·이성적으로 생각하지 않고, 감성적인 욕구에 의한 소비 경향이 강하다. 소비자들은 각 개인들만의 감정에 의한 느낌으로써 브랜드를 선택한다. 사람들은 다양한 사건 사이에 존재하는 인과 관계를 만들고, 그 안에서 감성을 공유하며 삶을 변화시킨다.

  그렇기에 스토리는 감정이고, 브랜드 감정brand emotion이 브랜드 스토리다. 인간이 스토리에 지나치게 영향을 받는 이유는 인간의 뇌가 그렇게 생겼기 때문이다. 인간의 내적 동기는 대부분 스스로에게 들려줄 동기의 틀을 결정하는 자기 자신의 삶의 스토리를 이행하는 과정에서 나온다. 자기 삶의 스토리가 없다면 인생은 아무런 연관성 없는 사건의 연속일 뿐이다. 그렇기에 모든 인간은 자기 자신만의 스토리를 갖고 있다. 이 세상에 자기 스토리가 없는 인간은 없다. 브랜드도 마찬가지다. 모든 브랜드는 자기만의 브랜드 스토리가 있고, 브랜드 스토리가 없는 브랜드는 삶이 없는 인간과 같다. 또한 브랜드 스토리는 브랜드 지식 축적의 핵심이다.

우리의 뇌는 중요한 사실에 대한 기억을 스토리 형태로 저장한다. 인간의 뇌에는 스토리를 저장하는 영역이 존재한다. 오랫동안 뇌 속에 남아 있는 스토리는 그 사람에게 영향을 미치고, 다른 사람에게도 전파되어 영향을 미친다. 특히 오래전에 들었던 이야기와 어린 시절에 경험했던 에피소드는 최근에 들은 이야기보다 더 오래 남는다.

인간의 인식 활동 중 무의식이 차지하는 비율이 95퍼센트이며, 의식은 단 5퍼센트에 불과하다. 무의식은 그 사람의 지각, 태도 그리고 행동에 영향을 미친다. 사람을 움직이고 세상을 움직이는 강력함이 무의식이다. 이러한 무의식에 자연스럽게 스며드는 것이 이야기다. 이야기가 재미있으면 사람은 이야기를 의식하기 전에 느낌으로써 그것을 받아들인다. 소리 없이 사람의 마음을 움직이는 힘이 무의식이고, 이 무의식은 행동의 습관화로 이른다. 무의식 속에 담긴 감성을 건드릴 수 있는 마케팅이 바로 브랜드 스토리 마케팅이다. '기억에 저장하다'에서의 저장 sotre과 이야기 story가 유사한 것은 우연이 아니다. 기억은 이야기로 만들어질 때 훨씬 더 기억하기 쉽다. 기억은 바로 무의식과 관계가 있기에 이야기 구조를 띤 브랜드는 기억을 용이하게 만든다. 이야기를 통해 소비자의 기억 속에 브랜드를 잠재적으로 각인시키는 것이 브랜드 스토리의 힘이다.

스타벅스는 단순히 커피를 마시는 곳이 아니라 커피와 관련된 문화가 있는 곳이라고 이야기한다. 크리스피 크림 도넛은 '하얀 반죽이 이스트에 의해 부풀리고 황금빛 도넛으로 변하는 매직을 경험할 수 있는 곳'이라는 이야기를 통해 소비자를 유혹한다.

사람들은 이야기를 좋아한다. 새로운 이야기를 만드는 걸 좋아하고, 남들에게 들려주길 좋아한다. 재미있는 이야기라면 무조건 좋다. 이야기만큼 사람의 행동을 조절하는 것은 없다. 사람이 이야기에 지나치게 영향을 받는 이유는 바로 사람의 뇌가 그렇게 생겼기 때문이다. 이야기가 지식 축적의 핵심 역할을 하는 브랜드 스토리는 브랜드 지식을 소비자에게 축적시킨다.

프랑스의 고급 생수 에비앙의 히스토리는 1789년 프랑스 혁명으로 거슬러오른다. 눈 덮인 알프스 산맥에 위치한 에비앙 마을에 신장결석을 앓고 있는 후작이 요양을 왔다. 어느 날 '약효가 있는 우물물'에 대한 귀띔을 마을 주민에게 듣고 그 물을 먹은 후에 병이 신기하게도 나았다. 이 우물물의 정체는 알프스의 눈과 비가 15년에 걸쳐 녹고 어는 과정을 통해 깨끗하고 풍부한 물로 정화된 것으로 이것이 1898년 상입화한 에비앙이다. 에비앙은 이러한 이야기를 통해 소비자의 기억 속에 존재하게 됨으로써 좋은 물이라는 인식이 생겨나게 되었다.

뉴로 마케팅Neuro marketing은 마케팅 자극에 대한 소비자의 감각, 인지, 감정, 행동 반응을 측정 분석하여 소비자의 의사 결정을 예측해 마케팅에 활용하는 것이다.

사람의 뇌는 불필요한 에너지 낭비를 줄이도록 진화되었다. 우리에게 친밀한 브랜드는 이미 머릿속에 자동으로 각인되어 있어 뇌는 최소한의 에너지를 소모하여 무의식적 구매가 이루어진다. 다양한 상품브랜드 선택을 위해서는 뇌가 그것을 인지하고 비교 분석하고 복잡한 사고 과정을 거침으로 에너지를 많이 소비하고 이성적으로 판단함으로써 습관화된 구매를 포기하게 한다. 하지만 이야기는 뇌의 에너지를 소모시키지 않고, 자연스럽게 무의식의 공간 속으로 이동시킨다. 그래서 소비자가 구매에 대한 행동 결정을 할 때 브랜드가 최초로 상기되도록 만들고, 브랜드에 무의식적으로 지갑을 열게 한다.

사람이 과거를 기억하고, 현대를 해석해서 미래를 설계할 수 있도록 만들어주는 것이 스토리다. 그래서 스토리는 인간의 본질과 연결된다. 소비자가 말하는 것의식과 소비자의 뇌가 말하는 것무의식의 차이를 알아내 브랜드 커뮤니케이션의 오류를 줄일 수 있게 해주는 것이 바로 뉴로 마케팅이다.

소비자와의 커뮤니케이션의 핵심인 브랜드 메시지 전략이 브랜드 스토리다. 제품 브랜드 구매 결정 시 브랜드가 소비자의 뇌에 어떤 반응을 주는지, 특정 브랜드를 보거나 그와 유사한 이미지를 봤을 때의 뇌 반응이 일어난다. 소비자의 뇌는 제품 이미지뿐만 아니라, 브랜드 로고나 그 유사한 이미지에서 제품 구매에 대한 욕구를 느낀다. 실제 구매 의사 결정은 제품의 단순한 특성뿐 아니라 기존 경험을 통해 축적된 브랜드에 대한 기억들에 기반하기에 소비자들의 무의식에 자리 잡아야 하는데 그것이 바로 이야기의 힘이다.

브랜드 스토리는 무의식에 직접 개입한다. 의식이 모르게 브랜드 구매를 하도록 유도한다. 브랜드가 자연스럽게 기억나지 않으면 커뮤니케이션 효과가 없다. 소비자의 구매 행동의 95퍼센트는 자신도 모르게 내재되어 있는 잠재의식무의식에 의해 이루어지기 때문이다.

뉴로 마케팅의 핵심은 소비자가 무의식적으로 느끼는 감성 본능을 자극하는 것이다. 브랜드 스토리는 이미 그 속에 감성

영역이 존재하기에, 소비자의 뇌 속의 대뇌변연계의 편도체를 그냥 통과한다.

뇌의 즐거움과 관련된 부분이 활성화되면 그 제품브랜드에 대한 구매로 이어지고, 스토리는 즐거움을 준다. 무의식적으로 자연스레 기억하기 위해서는 브랜드 감성이 필요한데 브랜드 스토리가 브랜드 감정을 일깨운다. 특히 누군가에게 이야기하기를 좋아하고, 소문에 민감한 한국인의 특성은 브랜드 스토리텔링 기법을 활용하는 데 효과적이다. 푸마는 패션 감각이 뛰어난 소비자 욕구를 파악하고, 질 샌더 스니커즈 라인은 출시할 때 하나의 드라마틱한 스토리로 각색되어 언론에 부각시켜 사람들의 관심을 사게 되었다.

사람은 이야기체로 생각한다. 1등에게 없는 브랜드 스토리를 창출하면 해당 카테고리에서 1등은 아닐지라도 우리의 브랜드는 주목받게 된다.

"죽은 브랜드보다 더 불쌍한 것은 잊힌 브랜드다."

사람들에게 회자되지 않는 브랜드는 없어지는 것보다 더 큰 손실을 끼친다. 이야기가 없다면 바로 잊히기에 지금 브랜드는 새로운 이야기 만들기에 박차를 가한다. 브랜드 DNA를 만드는 것은 바로 브랜드 스토리다. 그 제품브랜드을 만들게 된 숨은 이야기는 세대를 넘어 유전적인 가치를 갖게 한다.

인간은 자주 은유적인 사고를 한다. 브랜드에 대한 좋은 경험이 있을 때 소비자는 그 기억을 본능적으로 간직하고픈 생각이 든다. 물론 의식적으로 그 경험을 자세히 설명하는 것은 가능하지만 오래가지 않는다. 그런데 브랜드가 가지고 있는 스토리는 자신의 경험에 비추어 표현할 수 있는 은유metaphor가 되고 이는 소비자의 무의식에 자리 잡아서 아주 오랫동안 남는다. 무의식을 계속 자극하면 습관화가 된다. 사람의 감정은 무의식의 중심에 있다. 좋은 브랜드 스토리는 소비자의 감정 이입을 이끌어간다. 그것이 바로 '공감'을 형성해 소비자의 마음을 열고, 행동을 바꾸는 열쇠가 된다.

04 스토리는 기억 속에 이미지로 남는다
brand story Strategy

"소비자의 기억 속에 우리의 브랜드 스토리가 있는가."

이것이야말로 마케팅 세계에서 가장 알고 싶어 하는 것이다. 소비자들은 브랜드의 이력서와 제품 포장, 브랜드 광고, 브랜드 매장, 브랜드 판촉, 브랜드를 사용하는 실제 소비자, 브랜드 서비스 등등 브랜드와 관련한 모든 것들을 브랜드 스토리로 들려주기를 원한다.

이제 마케팅 과제는 분명하다. 브랜드에 말을 걸려는 소비자들의 세계관에 잘 맞도록 구성된, 일관되고 믿을 만한 브랜드 스토리를 준비하는 것이다. 그 브랜드 스토리는 확고하고, 정직하며 투명해야 한다. 또한, 마케터 역시 브랜드 스토리와 일치하는 브랜드 세계 속에서 살아야 한다. 소비자들이 믿고 함께 나눌 만한 브랜드 스토리를 정직하게 들려주는 마케터만이 성공을 움켜쥘 수 있다.

또한 브랜드 스토리 속에는 브랜드 이미지가 담겨야 한다. 브랜드 이미지는 소비자가 느끼는 브랜드 아이덴티티다. 브랜드의 본질적인 기능인 브랜드 아이덴티티는 브랜드 스토리를 통해 소비자의 기억 속에 브랜드 이미지로 남아 있다. 사실 소비자는 모든 메시지브랜드 정보, 브랜드 지식를 이미지로 기억한다. 이미지는 심상心象이고, 심상은 바로 마음의 상징이다. 마음속의 상징이 이미지이기에 기억은 이미지로 존재한다. 좋은 브랜드 스토리는 소비자에게서 나오며, 그것은 소비자들이 우리 브랜드제품에 대해 느끼는 진실이다. 소비자들은 그들 자신에게서 나온 진정한 브랜드 스토리를 듣고 싶어 하며 그것을 믿는다. 그리고 주변 친구들에게 그 브랜드 스토리를 이야기한다.

브랜드 스토리는 심상 정보imagery information로 사람이 정보를 받아들일 때 무의식적으로 받아들인다. 소비자는 자신과 관련된 사실만을 받아들인다. 자기 자신과 관련된 정보는 그대로 뇌 속에 쌓이게 되고, 그것이 지속적이고 연속적으로 시간이 지나면서 계속 쌓이게 된다. 이러한 브랜드 지식은 두뇌 전체에 이미지의 씨앗으로 흩어져 있다. 보다 자연스럽게 브랜드 정보가 받아들여지기 위해서는 브랜드의 꿈이 그 속에 있어야 한다. 꿈은 인간의 원초적인 심성과 관계 있다. 사람에게 꿈이 없다면 희망이 없고, 희망 없는 메시지는 무의식적으로 거부하게 된다. 브랜드의 꿈은 브랜드 스토리로 드러나게 되고, 브랜드 스토리는 감정적으로 소비자가 자연스럽게 수용한다. 소비자의 기억 속에 이미지로 저장되는 브랜드 정보는 실제로 정감 있는 언어로 표현함으로써 대뇌변연계를 자동으로 통과하게 된다.

살아가면서 주변에서 일어나는 사건들이 무의식적인 감각을 통해 순수하게 느껴지면, 자기도 모르게 거기에 반응하게 된다. 그 반응이 바로 꿈의 실현이 된다. 이를 통해 몸 전체의 신경이 긴장하게 되면 살 떨림, 기회 포착 등 삶의 목표를 향한 끊임없는 추구가 일어난다.

브랜드의 꿈, 소비자의 절대적인 브랜드 선택이 실현되기 위해서는 소비자 뇌에 각인 기억된 브랜드 이미지의 씨앗이 한곳으로 모이면서 브랜드 자체를 환기시켜야 한다. 이때 브랜드 의식이 무의식적으로 스며들어 인간의 내적인 무한한 잠재력이 스스로 움직이게 된다.

우리의 두뇌가 브랜드 정보를 선택하는 것은 결국 브랜드의 꿈에 대한 전체의 반응이 일어나고, 내적 형태로 존재하는 이미지 씨앗이 우리의 DNA 속에 속해 있기 때문이다. 이것을 끄집어내는 능력이 이미지의 나라 image nation 로 들어서는 소비자의 상상력 imagination 속에 가능하다. 상상력의 힘은 이미지를 활성화시키는 힘이다.

눈에 보이지 않는 것을 볼 수 있는 힘은 육감이며 이는 우리의 마음이 감각으로 몸 전체에 스며들기에 미세한 기분을 느낀다. 마음의 움직임이 자연스럽게 드러나는 것은 뇌 전체에 퍼진 브랜드 이미지의 씨앗이 모여 브랜드 꿈이 되고, 그것이 소비자의 꿈으로 치환되는 것이다. 즉 감정 이입의 상태에 들어서게 된다. 그 순간 브랜드가 소비자의 살 속에 육화(肉化)된다.

사람의 마음 내부에서 순수하게 반응하는 것이 기억 속에 존재하는 이미지이고, 브랜드를 변화시키는 브랜드 스토리 속에 이미지는 고스란히 남아 있다. 기억은 브랜드 이미지 환기 효과를 일으키고, 브랜드의 꿈은 브랜드 아이덴티티로 드러난다.

브랜드 스토리는 소비자의 기억 속에 이미지로 저장되어, 그것을 불러일으키는 브랜드 신호 brand signal를 기다리고 있다. 유능한 마케터라면 브랜드 스토리에서 브랜드에 관한 살아 있는 생생한 자료와 안목을 얻을 수 있다. 또한 브랜드 스토리 속에서 브랜드의 현재 가치와 미래의 방향을 읽어내는 힘도 갖출 수 있다. 브랜드 스토리를 통해 마케터는 브랜드 콘셉트 brand concept를 명확하게 점검하고, 평가할 수 있을 것이다. 즉 브랜드 마케팅 브랜딩 전략의 아이디어를 얻고, 이를 중심으로 브랜드 가치를 진화시켜나갈 수 있다.

브랜드 콘셉트를 중심으로 소비 상황에 따라 각기 다른 매력적인 이야기를 만들 수 있도록 소비자의 세계를 만들고, 소비자가 만든 브랜드 스토리를 통해 커뮤니케이션함으로써 충성도 높은 강력한 브랜드 자산을 형성할 수 있다.

BRAND
STORY
STRATEGY

브랜드 스토리 전략 3

스토리라고
다 같은 것은 아니다

 브랜딩 전략 실패에서 벗어나게 하는 브랜드 스토리

 옛날에는 제품이 곧 기업의 운명이었다. 판매량이 감소하면 제품의 결함 여부를 분석해서 고치면 그만이었다. 하지만 현재는 상황이 달라져 제품을 탓하는 대신 브랜드를 탓한다. 제품은 판매되는 것이 아니라 구매되는 것이다. 즉, 소비자에 의해 평가를 받는다. 브랜드는 소비자에게 제품보다 먼저 다가간다. 그래서 브랜딩 전략이 중요하다. 실제로 소비자는 제품의 품질에 차이가 없음을 잘 알고 있다. 이는 브랜드가 소비자와 제품 간의 감성적 연결 고리emotional link를 만들어야 한다는 사실을 의미한다. 더 나아가 정신적인 감흥을 일으켜야 한다. 브랜딩 전략이 실패하는 이유는 소비자와 브랜드 간의 감성적 연결 고리가 끊어졌기 때문이다.

마케터도 불완전한 인간일 뿐이다. 이런 마케터가 소비자의 생각에 브랜드의 문을 활짝 열어놓지 못한다면 성공적인 마케팅을 이룰 수 없다. 마케터가 스스로를 지킬 힘은 바로 소비자의 생각 속에 있다. 소비자를 이해해야만 실패를 막을 수 있다. 마케팅 성패는 마케터의 정신을 들여다보는 창인데, 대부분의 마케팅 실패는 기술적 실수가 아니라 생각의 결함에서 비롯된다. 생각사고의 결함은 소비자의 생각과 일치하지 않을 때 발생한다.

그럼 어떻게 소비자의 생각과 마케터의 생각을 일치시킬 수 있는가? 가장 좋은 방법은 소비자의 말을 경청해야 한다. 소비자의 언어 속에 해답은 숨겨져 있다. 그 언어를 해독할 수 있는 능력이 마케터에게 존재해야 한다. 언어의 뒷면에 숨어 있는 소비자의 마음을 읽어내는 것이 소비자 통찰력consumer insight이다. 스피드 시대, 빠른 변화의 시대에 경쟁에서 이기기 위해서는 소비자의 마음속으로 재빨리 들어가야 한다.

마케터에게 총알 같은 실행력은 무시하지 못할 덕목이지만 즉각적인 판단은 그 반대다. 올바른 사고생각를 하려면 생각의 속도를 늦추는 신중한 여유가 필요하다. 그래서 브랜드 스토리가 더욱 필요한 것이다. 브랜드 스토리는 마케터의 생각을 늦춘다. 한 호흡 쉴 수 있는 여유를 준다. 현실적으로 소비자의 마음이 브랜드와 어떻게 상호 작용을 이루고 있는지 알게 해줌으로써 마케터만의 독단적인 판단을 보류시키는 역할을 하는 것이다. 지나가는 버스 차창에서 누군가 아는 얼굴을 알아보고 포착해 내는 게 바로 마케팅의 1차적인 현실감이다. 브랜드 스토리는 이러한 손에 잡히는 현실감을 줄 수 있다.

좋은 마케터는 시간을 지배하는 타이밍을 알고 있다. 어떤 경우에든 시간을 충분히 투자하여 소비자에게 묻고, 자신의 의견을 설명해야 성공할 수 있다. 완벽한 것은 아무것도 없다. 모든 것이 소비자와 협상을 거친 후에야 완결성을 갖는다. 여기서 협상이란 소비자의 생각과 브랜드 지식에 대한 공감대를 찾는 일을 말한다. 소비자가 직접 쓴 브랜드 스토리야말로 그들의 생활을 이해하는 실마리가 되고, 그들과 공감대를 형성할 수 있는 토대가 된다. 브랜드 스토리 속에서 마케터와 소비자는 진실로 통할 수 있다.

마케터가 브랜딩 전략에 실패하는 이유에는 크게 네 가지가 있다.

첫째, 브랜딩 전략을 수립할 때 지름길을 선택하는 습성 때문이다. 이는 처음의 느낌이나 시장 환경 분석의 결과만을 믿고 즉각적인 판단을 하기 때문에 일어나는 오류다.

둘째, 자신의 판단이 옳다는 선입견이나 정서적인 집착 때문이다. 소비자들의 라이프 스타일은 통계가 아니다. 소비자들은 모두 움직이는 표적moving target이다. 그래서 항상 예측 불가능하다. 모든 소비자는 살아서 움직이는 표적이기에 어떤 마케팅 해결 방안도 사실은 완벽하지 않다.

셋째, 시장에 대한 왜곡된 생각 때문이다. 여기에는 브랜드 건망증(브랜드가 대표해야 될 것을 잊어버렸을 때, 대부분 오랫동안 지켜왔던 브랜드가 급하게 새로운 이미지를 만들려고 할 때 — 뉴코크 사례), 브랜드 자만(스스로의 브랜드 능력을 과대평가할 때 — 할리데이비슨의 향수 제품 사례), 브랜드 속임(거짓말을 통해 브랜드 허상을 만들 때), 브랜드 피로(스스로의 브랜드를 지겨워할 때), 브랜드 무관계(신기술의 업데이트된 제품에 대해 브랜드와의 연결성이 사라질 때) 등이 있다.

넷째, 브랜드에 대해 근거 없는 신화를 믿기 때문이다. 상품이 좋으면 성공한다, 브랜드는 실패보다 성공할 확률이 높다, 대기업은 언제나 성공적인 브랜드를 만든다, 광고가 강력한 브랜드를 만든다, 새로운 것이라면 팔릴 것이다, 강한 브랜드는 제품을 보호한다 등의 브랜드 신화를 마케터가 갖고 있기 때문이다.

이러한 네 가지에서 벗어나 마케터는 자기 우물 안의 생각 속에서 자신을 자유스럽게 만들어야 한다. 이는 열린 마음으로 소비자의 이야기를 듣고, 그들의 행동을 객관적인 입장에서 관찰함으로써 가능하다. 물론 소비자 마음의 깊은 곳에 이르기는 어려울지 몰라도 소비자의 내면의 소리를 들을 수 있는 귀를 얻게 된다. 브랜드 스토리는 스토리가 갖고 있는 내면성, 감정적인 느낌이 있기에 마케터의 브랜딩 전략 실패와 관련된 사실을 다시 한번 생각하게 함으로써 실패의 늪 속에서 빠져나올 수 있는 힘을 제공한다.

02 브랜드 스토리 전략의 두 가지 형태
brand story Strategy

　브랜드 스토리는 기업^{브랜드} 주도의 스토리와 소비자 주도의 스토리로 크게 구분된다. 기업 주도의 스토리는 브랜드와 관련된 제품 탄생의 비화, 창업자 이야기, 브랜드 자체의 의미에서 발생하는 것으로 기업의 자원적 가치에서 발생된다. 이러한 기업 주도형 브랜드 스토리는 브랜드 차별화^{brand different}에 기반을 둔 스토리 원천으로 브랜드의 특별한 첫인상을 제공할 뿐만 아니라 정확한 브랜드 기억 효과를 이룰 수 있다. 반면 소비자 주도형 브랜드 스토리는 제품^{브랜드}을 사용한 소비자의 경험담, 에피소드, 드라마 등 소비자의 실제적인 느낌 속에서 사실 그대로의 이야기로 브랜드 가치^{brand value}에 기반을 둔 스토리 원천으로 소비자의 현실적인 메시지를 바탕으로 공감대 형성 및 체험을 유도한다. 이러한 브랜드 스토리의 원천은 세 가지 유형으로 드러난다.

첫째는 실화에 근거를 둔 논픽션nonfiction으로 브랜드 히스토리brand history, 브랜드 비하인드 스토리, 브랜드 에피소드와 소비자 브랜드 경험consumer brand experience 스토리가 그것이다. 기업 주도형 스토리는 창업자의 패션 철학에서 유래한 '샤넬'을 예로 들 수 있으며, 소비자 주도형 스토리는 '빼빼로 데이'를 들 수 있다.

둘째는 사실과 허구를 통합한 팩션faction, fact+fiction으로 사실에 근거한 허구의 결합으로 드러난다. 젊은 아버지가 늙은 아들의 종아리를 회초리로 치는 백세주 이야기와 말보로 담배를 피우는 남자는 흘러간 로맨스 때문에 항상 사랑을 기억한다Man Always Remember Love Because of Romance Over의 브랜드 루머 형식과, 동화에서 따온 '베스킨라빈스 31' 광고와 노인과 바다를 패러디한 '롯데리아 크랩버거'와 같은 브랜드 패러디brand parady 형식, 그리고 롯데 삼강 빠삐코의 빠삐놈 음반의 CM송에 의해 만들어진 브랜드 프리brand free 형식이다.

셋째는, 허구에 근거를 둔 픽션fiction으로 이는 일반적으로 말하는 스토리 콘텐츠story contents를 말한다. '빅토리아 시크릿'과 '루이비통' 같은 드림케팅dreamketing 형식, '바비인형'과 같은 디리버티브derivative 형식, 그리고 "사랑은 언제나 목마르다. 2% 부족할 때…… 주인공의 숨겨진 사랑 이야기가 궁금하면 인터넷에 2%를 쳐보세요" 등이 브랜드 드라마brand drama 형식이다.

〈도표〉는 이를 정리해놓은 것이다.

■ 브랜드 스토리 전략의 형태 구분

스토리 원천 스토리 유형	기업 주도형 스토리	소비자 주도형 스토리
실화 (nonfiction)	브랜드 히스토리 브랜드 비하인드 스토리 브랜드 에피소드 스토리	브랜드 경험 스토리 브랜드 에피소드 스토리
팩션 (factoin) fact+fiction	브랜드 루머 스토리 브랜드 패러디 스토리	브랜드 루머 스토리 브랜드 프리 스토리
허구 (fiction) story contents	브랜드 드림 스토리 브랜드 파생적 스토리 브랜드 드라마 스토리	브랜드 드라마 스토리

1. 기업 주도형 스토리

대부분의 기업에 필요한 브랜드 스토리란 그저 소비자들에게, 소비자들끼리 간단히 전할 수 있는 에피소드에 관한 이야기를 일컫는다. 브랜드의 열정이 담겨 있어, 듣는 이의 가슴에 와 닿는다면 좋은 스토리다. 이순신 장군은 400여 년 전에 돌아가셨지만, 아직도 그분을 기억하고 있는 것은 이순신과 관련된 단편적인 이야기들 때문이다. 사람이 죽어서 이름을 남긴다는 것은 그 이름과 관련된 이야기를 남긴다는 말과 동일한 의미를 지니고 있다.

브랜드도 마찬가지다. 브랜드와 관련된 전설과 같은 이야기가 없으면, 뿌리 있는 브랜드를 만들지 못한다. 현대 그룹에는 창업주 정주영 회장과 관련된 일화들이 적지 않다. 그분이 돌아가신 지 오래지만, 그 일화들은 지금도 광고의 소재가 되고, 현대 그룹의 정신을 사람들에게 널리 알려 호감을 이끌어내는 역할을 한다. 이렇듯 브랜드 스토리는 사람의 마음을 움직이고 입소문을 만드는 원천이 된다.

기업은 자신의 브랜드에 이야기를 집어넣기 위해 다양한 전략적 대안을 고려한다.

첫째, 가장 용이한 방법은 이미 만들어진 이야기를 브랜드와 연관시키는 것이다. 이야깃거리가 있는 특정 선수(암을 극복한 사이클 선수 암스트롱, 프로골퍼 타이거 우즈, 피겨 여왕 김연아 등)를 후원하거나 유명 연예인의 이야기를 구매하는 것이다. 페라가모Ferragamo는 오드리 햅번의 발에 자사 구두를 신겨 오드리 햅번 이야기를 브랜드와 연계함으로써 최고의 구두 브랜드가 될 수 있었다. 오드리 햅번이 출연한 영화 〈사브리나〉 때문에 유명해진 패션 사브리나 룩은 사브리나 팬츠와 페라가모 플랫슈즈의 합작품이다. 키가 크고 가냘프지만 유독 발이 컸던 오드리 햅번을 위해 페라가모는 그녀의 발에 잘 맞고 세련된, 굽이 낮은 플랫슈즈를 만들었다. 이후 그녀는 편안하고 세련된 페라가모 구두에 매료되었으며, 햅번이 이용하는 신발이라고 해서 햅번 슈즈로 불렸다. 유행의 선도자 오드리 햅번이 출연한 영화의 줄거리와 어우러졌던 페라가모 구두는 소비자 마음에 특별한 이미지로 자리 잡았다.

둘째, 브랜드 스토리가 화젯거리를 제공하는 것이다.

버진Virgin 그룹의 리처드 브랜슨 회장은 괴짜 CEO로 알려져 있다. 열기구를 타고 세계 여행에 나서는가 하면, 탱크를 몰고 뉴욕 시가지를 달리고, 민간 우주 여객선 '스페이스십투'의 예비 우주 여행객을 모집하기도 한다. 그는 끊임없이 화제를 불러일으키며 모험적, 창의적, 도전적이라는 이미지의 버진 브랜드를 만들어 300여 개의 기업을 탄생시켰다. 많은 사람들이 그가 제공하는 이슈 때문에 버진 그룹에 대한 이야기를 주고받는다. 그에 관한 이야기가 화젯거리가 되어 촉진한 셈이다.

셋째, 자사 브랜드의 콘셉트와 연관성이 있는 특정의 이벤트를 개발하여 이야기를 만드는 방법이 있다. 예를 들어 담배 브랜드 캐멀camel은 '캐멀 트로피 컵'이라는 스포츠 행사 개최를 통해 모험 이야기를 만들어 마케팅에 활용했다. 이 이벤트는 지프를 타고 강, 사막, 열대 우림을 가로지르는 험난한 과정을 경험하는 경기다. 이런 모험 이야기는 자연스럽게 캐멀 담배뿐 아니라 시계, 신발, 가방 등의 제품 영역으로 브랜드를 확장할 수 있다.

동아제약의 '국토대장정'과 같은 역경 극복 브랜드 체험 프로그램이나 국내 대기업들의 대학생 대상 글로벌 연수 프로그램 지원 등은 인상적인 브랜드 경험을 통해 이야깃거리를 창출할 기회를 만든다는 점에서 효과적인 브랜드 스토리 이벤트다.

넷째, 브랜드 스토리를 통해 브랜드에 관한 정보나 메시지를 좀 더 재미있게 전달하는 것이다. 성경을 읽어보면, 가르침을 나열하지 않는다. 모두 비유와 예시 그리고 이야기로 풀어놓았다. 그렇게 함으로써 사람들이 더 귀 기울이고, 더 잘 이해하며, 내용을 마음에 새겨두게 할 수 있기 때문이다. 브랜드에 관한 정보도 그냥 전하면 무미건조하다. 그럴 땐 기업의 웹사이트를 활용해 알려지지 않은 비화나 일화를 흥미롭게 제공할 수 있다. 그것이 브랜드에 관련된 대화를 중개하기 때문에 각 브랜드의 특징을 극적으로 전달할 수 있는 것이다. 브랜드와 연관된 스토리를 알게 되면 소비자의 브랜드에 대한 호기심은 배가된다.

다섯째, 기업이 의도하지는 않았지만 브랜드에 관해 사람들 사이에 떠돌아다니는 이야기를 관리하는 것이다. 와플 솔Waffle Sole이라는 신발 바닥은 나이키를 성공으로 이끈 제품이다. 그 와플 솔의 탄생과 관련하여 생겨난 이야기가 있다. 육상 코치이자 나이키의 창업자인 빌 바우어만이 선수들이 최고 기록을 낼 수 있는 신발을 고민하던 중 우연히 아내가 만들고 있던 와플을 보고 와플 모양의 밑창을 만들었는데, 이것이 선수들의 기량 향상에 큰 도움이 되었다는 것이다. 실제로 어디까지가 진실인지는 알 수 없지만, 이 이야기는 와플 신발을 알리는 데 크게 기여했다. 이런 경우에 브랜드 스토리는 제품에 대한 대화를 충동하는 역할을 한다.

이제 브랜드^{기업}나 제품에 대한 정보를 전달하는 데 그칠 게 아니라, 소비자의 마음을 사로잡을 재미있는 이야기를 준비해 그들의 마음에 파고들어야 한다. 어떤 기업이든 뒤져보면 브랜드 스토리를 상품화할 수 있는 이야깃거리는 반드시 존재한다.

1) 브랜드 히스토리

이는 브랜드 출시 배경, 브랜드와 관련된 제품 탄생의 스토리, 브랜드 이름의 의미 등으로 기업 자체에 발생한 것이다. 에비앙의 브랜드 탄생 스토리는 1789년에 시작된다. 알프스의 작은 마을 에비앙 레벵에 창업자 '마르키드 레스'가 요양 차 들렀는데, 그 마을의 지하수를 먹고 병을 고친 후 물의 성분을 분석하게 된다. 그 결과 물 속에서는 미네랄 등 인체에 효험이 있는 성분이 다량으로 함유되어 있었다. 이후 마을 주민들이 물을 에비앙이라는 생수로 판매하기 시작했고 에비앙은 단순한 물이 아닌 약이라는 이야기를 소비자에게 들려주게 되었다.

브랜드 이름 자체가 스토리를 가지고 있는 '배스킨라빈스 31'을 살펴보면, 배스킨 라빈스^{Baskin Robbins}는 사람 이름이다. 어니 라빈스는 아이스크림의 제조를, 버튼 배스킨은 장사의 요령을 맡기로 해서 두 사람의 이름을 합쳐 회사의 이름으로 삼아서 배스킨라빈스 아이스크림 회사를 설립한 것이다. 1930년 미국에서 그들은 아이스크림 가게에서 일을 하다가 군입대를 하자,

곧 2차 세계대전이 발발했다. 이들은 아이스크림 가게에서의 경험을 살려 동료 병사들에게 아이스크림을 만들어주었다. 전쟁이 끝나고 배스킨라빈스 가게를 열었다. 전쟁과 아이스크림이 어울리지 않는 두 개의 개념이 만나 묘한 유머를 던져준다. 그리고 31의 의미는 한 달간[31일] 매일 새로운 풍미의 아이스크림을 소비자에게 즐기게 하고 싶다는 것이고 "We make people happy." 그것을 전제로 31이라는 숫자를 점포의 간판으로 하고 항상 31종류의 아이스크림을 준비하고 판매한다는 마케팅을 생각했다. 또한 31의 3은 알파벳 B와 비슷한 숫자로 Best one[B1]의 의미도 가진다. 이 '배스킨라빈스 31'이라는 브랜드는 제품의 속성과 편익을 아주 잘 나타내고 있고 또한 기억하기 쉽다. 배스킨라빈스의 스토리는 밝고 재미있는 브랜드 아이덴티티와 연결되어 있다.

이노센트[Innocent] 음료의 탄생 실화를 보자. 세계적인 광고 컨설팅 회사에서 함께 근무하던 대학 시절 친구들인 리처드[Richard], 애덤[Adam], 존[John]은 어느 날 자신들의 라이프 스타일이 건강과 여유로움과는 거리가 먼, 일과 스트레스의 연속이라는 사실을 깨달았다. 매일 시간에 쫓겨 제대로 된 식사는 일주일에 한 번 할까 말까 했으며, 가족들과 여행을 한 기억은 까마득했다. 학창 시절부터 언젠가 같이 사업해보자고 얘기해오던 그들은, 자신과 같은 삶을 사는 현대인들을 위한 무언가 자연적이며 신선하고 몸에 좋은 제품을 사업 아이템으로 정하고 그중에서도 기존의 음료와 달리, 향신료와 방부제를 사용하지 않은 순수 과일 음료를 개발하기로 했다. 여러 시행착오 끝에 1998년 여름, 드디어 이들은 신선한 과일로만 만들어진 스무디 만드는 법을 개발해냈다. 하지만 소위 잘나가는 직업을 포기하고 새 사업을 시작하기엔 두려움이 앞섰다. 그래서 이들은 소비자 반응을 우선 살펴보기로 했다. 500파운드(95만 원 정도)어치의 과일을 사들이고 런던의 소규모 음악 축제가 열리는 곳의 한편에 가판대를 만들고 스무디를 팔았다. 가판대 앞에는 '저희가 다니던 직장을 내팽개치고 스무디 장사를 해도 될 것 같습니까?'라는 현수막을 걸어 놓고, 한 쓰레기통에는 'Yes'를, 다른 쓰레기통에는 'No'라고 붙여놓고는, 다 마신 병을 원하는 곳에 넣도록 했다. 축제 마지막 날에는 'Yes'라고 쓰인 쓰레기통은 꽉 차게 되었고, 그다음 날 바로 그들은 다니던 회사에 사표를 제출했다.

2) 브랜드 비하인드 스토리

이는 브랜드와 관련된 뒷이야기로 특히 인간적인 이야기(창업자, CEO, 유명인, 직원들의 이야기)이다. 안나수이ANNA SUI의 탄생 스토리를 살펴보면 1955년 미국 디트로이트 시에서 태어난 중국인 2세, 안나 수이는 유년 시절 어느 날 남자 친구들과 장난감 병정놀이를 하고 놀다가 싫증이 난 나머지 아카데미 시상식 게임을 하기로 한다. 플라스틱 장난감 병정에 종이로 된 작은 드레스를 만들어 주는 놀이였는데 안나 수이는 이 놀이에 매료되었고, 그때 자신이 앞으로 갈 길은 영화배우에게 옷을 입히는 것이라고 생각했다. 그 후 30년이 흘러 그녀는 정확히 자신이 원하는 길을 가고 있다.

"그것이 아무리 상식에서 벗어나 있다 해도 꿈을 좇아서 나아가지 않으면 안 돼요. 꿈을 좇지 않았다면 나 같은 디트로이트 교외 출신의 여자아이가 어떻게 뉴욕에서 성공할 수 있었겠어요? 그것은 나의 꿈이었어요." 안나 수이의 말이다.

자키Jockey의 제품 개발 스토리를 살펴보자. 1909년 자키의 디자이너 한 명이 한밤중에 잠에서 깼다. 놀랄 만큼 획기적인 속옷 구상이 떠오른 것이다. 영감이 사라질까 봐 두려웠던 그는 아내를 흔들어 깨웠다. 그리고 함께 시제품을 만들었다. 그렇게 해서 탄생한 제품이 바로 케노샤 클로즈드크로치이다.

이 제품은 기존 유니언 슈트손목부터 발끝까지 하나로 붙은 속옷의 두껍고 불편한 드롭싯화장실에서 속옷을 전부 벗지 않아도 되도록 엉덩이 부분을 열고 닫을 수 있게 만든 부분 대신 대각선 오프닝을 달아서 편리함을 강화했다. 이 새로운 디자인은 유니언 슈트에 혁명을 일으켰다. 1934년 '브리프'라는 독특하고 새로운 속옷을 개발해냄으로써 속옷의 혁명을 불러일으켰다. 당시의 여느 속옷들과 달리 브리프는 남성 속옷의 '서포터' 기능을 추가했다. 당시 이 디자인은 운동 선수들이 주로 입는 '조크 스트랩'이라는 속옷에만 쓰이던 것이었다. 이 새로운 속옷의 특징을 표현하기 위해 '자키 브리프'라는 이름을 붙였다.

3) 브랜드 에피소드 스토리

프링글스 브랜드는 창업자의 에피소드 이야기가 짙게 깔려 있다.

동그란 얼굴에 콧수염, 사람 좋아 보이는 프링글스 브랜드. 그 프링글스 브랜드엔 눈물 나는 사연이 있다. 때는 2차 세계대전이 한창이던 유럽의 스텔라라는 시골 마을. 연합군과 독일군이 치열하게 싸우던 서부 전선의 어느 작은 마을이었다. 프록터앤드갬블사의 창업자이자 초대 회장인 루카시 도비슨Lucassi Dawbison은 독일군의 공습에 부모를 잃은 전쟁 고아였다.

그랬던 루카시가 할 수 있었던 일은 다른 전쟁 고아들과 함께 군부대 주위를 돌아다니며 군인이 먹다 남은 찌꺼기를 줍거나 사람들에게 동냥을 하는 것이었다. 그러던 어느 춥고 배고픈 날, 먹을 것을 며칠 동안이나 구하지 못했던 고아들은 제비뽑기를 해 걸린 사람이 군부대 취사실에 가 먹을 것을 훔쳐 오기로 했는데, 이때 루카시가 걸렸고, 루카시는 위험을 감수하고 군부대 취사실에 숨어들었다. 감자와 옥수수 같은 먹을 것들을 몇 개 집는 데 성공한 루카시는 살금살금 취사실을 빠져나왔다. 일은 거의 성공한 듯했으나 이내 그의 어깨를 잡은 취사병의 투박한 손. 그것이 바로 프링글스 아저씨와 루카시의 첫 만남이었다. 호되게 야단을 맞을 줄 알았던 루카시는 되려 프링글스 아저씨가 미소를 지으며 감자 몇 알과 얼마 안 되지만 고기 몇 점도 넣어주자 몇 번이고 감사하다고 인사를 했고, 그런 그를 프링글스 아저씨는 그저 미소를 지으며 바라볼 뿐이었다. 프링글스 아저씨는 본래 말을 할 수 없는 언어 장애인이었다. 사실 그는 군인이라기보다는 음식을 만들고 청소나 심부름, 각종 부대의 잡일을 담당하는 사람이었다고 한다. 그렇게 만난 그 둘의 인연은 계속되어, 루카시는 종종 프링글스 아저씨로부터 음식을 받게 되는데 이때 주로 받은 것이 감자였다고 한다.

그러던 어느 날, 루카시는 프링글스 아저씨의 손목과 팔, 얼굴 등에 난 상처를 보게 되고 어찌된 일인지 물었지만 프링글스 아저씨는 그저 별일 아니라는 듯 미소만 지어 보였다. 이상하게 여긴 루카시가 알아봤더니 음식이 조금씩 없어진 것을 눈치챈 상사가 말 못하는 프링글스 아저씨에게 거친 폭언과 함께 채찍으로 모질게 때렸던 것이었다. 이것을 알게 된 루카시는 프링글스 아저씨를 껴안고 아무 말 없이 울었고, 그래도 프링글스 아저씨는 별일 아니라는 양 루카시의 등을 토닥이며 웃을 뿐이었다.

그러던 어느 날, 프링글스 아저씨가 일하는 부대가 독일군에 의해 포위되고 지원은 물론 음식도 떨어져, 병사마저 굶는 사태가 일어났다. 군인도 굶는 마당에 고아인 루카시의 상황은 더했으면 더했지 결코 나은 것이 없었다. 처음에는 프링글스 아저씨는 자신이 굶더라도 루카시에게 자신의 급식을 주었으나, 나중에는 상황이 더 열악해져, 장교들조차 굶는 극단의 상황까지 이르렀다. 그러던 어느 날 루카시는 프링글스 아저씨가 탈영했다는 소문을 듣는다. 이에 놀란 루카시는 백방으로 프링글스 아저씨를 찾으러 다녔고 결국 프링글스 아저씨가 독일군에 사로잡혔다는 소리를 듣는다.

눈물을 흘리며 사람들의 만류에도 불구하고 독일군의 진지로 간 루카시, 거기서 어떤 연합군 벙어리 병사가 독일군의 밭에서 감자를 훔치다가 사로잡혀 곧 총살당할 것이라는 소리를 듣고 루카시는 깜짝 놀라 형장으로 달려간다. 비명을 지르며 루카시가 형장에 도착함과 동시에 울리는 총성……

총에 맞은 프링글스 아저씨의 고개가 숙여지면서 그가 쓴 허름한 군모가 벗겨졌고, 그와 함께 굴러떨어지는 조그만 감자 네 알. 루카시는 그 감자 네 알을 안고 끊임없이 울었다. 프링글스 아저씨는 탈영을 한 것이 아니라 배고픔에 떠는 루카시를 볼 수 없어 자신의 목숨이 위험할 것을 알면서도 감자 몇 알이라도 더 가져가려고 했던 것이다. 세월이 흘러도 루카시는 자신에게 잘 해주었던 프링글스 아저씨를 잊지 못해 자신이 만든 감자칩에 그의 얼굴을 기억해 새겼고 그것이 프링글스 브랜드 마크의 유래가 된 것이다.

4) 브랜드 루머 스토리

기업이 그럴듯한 스토리를 사실fact에 근거하여 픽션으로 만들어 의미를 유포하는 것이다. 말보로Marlboro의 이름과 관련된 이야기가 유명한 사례다. '남자는 흘러간 로맨스 때문에 항상 사랑을 기억한다Man Always Remember Love Because Of Romance Over. 스토리의 주인공은 미국인이지만 말보로 담배는 영국에서 만들어졌다. 1800년 말 미국에서 있었던 이 이야기는 당시 광고 회사 레오 버넷에서 만들어졌다는 게 정설이다. 역사적 사실과 결합된 말보로 이야기는 분명히 팩션이다.

Marlboro말보로의 뜻을 아시나요?

1800년대 말 미국에서 있었던 일이래요.
지금의 MIT 공대의 전신인 학교를 다니는 가난한 고학생이 있었는데 지방 유지의 딸과 사랑에 빠졌대요. 여자 집안에서 둘 사이를 반대해서 둘을 갈라놓기 위해 여자를 멀리 친척 집에 보내버렸대요. 남잔 그녀를 찾기 위해 몇 날 며칠을 헤매고 다녔지요.
그러다가 비가 추적추적 내리는 어느 날 결국 그녈 만나지 못하고 터덜 터덜 그녀 집 앞으로 갔는데, 마침 그날 그녀가 집에 돌아오는 날이어서 둘은 집 앞에서 반갑게 해후를 했대요.

여자가 말했어요. "나 내일 결혼해."

그 말에 남자는 "내가 담배 한 대 피우는 동안만 내 곁에 있어줄래?"라고 말했고 여자는 고개를 끄덕였어요. 남자는 담배를 꺼내 불을 붙였지요. 그 당시 담배는 지금처럼 필터가 있는 담배가 아니라 잎담배였대요. 종이에 말아 피우는, 몇 모금 빨면 금세 다 타들어가버리는……. 짧은 시간이 흐른 후 결국 여자는 집 안으로 들어갔고 둘은 그걸로 끝이었지요.

그 남자가 거기서 아이디어를 얻었는지 모르겠지만 후에 친구와 동업을 해서 세계 최초로 필터가 있는 담배를 만들기 시작했대요. 그리고 백만장자가 됐지요.

세월이 흐른 후. 남자는 그 여자 소식을 들었는데 남편도 죽고 혼자 병든 몸으로 빈민가에서 외로이 살고 있다는 거였어요. 남자는 하얀 눈이 펑펑 내리는 어느 겨울날 하얀 벤츠를 타고 그녀를 찾아갔대요. 그리고 말했죠.

"나는 아직도 당신을 사랑해 나와 결혼해주겠어?" 여자는 망설이다 생각할 시간이 필요하다고 했고 남자는 다음 날 다시 오겠다고 하고 집으로 돌아갔어요. 다음 날 남자가 그녀를 찾아갔을 때 발견한 건, 목을 매단 채 죽어 있는 그녀의 싸늘한 시신이었대요. 그다음부터 남자는 자기가 만드는 담배에 Marlboro라는 이름을 붙이기 시작했는

> 데…….
> Man Always Remember Love Because of Romance Over.
> "남자는 흘러간 로맨스 때문에 항상 사랑을 기억한다" 이런 뜻이랍니다.

　브랜드 스토리는 반드시 사실일 필요는 없다. 악의가 없고 이야기가 재미있으면 사람들의 입에 회자된다. 복분자술은 '뒤집을 복'과 '동이 분'이 합쳐 생긴 이름이다. 마시고 나면 정력이 좋아져 요강이 뒤집어질 만큼 오줌 줄기가 강해진다는 약술을 의미한다. 그런데 복분자술을 마시고 실제로 요강을 뒤엎을 사람이 있을까? 아마 없을 것이다. 거짓말인 줄 뻔히 알면서도 사람들은 "이걸 마시면, 요강이 넘어간답니다" 하며 즐겁게 술을 마신다. 물론, 거짓으로 이야기를 만들라는 것이 아니다. 다소 과장되어도 재미가 있거나 사람들의 마음을 움직이면 긍정적인 반응이 일어난다.

5) 브랜드 패러디 스토리

　이는 브랜드가 소비자에게 원하는 메시지를 전달할 때 이용하는 것으로 기존에 잘 알려진 이야기, 신화, 동화, 전설, 설화, 민화, 공상, 격언, 금언 경구, 우스갯소리, 농담, 풍자, 아이러니 등이다.

로만손Romanson이 2003년 런칭한 쥬얼리 '제이에스티나J.ESTINA'는 유럽의 감성을 동경하는 25~35세의 여성들의 '한 번쯤 공주가 되고 싶어 하는 욕망'과 뛰어난 패션 감각, 항상 새로운 장르에 대한 빠른 흡수로 주얼리 문화의 새로운 장을 마련했다.

제이에스티나는 실존했던 이탈리아의 공주이자 불가리아 왕비였던 조반나 공주가 뮤즈인 브릿지 주얼리다. 제이에스티나는 조반나 공주의 이름을 브랜드화한 것으로 브랜드 상징은 그녀의 배경을 의미하는 티아라다.

티아라는 작은 사이즈 왕관을 일컫는 용어로 예로부터 공주의 상징이었고, 그녀의 애완동물 고양이인 '제나'를 모티브로 하여 격이 다른 고양이 주얼리의 진수의 선사한다. '조반나 공주가 현대에 살면 어떤 생활을 할까'라는 궁금증을 공주가 되고 싶어 하는 현대 여성들의 꿈이 실현되도록 하는 브랜드 스토리로 품격 있는 여성이 누리는 주얼리의 미학, 새로운 프린세스를 꿈꾸는 여성들의 로망을 주얼리 문화의 새로운 장으로 만들었다.

브랜드 패러디 스토리는 소비자를 설득하기 쉬운 커뮤니케이션 방법이다. 과거 롯데리아 크랩버거의 《노인과 바다》의 패러디 "니들이 게맛을 알아"와 최근 OB 카스라이트의 현빈, 하지원 주연의 드라마 〈시크릿 가든〉의 윗몸 일으키기 명장면을 패러디한 "길라임 씨는 몇 살 때부터 라이트를 마셨나?" 등은 사람들이 이미 알고 있는 콘텐츠를 사용하기에 민감하게 반응하고, 분명히 알고 있는 이야기이기에 결론이 어떻게 날까라는 기대감을 가지기 때문에 쉽게 이야기에 몰입하고, 소비자가 비판하거나 생각하기 전에 소비자의 마음을 파고 들어가는 의외성이 존재해 더 오래 기억에 남고, 직접 보고 듣지 못한 사람에게 전달하기 쉽다.

6) 브랜드 드림 스토리

브랜드 자체가 아닌 꿈을 파는 마케팅dreamketing으로 꿈과 감성이 담긴 이야기를 스토리로 브랜드 이미지를 전달한다.

샤넬CHANEL의 영화와도 같은 이야기의 향수 스토리는 허구지만 여성들에게 궁금증을 유발, 니콜 키드먼을 광고 모델로 그와 같은 여성상과 남자에게 향기를 남게 하고 러브 스토리를 담은 브랜드 스토리다.

니콜 키드먼, 광고 '1분에 13억'으로 기네스북 등재

영화 〈콜드 마운틴〉의 영화배우 니콜 키드먼이 기네스북 50주년 기념판에 이름을 올리게 됐다.

영국 'BBC 라디오 1'의 30일현지 시간 보도에 따르면 키드먼은 기네스북의 50주년 기념판에서 '최고의 광고 출연료를 받은 배우' 부문 1위에 올랐다.

니콜 키드먼은 그녀가 주연한 영화 〈물랑루즈〉의 바즈 루어만 감독이 제작한 '샤넬 No.5' 향수 광고 촬영을 통해 370만 달러한화 39억 원 상당의 광고 출연료를 받아 화제가 됐다.

총 4분도 되지 않는 길이의 광고를 촬영한 그녀는 1분당 50만 2,000파운드한화 10억 원 상당을 벌어들인 셈.

니콜 키드먼이 출연한 CF는 한 편의 단편영화 같은 느낌을 준다. 파파라치를 피해 올라탄 택시에서 우연히 만난 남미의 한 청년과 꿈 같은 사랑을 나눈다는 내용이다. 이 CF에서 니콜 키드먼은 우아한 매력이 돋보인다는 후문이다.

기사 출처:《노컷뉴스》(2004.12.01)

청원 건설 아파트 '위시티 블루밍'의 탄생 신화인 거북 신화의 내용은 이렇다.

'아주 먼 옛날, 신비한 주머니를 가진 거북이 한 쌍이 행운의 기운이 느껴지는 곳에 마을을 지었어요. 신비한 주머니에서는 빛나는 달빛별 무지개가 쏟아져 나와 마을을 환하게 비춰주었어요. 달빛별 무지개의 수많은 아기 별들은 마을에 내려와 학교 가는 길이 됐고 신비한 주머니의 붉은 천은 마을 입구에 깔려 사람들이 바라는 모든 일이 이루어지는 축복의

> 문이 되었답니다. 이 마을에서 거북이들과 좋은 이웃들은 오래오래 행복하게 살았답니다.

위시티 블루밍은 '거북 신화'를 배경에 두고 아파트 단지 입구를 비롯해 조경, 정수 및 보안 시스템과 단지 내에 자리 잡은 초·중·고교생들의 등하굣길 하나하나에 신화 속 의미를 부여했다. 단지 입구는 신화 속 이름 그대로 '축복의 문'으로 이름 붙였고 단지 안에서도 가장 좋은 기운이 흐른다는 곳을 정해 '모든 입주민에게 성공과 복을 안겨준다'는 의미도 부여했다. 단지 안에 있는 등하굣길인 '학교 가는 길'은 학생들이 꿈과 희망을 키우도록 배려했다. 길 주위에 이순신 장군의 거북선, 장영실의 해시계를 비롯해 스티브 잡스, 알베르트 아인슈타인의 모습과 박지성 선수의 발 등을 상징하는 조형물 24점을 설치했다. 또 '신비한 주머니'를 형상화해 각 동의 옥상에 왕관 모양의 조명을 설치해 여기서 쏟아져 나오는 화려한 빛이 달빛별 무지개를 상징하도록 했다.

그리고 상하수도 5단계 정수 시스템은 '맑음이 오형제', 첨단 보안 시스템은 '거울 보안관', 쓰레기 자동 집하 시스템은 '쓰레기 먹보'라고 이름 붙였고 이를 상징하는 캐릭터를 적용하는 한편 애니메이션으로 만들었다. 단지 내에 거북을 형상화한 예술 작품도 마련했다.

또한 '꿈 같은 이야기가 현실이 된 아파트'를 주제로 위시티 블루밍의 모든 이야기를 보여주기 위한 인터넷 홈페이지를 구축하여 사이버상에서도 입주민들과 아파트에 담긴 신화를 공유할 예정이다.

7) 브랜드 파생적 스토리

하나의 제품으로 시작했지만 브랜드 스토리를 통해 다른 제품들이 파생적으로 나오도록 하는 브랜드 스토리 전략이다.

엔젤리너스Angel-in-us, 우리 안의 천사는 '천사가 전하는 신의 선물을 마시는 사람들의 쉼터이자 영혼의 공간'이다. 그곳에서 커피를 마시는 사람도 천사 같은 영혼으로 편안함과 행복함을 느낄 수 있는 곳. 15세기 이후 신의 선물이라고 불리며 등장한 커피를 엔젤리너스는 인간의 몸과 영혼 그리고 사람과 사람 사이를 이어주는 메시지로 이야기를 만들고 있다. 여기에는 '신의 선물' 전달을 임무로 부여받은 세 명의 천사가 등장한다.

가브리엘 | 꿈 많고 상상력이 넘쳐나는 개구쟁이 천사예요. 세상의 모든 일에 호기심이 가득하고 뭐 장난칠 거 없나 항상 궁리 중입니다. 좋아하는 음료는 감미롭고 시원한 '엔제린스 노우'.

라파엘 | 라파엘은 가브리엘의 형이에요. 세련되고 낭만이 넘

치는 진정한 로맨티스트로 바람둥이인 걸 알면서도 그를 보면 사랑에 빠질 수밖에 없는 매력을 가졌죠. 좋아하는 음료는 달콤한 '카페모카'.

안젤라 | 라파엘의 친구예요. 연인 사이는 아니고 단순히 친구 사이래요. 심한 공주병으로 세상 모든 사람들이 자기를 사랑하고 있다고 착각하는 귀엽고 사랑스러운 아가씨랍니다. 좋아하는 음료는 부드러운 '카페라떼'.

이들을 통한 이야기를 새롭게 창조하면서, 브랜드 스토리를 통해 다른 제품스탬프, 엔젤티스푼, 쿠션, 커피, 머그컵, 다이어리, 원목 밀폐 용기 세트 등들이 파생적derivative으로 나오게 한다.

8) 브랜드 드라마 스토리

LG생활건강의 'The history of 후'의 비밀 편을 예로 들 수 있다. '후의 비밀'은 비련의 운명을 타고난 왕후이영애 분와 그녀를 둘러싼 왕후로 무사, 예언자들의 애증과 갈등, 야망이 화려한 화보 형식으로 다채롭게 펼쳐졌다3편 제작. CF의 단편적인 이야기를 드라마처럼 만들어 따로 홈페이지에 올려 소비자들로 하여금 전체적인 드라마를 자연스럽게 브랜드에 녹여 감상할 수 있게 했다. 영화 〈시월애〉, 〈리베라 메〉 드라마 〈9회말 2아웃〉 등을 집필한 시나리오 작가 여지나 씨가 드라마 집필을 맡았다.

호화 유람선 여행 회사인 '크리스탈크루즈'의 광고 내용을 브랜드 드라마 형식으로 만들었다. 그 내용을 보자.

시골의 대저택 앞에 17세기 풍의 마차가 멈추고, 마차에서 내린 귀부인이 집 안으로 들어간다. 집 안에 들어서자 하녀가 허락도 없이 자신의 옷을 입어보고 있는 장면을 목격하게 된다. 시청자의 입장에서는 당연히 '하녀가 혼이 나겠구나'라고 생각했겠지만 그렇지 않았다. 귀부인은 하녀에게 다가가 다이아몬드가 촘촘히 박힌 관을 머리에 씌워준다. 그리고 장면이 바뀌면서 하녀가 귀부인의 옷을 입고 결혼을 한다. 귀부인은 흡족한 미소를 지으며 결혼식을 지켜본다. 다시 화면이 바뀌면서 이제는 우아함이 자연스럽게 몸에 밴 하녀가 발코니에 앉아 있는데, 그 옆에서는 웨이터가 잔에 칵테일을 채워준다. 그때 이런 말이 들려온다. "지금까지 착하게 사셨군요. 이런 럭셔리를 누리실 수 있는 걸 보니." 그러고는 갑자기 화면이 바뀌면서 바다에 떠 있는 크리스탈크루즈의 모습이 나타난다.

소비자의 인간적인 안목에서 보면 사람들로 하여금 특별하다고 느끼게 하는 것이 럭셔리luxury다. 특별하다는 느낌은 사람마다 다를 수 있다. 그리고 일상적인 것이 아니어야 한다. 일상적인 것이라면 당연하다고 생각하니까 럭셔리는 어떤 식이든 정말 특별해야 한다. 광고는 그런 특별함을 자아내고 있다. 소비자들이 어떤 제품브랜드에 대해 특별하다고 느낄 수 있는 이야기를 만들어내거나 환상의 세계를 그려본다.

2. 소비자 주도형 스토리

브랜드는 언제나 소비자와의 관계 속에서 존재한다. 그래서 소비자가 창출한 이야기를 파악하여 자사 브랜드와 연결한다. 기업들은 소비자의 브랜드 경험과 관련된 이야기를 얻거나 전달하기 위해 다양한 이벤트를 사용한다.

SK텔레콤의 '현대 생활 백서'는 소비자의 다양한 브랜드 경험을 이야기로 만들어 퍼뜨림으로써 소비자들로부터 높은 공감대를 형성했다. 마음에 드는 여성의 핸드폰 번호를 얻기 위해 이해할 수 없는 행동을 하는 남자의 이야기인 '번호 따기 편', 울리지 않는 핸드폰을 바라보며 군중 속 고독을 느끼는 '현대인 편', 몇 시냐는 물음에 팔목에 붙어 있는 손목시계를 놔두고 핸드폰을 찾아 이리저리 책상을 뒤지는 '용도 변경 편' 등이 그것이다. 이제 현대인의 생활에서 휴대폰이 갖는 의미는 단순히 통화만을 의미하지는 않는다. 핸드폰은 생활의 도구가 아니라 특별한 생활을 영위하도록 만드는 존재인 것이다. 총 170건의 에피소드로 구성된 SK텔레콤의 '현대 생활 백서'는 온라인과 오프라인의 통합적인 광고를 진행하여 한층 강화된 기대 효과를 창출했다. 매스미디어 노출 전에 디지털 콘텐츠로 재구성하여 먼저 웹사이트를 통해 퍼뜨렸고, 그 이후 사이트를 통해 '내가 만들어가는 생활의 중심'이라는 테마로 소비자의 경험담을 공유했다. 소비자가 직접 CF 패러디를 만들고, 소비자를 모델로 해서 광고에 참여할 수 있도록 다각적인 접근을 시도했다. 그중에서도 웹사이트를 이용한 것이 중요한 성공 포인트다. 웹 사이트는 통합 마케팅의 중심 축으로 한 번 방영하면 사라지는 다른 매체와는 달리, 매체의 중심에서 콘텐츠와 소비자를 통합하는 최종 목적지로서 충분한 역할을 수행했기 때문이다.

또한 삼성전자의 '또 하나의 가족' 캠페인에서 칭얼대며 엄마를 찾는 아이는 모니터에 비친 엄마의 모습을 보고 울음을 그친다. 삼성전자의 제품들은 기계가 아니라 '또 하나의 가족'으로서 애정을 느낄 수 있는 존재라는 것을 나타내고 있는 것이다. 삼성전자는 웹사이트를 통해 광고 속 주인공인 보람이네 가족들의 일상사를 들여다볼 수 있게 구성하여, 나의 이웃인 '또 하나의 가족'과의 유대감을 강화하는 브랜드 경험을 극대화하고 있다. 일상생활과 브랜드를 연결하는 메커니즘을 이해하고 브랜드 스토리를 활용한 기업은 경쟁사가 접근하기 어려운 강력한 경쟁력을 갖추게 된다. 이러한 전략의 구체적인 방안으로 소비자의 브랜드 경험을 강화할 수 있는 브랜드 스토리 라인을 만들어 딱딱한 제품이 아닌 살아 움직이는 존재로서 부각하는 것이다. 이는 거부감 없이 브랜드 스토리가 자연스럽게 빠져들도록 이야기를 도입함으로써 브랜드 파워를 높이는 데 활용할 수 있다.

기업이 흔히 사용하는 사용 수기 공모는 브랜드에 얽힌 소비자의 긍정적, 감동적 경험을 수집하고 알리기 위한 노력의 일환인데, 엽서를 통한 소비자 에피소드의 공모, 수기 공모전동서 커피문학상, 아이오페의 '다시 쓰는 여자 이야기', 온라인 수기 공모 등이 주로 사용된다. 최근 브랜드 커뮤니티가 활성화됨에 따라 소비자의 긍정적인 브랜드 경험 이야기의 효과적 활용은 입소문을 통해 커뮤니티 구성 사이에 브랜드 스토리가 확대 재생산되는 효과를 거두고 있다. 여기에다가 자사의 소비자를 이야기꾼, 스토리슈머storysumer로 만들어 이들과 함께 이야기를 만드는 것이다. 대표적 예가 할리데이비슨이다. 할리데이비슨은 할리 오토바이 고객 동호회 HOG를 조직했는데, 현재 40만 명이 넘는 회원을 확보한 대규모 조직으로 성장하여 할리 오토바이 소유자 간의 유대 강화와 브랜드 애착 형성에 핵심 역할을 하고 있다. HOG의 회원은 할리 오토바이 사용 경험과 관련한 다양한 이야기를 주고받으며, 할리데이비슨 관리자들에게 브랜드의 이야기가 어떻게 전개되어야 하는지 조언한다. 소비자와 함께 어울어지는 직간접적인 브랜드 이야기 속에서 브랜드 스토리를 발견한다. 요즘 들어 브랜드 스토리가 더욱 각광받는 것은 소비자들이 미니 홈피와 블로그 등을 통해 이야기 생산에 익숙해졌기 때문이다. 미니 홈피나 블로그에서 주요 아이템인 사진첩은 삶의 이야기로 가득 차 있다. 이를 읽는 방문자들은 주인의 삶을 들여다보며 함께 즐거워한다. 이제 사람들은 디지털을 이용하여 자기의 이야기를 생산하는 데 익숙하며, 다른 사람의 이야기를 듣는 것에도 많이 익숙해져 있다. 디지털 시대의 인터넷은 구전 및 전파의 용이성, 표현의 다양성, 상호 작용성 등 여러 장점을 지니고 있다. 이러한 인터넷 매체의 우수성을 활용하여 보다 다양한 마케팅 채널을 통합하면 비용에 비해 효과적인 브랜드 스토리 마케팅을 펼칠 수 있다.

1) 브랜드 경험 스토리

이는 제품을 사용한 소비자의 경험담을 그 사실 그대로 이야기한다. 브랜드 발견 경험, 구매 경험, 사용 경험, 서비스 경험, 매장 경험 등이 있다. 소비자의 경험담은 그대로 브랜드 스토리가 된다. 이는 브랜드에 대한 신뢰성을 높여주고, 특히 그 브랜드를 사용한 사람들의 사용 후기나 리뷰 형태로 만들어져 많은 사람들에게 영향을 미친다.

버버리Burberry 코트의 브랜드 스토리를 살펴보자.

어느 날 한 남자가 값싼 브랜드의 레인코트를 사려고 했다가 무작정 비싼 진품 버버리를 사게 되었다. 그는 이 진품 버버리가 아까워 비 올 때에도 자주 입지 않았고, 간혹 입었다 하더라도 열심히 드라이클리닝을 했다. 그는 이 버버리를 15년 동안이나 입었다. 그러고 나서 다른 사람들에게 이렇게 말한다.

"이 버버리는 정말 좋아! 15년이나 입었는데 지금도 이렇게 멀쩡하잖아? 역시 진품은 달라." 사실 그는 15년 전 버버리 숍에서 점원의 이야기에 솔깃하여 이 버버리를 무작정 구입했다. 버버리 코트는 1차 세계 대전 때 영국군이 입었던 가볍고 방수가 잘 되는 레인코트에서 비롯된 것으로, 영국 버버리 사의 제품이 워낙 특색 있고 유명해 이후에 레인코트라는 이름 대신 버버리 코트로 더 알려졌다.

걱정 인형 '걱정이'가 요즘 화젯거리다. 걱정이는 2010년 9월 한 수험생 커뮤니티에서 '걱정이를 베게 밑에 두고 갔더니 대학 수시 전형에 합격했다'는 글 때문에 유명해졌다. 걱정이는 엄지손톱만 한 인형이다. 걱정이는 과테말라에서 전해 내려오는 이야기, 걱정이 많아 잠을 못이루는 아이에게 과테말라 인디언은 걱정 인형을 준다. 베게 밑에 인형을 두면 밤사이 인형이 대신 걱정하고 아이들은 잠을 편하게 잘 수 있다는 설화에서 비롯되었다. 걱정이 소비자 경험 스토리가 이를 유명하게 만들었다.

생리대 '좋은느낌'의 소비자 경험 스토리^{브랜드 발견 경험}를 보자.

> 좋은느낌을 만난 건 갑작스럽게 생리가 터졌던 그날, 친구에게 재빨리 달려갔다.
> "나, 하나만······."
> ㅋㅋ 친구는 눈치를 채고 내 주머니에 하나를 슬쩍 넣어줬다.

급해 급해!

다시 화장실로 얼른 돌아온 나는 쥐고 있던 손을 펼쳤다.

"좋은느낌? 한 번도 안 써봤는데……."

겉 비닐을 뜯으며 일단 신속히 생리대를 조달한 것에 대한 안도감 반과, 낯선 상표에 대한 부담감 반으로 겸허히 화장실 문에 십자가를 세웠다.

"휴, 일찍 알아서 다행이다."

나는 언제 다급했었느냐는 듯이 유유히 화장실을 빠져나와 일상으로 돌아갔다. 어? 그런데 이상하다. 생리대를 찬 느낌이 안 나네? 나 아까 빌려서 찬 거 맞지? 괜한 불안감이 엄습해오면서 오후쯤 나는 또 한 번 화장실로 달려갔다. 이상하다?

오전에 벌였던 그 난리 법석도 까맣게 잊고, 화장실로 황급히 달려오게 했던 그 사건의 제공자는 '나 니가 오늘 아침에 붙여준 대로 여기 잘 있다'는 듯 태연하게 뒷짐을 지고 있었다.

'뭐야, 이거. 나 바보인 거야? 음. 이래서 좋은 느낌인가?'

정말 좋은느낌은 그렇게 착용한 듯 안 한 듯 그날인 것도 깜박 잊게 할 만큼, 여느 생리대와는 '다른' 안정감과 편안한 느낌을 주었다. 남자들은 알 수 없는 그날의 불편함. 생리통은 물론이고 혹 옷에 묻지나 않았을까 신경 쓸 게 한두 가지가 아닌 그날. 친구 덕분에 난 좋은느낌과 수도 없이 마주했던 그날 이후로 이번 달, 마법에 걸렸는지도 모르게 한 달 또 한 달을 보내고 있다.

> 정말, 이름값 한다 너!
>
> 출처: Brand story Report ① 2008,
> 좋은느낌 스토리 '이름값 하는 제품~!!', 박원경_dearelfin

2) 브랜드 에피소드 스토리

브랜드와 관련된 여러 가지 재미있는 사건들이 브랜드 스토리가 된다.

1994년 부산의 한 여중생이 숫자 1이 네 번 겹치는 11월 11일에 친구끼리 우정을 전하면서 '키 크고 날씬하게 예뻐지자'라는 의미로 빼빼로를 교환한 것이 바로 빼빼로데이 Pepero day의 탄생이다. 빼빼로라는 제품 모양을 보고 11월 11일을 연상한 소비자의 에피소드가 브랜드 스토리가 되고, 11월 11일은 특정 기념일이 되어 현재까지 빼빼로데이는 성공 사례가 되었다. 이는 소비자들이 제품을 소비하기보다 이미지와 감성, 이벤트를 소비하여 브랜드 의미를 부여했기 때문이다. 물론 여기에는 이를 발견한 롯데제과의 홍보 담당자의 힘이 크다. 1996년 지방 신문을 통해 빼빼로데이가 있음을 알게 되었고, 이를 대대적인 마케팅 수단으로 활용하면서 젊은 층을 중심으로 유명세를 타기 시작했다. 이러한 성공으로 롯데제과뿐 아니라 다른 제과 업체에서도 각종 기획 제품을 내놓고 있다. 또한 유통 업체나 놀이공원, 영화관에서도 다양한 행사를 벌이는 등 그 파급 효과는 아주 크게 나타나고 있다. 백화점과 인터넷 쇼핑몰 등도 빼빼로데이 특수를 겨냥해 각종 이벤트 상품을 쏟아낼 정도니 더 이상 말해 무엇하겠는가. 이와 같은 특정 기념일이 성공하는 이유는 소비자들이 제품을 소비하기보다 이미지와 감성, 이벤트를 소비하기 때문이다. 이러한 빼빼로의 브랜드 스토리 마케팅은 '11월 11일'이라는 기념일을 탄생시킴으로써 마케팅 효과를 극대화한 좋은 사례다.

1956년 '클레어롤Clairrol'은 여성들이 집에서 머리 코팅과 염색, 컨디셔닝과 샴푸를 단 한 번에 할 수 있게 하는 제품을 막 출시하려던 참이었다. 광고 카피를 요청받은 셜리 폴리코프는 처음 남자 친구 집에 인사 갔을 때를 떠올리고는 파격적인 카피를 생각해냈다. 당시 남자 친구의 어머니는 그녀의 머리카락을 의심스런 눈초리로 쳐다보며 아들에게 "저 아이 머리 염색한 거냐?"라고 물었다. 그도 그럴 것이 그 당시 머리에 염색을 한 미국 여성들은 7퍼센트에 불과했다.

셜리는 머리 염색에 대해 남자 친구 어머니가 품었던 의심을 광고 카피에 넣어보기로 했다. 광고 속 두 사람은 어떤 여자를 쳐다보면서 다음과 같이 궁금해한다. "저 여자, 한 거야, 안 한 거야?" 이 광고는 클레어롤을 사용하면 진짜 같은 머리색이 쉽고도 그럴싸하게 만들어진다는 것을 표현한 것이다. 결국, 그녀의 실제 경험이 또 다른 방식의 광고 카피 아이디어를 제공한 셈이다.

아래의 맥심 커피 믹스 스토리를 살펴보면 맥심 커피믹스와 소비자 에피소드가 진하게 묻어 있다.

> 사그락 사그락, 커튼이 부딪힌다.
> 우리는 서로 말이 없었다. 그저 창밖만 쳐다볼 뿐, 회갈색 빛 침묵이 우리 주변을 감싼다.
> 퓌익, 그가 일어섰다.
> "늘 먹던 것?"
> "응"
> 그는 노란색 봉지를 뜯고는 커피를 담으며 내게 물었다.
> "할 말 있다며?"
> "으응."
> 나의 눈치 없는 후각은 이미 따스한 향의 커피를 든 그를 향해 있었지만, 난 여전히 창밖을 바라보고 있었다.
> 그의 집으로 향하는 길, 난 몇 번을 망설였다.
> 내가 내린 결정이 맞는 건지, 후회하진 않을지.
> 탁.
> 그가 커피를 내려놓았다. 그가 나를 바라본다. 나도 그를 조심스레 바라보았다. 말이 나오지 않았다. 양손으로 커피 잔을 들어 마셨다. 쓰다.

많이 쓰다. 분명히 늘 마시던 노란 봉지인데……. 오늘은 쓰다.

그가 먼저 가볍게 이야기를 꺼낸다.

"왜, 기억나? 우리 처음 만날 때 네가 커피 싫어하는 줄 알았어. 쓰다고 그러면서 맛없다고. 그런데 내가 틀렸다는 걸 알았지. 네가 이 커피 좋아한다며 타주었잖아. 맛있다고. 이 맥심 노란 봉지 커피."

"아…… 응."

사실 난 여전히 커피를 즐기지 않는다.

하지만, 이 무신경한 남자는 내가 커피를 좋아한다고 생각한다.

언제였을까.

그와 내가 카페에 갔었다. 그는 다방 커피를 시키고, 난 과일 음료를 시킨 날이었다. 갑자기 그가 말했다.

"난 이 다방 커피처럼 달콤하고 부드러운 여자가 좋아, 나처럼 이런 커피 취향을 가진 여자 어디 없나……."

그냥 스쳐가는 말. 그는 지금 기억 못한 말.

하지만, 난 그 말에 사로잡혔다.

그의 집에 처음 간 날 발견한 노란 봉지의 커피 믹스.

내 수첩에 몰래 적어, 그를 우리 집에 초대한 날 그에게 늘 내가 커피를 마시는 사람인 것처럼 타주었다.

그는 내가 커피를 싫어하는 줄 알았는데 자신과 취향이 같다며 해맑게 웃었다.

나도 웃었다. 그가 나를 쳐다본다. 난 컵에서 입을 떼었다.

"저 폴라로이드 언제 샀어?"

차마 한 번에 말을 꺼내지 못해 그냥 다른 말을 해버렸다.

"아 저거? 옛날에. 찍어줄까?"

"아 어어……"

찰칵.

폴라로이드 사진은 얇고 바삭하게 익어갔다.

노을은 저물고, 밤의 청색빛이 커피 잔에 떨어져 물들어갔다.

조용하고 지루한 공백.

그때 어디서 용기가 났을까?

"미안……해. 나…… 사실 네가 생각하는 그런 사람 아니야. 나 사실 그렇게 밝지도 않고, 네가 생각하는 만큼 강하거나 그러지…… 않아. 또…… 너랑 취향도 안 비슷해. 커피도 안 좋아하고, 게임하는 것도 싫어해. 성격도 게으를 때 많고…… 그냥. 또…… 그냥…… 너랑 잘 안 맞는 것 같아. 힘들어." 내가 하고 싶은 말을 그냥 쏟아내버렸다. 그리고 차마 얼굴을 계속 보기 힘들어 폴라로이드 사진을 바라보았다. 거기서 뿌옇게 흐려진 사진 속 나는 엷은 미소를 짓고 있었다.

"아…… 그랬구나…… 아……."

그는 말이 없었다.

대꾸도 없었다.

잡지도 않았다.

그 역시 마음의 준비를 하고 있었을까.

이별의 아픈 신호를 미세하게 느끼고 있었던 것이었을까.

난 그냥 그 자리에서 일어나 그의 집을 나왔다.

그렇게 나의 마음과 인연은 바스라져갔다.

영화를 봐도, 드라마를 봐도, 이별하는 연인들 사이에는 언제나 커피가 놓여 있다. 주스도, 팥빙수도 아니다. 왜 그럴까 항상 궁금했었다.

그 커피 잔에 커피 한 스푼을 담아 쓴 맛도, 프림 한 스푼을 담아 배려도, 복잡 미묘한 마음도, 감당하기 힘든 침묵도 담기 위해서일까?

한동안, 그가 생각날 때 찬장에 있는 맥심 모카골드 마일드 커피 믹스를 꺼내곤 했다.

지금의 내 모습처럼.

언젠간 누구나 그러하듯이 이 노란 봉지의 커피도 내게 더는 쓰기만 한 존재가 아닐 것이다.

웃으며 한 모금씩 추억마저 음미할 수 있는 한 부분으로 남을 것이다.

그날을 기다리며 오늘도 조용히, 커피 잔을 내려놓는다.

출처: Brand story Report ① 2008,
"헤어지려 하는 연인들의 사이에는 왜", 김상이_sangee1012

3) 브랜드 루머 스토리

브랜드 마케터들조차도 모르게 입소문이 나는 경우도 있다. 브랜드 루머 스토리는 세상에 돌아다니는 실제 스토리를 변형한 것이다.

지금은 사라졌지만 몇 년 전 우리와 친근한 소주 이야기를 살펴보자. 술자리에 몇 번이라도 있어본 사람이라면 오십세주를 마셔봤거나 최소한 들어본 적이 있을 것이다. 오십세주는 애주가라면 다 알다시피 '참이슬+백세주'를 혼합한 소주를 말한다. 식당에 가서 "오십세주 주세요" 하면 보통 주전자나 입이 큰 술병을 백세주, 참이슬과 함께 준다. 백세주 제조 업체인 국순당이나 참이슬 제조 업체인 진로나 서로 나쁠 건 없다. 이것을 두고 상생相生의 코페티션coopetition: 협력과 경쟁이라고 말할 수도 있지만, 어찌됐든 두 회사의 술이 하나의 브랜드로 탄생하는 기막힌 과정을 관계자들이 지켜본다면 굳이 기분이 나쁠 리는 없다. 문제는 이 오십세주가 탄생하게 된 기원이 불분명하다는 것이다. 회사 담당자들조차도 고개를 갸우뚱한다. "기호에 맞는 순도를 찾고자 하는 애주가들이 빚어낸 작품"이라고 말한다.

여기서만 그치는 게 아니다. 백두산주라는 브랜드가 소주 애호가들에 의해 새롭게 태어났다. 백두산주는 백세주에 두산에서 제조하는 산山 소주 두 병을 섞은 것을 말한다. 오십세주보다는 도수가 높은 대신 여럿이 어울려 마실 때 적합하다는 게 소비자들의 설명이다. 이것 역시 대체 누가 먼저 만들었는지 알 수가 없다. 업계 담당자들조차도 새로운 소주의 탄생에 고개를 갸웃하고 있으니 여전히 미스터리인 셈이다. 이것이 소비자가 만든 브랜드 루머로 그 당시에 애주가들은 술집에서 오십세주, 백두산주를 주문했다.

4) 브랜드 프리 스토리

소비자들 스스로 자유롭게 만들어 전파하는 것으로 롯데삼강 빠삐코의 UCC를 들 수 있다. 〈좋은 놈, 나쁜 놈, 이상한 놈〉 영화가 나오는 시기에 일반 컴퓨터 사용자가 영화 삽입곡과 비슷한 비트의 롯데 삼강 빠삐코의 CM송을 믹스해서 '디시 인사이드'에 올려 이슈가 되었다. 이렇게 탄생한 빠삐놈 음원은 인터넷에 급속도로 유포되었고 컬러링부터 빠삐코 음악과 빠삐놈의 음악이 UCC와 게임으로도 만들어져 가만히 앉아서 빠삐코의 광고 효과를 높여 실제로 매출이 두 배가 되었다.

2006년 4월 어떤 괴짜 두 명이 멘토스 사탕과 다이어트 콜라 간의 화학 작용을 이용하여 라스베이거스의 벨라지오 분수 미니어처를 만들어내는 모습을 동영상으로 제작해 유튜브에 올렸다. 이 동영상은 바이럴 히트가 되면서 수백만 번 시청되었고, 수천 명이 이 동영상을 따라할 만큼 언론의 집중적인 조명을 받았다. 벨라지오 분수 동영상은 2,000만 회나 시청되었고, 박하사탕과 탄산음료를 이용한 유사한 모방 동영상들이 1만 개가 넘게 온라인에 올라오는 등 엄청난 증식 효과를 낳았다. 멘토스 측에 의하면 그 이후 9개월 동안 TV, 잡지, 라디오 등의 매체에서 그들의 제품이 언급된 회수는 무려 2억 1,500만 번이었고, 이 무료 PR의 가치는 1,000만 달러에 이르렀으며 멘토스 전체 마케팅 비용의 절반에 이르는 효과를 낸 것으로 추정되었다. 최초의 바이럴 쓰나미 기간 동안 매출은 20퍼센트나 수직 상승했고 그 이후에도 매출은 이전보다 15퍼센트 높은 수치를 유지했다.

코카콜라도 결실이 있었다. 이 동영상이 나오기 전, 다이어트 콜라의 매출은 그리 높지 않았으며 코카콜라 회사 전체의 시장 점유율도 하락하고 있었다. 그러나 이 동영상이 바이럴 히트가 되고 난 후 영상물에서 사용된 것과 동일한 2리터짜리 다이어트 콜라의 매출이 5퍼센트에서 10퍼센트 정도 증가했다. 동영상 제작의 원조가 다이어트 콜라 251병과 멘토스 1,500개를 사용하여 만든 두 번째 대규모 동영상을 내놓자 코크닷컴의 방문자 수는 27퍼센트나 증가했다.

이러한 현상을 만들어낸 장본인은 저글링 곡예사 프리츠 그로브Fritz Grobe와 변호사 스테판 볼츠Stephen Voltz였다. 2005년 가을, 그로브와 볼츠는 한 친구로부터 다이어트 콜라병 안에 멘토스를 떨어뜨리면 콜라병이 폭발한다는 얘기를 들었다. 메인 주 벅필드 지역 극단의 멤버이자 타고난 공연 예술가였던 두 사람은 이것을 실험해보기 위해 뒤뜰로 나갔다. 한 차례의 불꽃놀이가 있은 후, 그들의 머릿속에 떠오른 첫 번째 생각은 이걸 얼마나 크게 만들 수 있을까 하는 것이었다. 물론 그들이 처음은 아니었다. 지난 수십 년간 학생들은 과학 박람회에서 식초와 제빵용 소다를 섞어 화산 분출 모습을 만들어내는 시범을 보여왔고 과학 교사들은 화학 작용을 설명하기 위해 다이어트 콜라 안에 사탕을 던져넣곤 했다. 왜 하필이면 다이어트 콜라일까? 콜라의 갈색이 화학 작용을 선명하게 보여주고 설탕이 없는 다이어트 콜라는 끈적이지 않아서 치우기 쉽기 때문이다. 1990년대 초부터 멘토스 사는 이 분수 현상에 대해 이미 알고 있었다. 2005년 9월에는 과학 교사인 스티브 스팽글러라는 사람이 콜로라도 주 덴버의 9시 뉴스에서 멘토스와 다이어트 콜라의 효과에 대한 시범을 보이다가 그만 앵커를 홀딱 젖게 만든 일도 있었다. 이 광경을 담은 온라인 동영상은 작은 인기를 얻었다.

그로브와 볼츠는 이 아이디어에 골몰하면서 아침나절을 몽땅 보냈다. 가능한 많은 콜라와 멘토스를 모은 다음 시멘트 벽돌 몇 개를 쌓아 콜라병 열 개로 된 분수를 만들었고 극단 멤버들 앞에서 쇼를 벌였다. 여기서 얻은 반응이 고무되어 그로브와 볼츠는 더 높은 목표에 도전했다. 그들은 콜라병에 가늘고 긴 틈을 만들기도 하고 구멍을 뚫기도 하며 차단 벽을 덧붙여보기도 하는 등 각종 실험을 하며 5개월을 보냈다. 라스베이거스의 벨라지오 분수를 재현하기로 아이디어를 확정하고 난 후, 그들은 현란한 오리지널 분수쇼에 견주어도 손색이 없도록 섬세하게 효과들을 연출해가면서 쇼의 설계도를 만들었다. 2006년 4월

29일 그로브와 볼츠는 복잡하게 설계된 200개의 콜라병을 늘어놓고 500개가 넘는 멘토스를 준비한 다음 여덟 시간에 걸쳐 리허설을 했다.

친구 하나가 쇼 전체를 디지털 비디오로 촬영하는 동안 실험실용 흰 가운을 차려입은 그로브와 볼츠는 행운을 빌고 난 후 일을 시작했다. 놀랍게도 작은 문제 하나 없이 분수쇼 전체가 순조롭게 진행되었다. 분수 효과는 생각보다 훨씬 더 극적이었다. 특히 마지막에 콜라 줄기가 대형 왕관 모양을 그리면서 사면팔방으로 분출하며 회전하는 장면은 정말 장관이었다. 두 사람은 흠뻑 젖었고 물안경 위로는 다이어트 콜라가 범벅이 되어 줄줄 흘러내렸다. 한편 동영상은 엄청난 인기를 끌었다. 9일 만에 200만 명이 넘는 사람들이 그로브와 볼츠의 웹사이트에 접속했다. 열성적인 시청자들이 동영상을 자꾸만 유튜브에 올렸다.

멘토스나 다이어트 콜라처럼 뜻하지 않은 것이 전염 효과를 일으킬 수 있고, 이는 소비자들의 자유로운 발상에서 시작된 프리 스토리다.

5) 브랜드 드라마 스토리

소비자가 실제로 만든 브랜드 드라마 스토리를 살펴보자.

도둑고양이-러브캣

[사랑스러운 고양이. 하하, 말 그대로 고양이였죠. 도둑고양이라서 문제였지만요.]

번역된 어느 잡지에 적혀 있던 제일 첫마디. 그 문장 위에는 상큼한 미소를 짓는 그가 있었다. 나는 잡지를 내려놓고 컴퓨터 앞에 앉아 안경을 반쯤 걸쳐 쓴 채로 자기 작업에 몰입해 있는, 잡지 속에서 상큼하게 웃고 있던 그 얼굴을 바라봤다.

"누가 도둑고양이라는 거야. 그건 그냥 내기였을 뿐이라니까."

"미묘한 경계심과 수준 높은 것만 볼 줄 아는 도둑고양이가 딱이지 뭐. 난 좋아."

그는 하던 작업을 멈추고 내 쪽을 향해 잡지 속의 미소보다 훨씬 멋진 미소를 보여줬다. 도둑고양이라는 말은 마음에 들지 않지만, 그래도 그 때문에 지금 그 미소가 내 것이 되지 않았던가.

2년 전 파리, 정말 장난이었다.

친구와 내기를 했고 고작 그 내기는 그 달의 방값. 몽마르트르 골목길에서 진보랏빛 고급 정장을 빼입은 어떤 아가씨의 지갑을 훔쳐내자던 철없는 스물한 살 나와 내 룸메이트.

'나는 훔칠 수 있다'에 걸었고 친구는 '훔칠 수 없다'에 걸었다. 가위바위보에서 진 내가 지갑을 훔치기로 했는데, 나는 너무나 자연스럽게 그녀 쪽으로 달려가다가 그녀와 몸을 부딪쳐 가방을 떨어뜨린 후 나도 놀랄 만큼 빠른 속도로 그녀의 지갑을 입고 있던 후드티 속으로 집어넣었다. 지갑의 주인은 그것도 모르는 채 흩어진 물건들을 주워담고 있었고 난 미안하다고 말하며 물건들을 같이 챙겨주다가 슬금슬금 도망쳐 친구와 함께 골목 저 끝까지 달렸다.

"이것 봐라, 얌마!"

파리 한가운데서 나를 부르는 한국어. 숙녀에게 얌마라니, 나는 발끈하며 뒤를 돌아보는데 제복을 입은 남자가 손을 까닥까닥 움직이며 나를 가리킨다. 이런 젠장.

"뛰어!"

친구의 등을 떠밀고 나도 반대 방향으로 냅다 달리기 시작하는데, 무시할 수 없는 다리 길이로 그 남자는 성큼성큼 잘도 뛰어 순식간에 나를 따라잡았고 결국 덜미가 붙잡혀 그 경찰 씨와 함께 길거리 한복판에서 데굴데굴 굴러 넘어졌다.

"아프잖아요!"

"도둑고양이가 말은 잘도. 눈 감아줄 테니까 지갑 내놔."

나는 순순히 지갑을 돌려줬다. 도둑놈이란 꼬리를 달겠구나, 라고 생각하는데 의외로 경찰 씨는 나를 일으켜 세워주고 옷까지 탁탁 털어준 다음에 어깨에 손을 얹고 이런 상큼한 말을 남겼다.

"국제적 망신은 시키지 않는 게 좋지 않겠어? 지갑은 내가 임자 돌려줄 테니, 이제 그런 짓 하면 안 된다. 배고프면 밥 사줄 테니까 찾아와."

적어도 붙잡혀 가서 머리 아픈 불어 속에 진술서 작성하고 유치장에 하룻밤쯤 갇혀 있다가 반성문까지 써야 하는 게 아닐까 내심 고민하고 있었는데 의외로 너무나 깔끔하게 경찰 씨는 나를 풀어줬다.

그날 이후로 뭘 하든, 나는 그 경찰 씨가 보고 싶었고 하루는 부스스한 꼴로 다시 몽마르트르 그 거리를 어슬렁거리며 경찰 씨를 찾았다. 만나면 약속대로 밥 사달라고 말할 참이었다. 하지만 경찰 씨는 손쉽게 눈에 들어오지 않았고 나는 경찰 씨 찾기를 단념하고 어느 상점 밑에 앉아 있다가 길거리에 떨어진 지갑을 발견했다.

사람들 발에 이리 채이고 저리 채여서 까맣게 때가 탄 빨간 에나멜 재질의 지갑이 내 앞에서 이리저리 굴러다니는 걸 한참 쳐다보다가 결국 사람들을 헤치고 지갑을 주워들었다.

"어어이. 거기 도둑고양이."

"누가 도둑고양이예요?"

"내 앞에 있잖아. 손버릇 아직도 못 고쳤어? 못쓰겠네."

"상황 좀 똑바로 보고 말해줄래요? 분명히 땅에 떨어져 있던 걸 주웠거든요?"

나는 너무나 당당하게 그를 향해 지갑을 내밀었다. 그러자 그 사람은 피식 웃으며 내게서 지갑을 받아 들고 정말 고양이를 쓰다듬듯 내 머리를 쓰다듬었다.

"알았어, 알았어. 흥분하지 말고."

씨익, 나는 이때다 싶어서 그의 옷자락을 덥석 붙잡고 음흉하게 웃으며 밥 사줘요, 라고 졸랐다. 아주 잠깐 그가 놀라는 표정을 짓는가 싶더니 내 어깨에 손을 둘러 어깨동무를 한 채로 가까운 데 보이는 빵집으로 데려가 정말로 한 봉지 가득, 따끈한 빵을 사서 내 손에 쥐어줬다.

"아껴 먹다간 상하니까 많이 먹어. 한참 자랄 어린애는 많이 먹어야 크는 거야."

"누가 한참 자랄 어린애라는 거?"

"도둑고양이."

"아 자꾸! 누가 도둑고양이고 누가 한참 자랄 어린애래요?"

"몇 살인데?"

"스물한 살."

내 말에 경찰 씨는 나를 뚫어져라 쳐다보다가 또 피식 웃었다. 아, 이 사람 웃을 때마다 이렇게 보니까…… 꽤 잘생겼구나. 나도 경찰 씨의 얼굴에서 눈을 못 떼고 있다가 그 사람이 하는 말 몇 마디를 건너 들었다.

"……줄 알았네."

"응? 네?"

"난 열다섯, 열여섯 살쯤 되는 줄 알았다고."

완전. 그래, 그다지 성숙하지 못한 한국의 스물한 살은 여기서 보면 완전 코찔찔이 애로 보이겠지. 아무렴 나올 데 나오고 들어갈 데 들어간 프랑스 여자랑 비교가 되겠냐고. 그러니 집 없이 돌아다니며 지갑이나 훔쳐 근근이 먹고 살아가는 배고픈 길거리 소매치기로 보였겠지. 그래, 그런 거겠지.

"기분 나쁘게 생각하지 마. 어려 보이는 게 좋은 거지 뭐."

"네네." 나는 괜히 기운이 빠져 시큰둥하게 대답하며 빵 봉지를 끌어안고 가게를 나섰다. 경찰 씨도 내 뒤에서 나를 지나쳐 또 내 머리를 쓰다듬다가 기지개를 켜며 자기 포지션을 지켜야겠다며 그 썩 괜찮은 미소를 한방 날려주고 돌아갔다.

그날로부터 정확히 일주일 후, 나는 그 경찰 씨의 모습을 보려고 그 골목을 또 서성대다가 내 지갑을 소매치기 당하고 말았다. 이 경찰 씨랑 엮이려면 지갑이 필수인가 보다.

아무튼, 내 지갑!!!

나는 소매치기를 찾아 골목을 이리저리 헤매고 다녔고, 결국 감색 야구 점퍼에 비니를 쓴, '나 소매치기요' 하는 인상의 남자아이를 죽도록 쫓아 붙잡았다.

"hey!"

밝은 갈색 빛 눈동자의 소매치기 소년은 완전 당혹한 표정으로 내게서 떨어지려고 죽자 살자 발버둥을 쳤고, 나는 소년의 점퍼 목덜미를 꽉 붙잡은 채로 소매치기 소년의 얼굴에 내 얼굴을 들이밀었다.

"도둑고양이, 이젠 전업해서 삥 뜯기야?"

이거 봐. 이 골목에서 이렇게 지갑이 얽힌 문제라면 어김없이 나타난다니까. 나는 그럴 줄 알았다는 표정으로 의기양양하게 그를 향해 고개를 돌렸고, 그는 여전히 상큼한 미소와 함께 내 쪽으로 어슬렁어슬렁 걸어오고 있었다. 그러자 더욱더 바동거리는 소매치기 소년의 손길에 뺨에서 퍽, 소리와 함께 내 시야는 전혀 다른 곳으로 돌아갔고 고개를 몇 번

젓다가 정신을 차려보니 경찰 씨가 소매치기 소년을 붙잡고 있었고 나는 그에게 한쪽 팔이 잡힌 채로 부축받는 것처럼 넘어져 있었다.

"그 애가 내 지갑을 훔쳤어요."

"그래?"

불만스러운 내 말에 경찰 씨는 보기 좋은 미소로 소년에게 그때의 그 말을 되풀이했다. 지갑 같은 걸 훔쳐서야 쓰겠냐, 배가 고프면 날 찾아와라, 밥 사줄게, 라고. 그 뒤쪽에서 경찰씨와 소매치기 소년의 대화를 듣던 나는 또 시큰둥해져서 소매치기 소년이 순순히 지갑을 내놓고 도망가는 모습을 보고만 있었다.

"받아."

"……개나 소나 밥 사주다가 거지 되겠네요."

"응?"

"자선 사업가나 하지 그래요?"

"몸으로 나쁜 놈 잡으면서 돈 많이 벌면 자선 사업도 하고, 그러면 좋지."

그러시던가. 나는 경찰 씨가 주는 내 지갑을 홱 잡아채서 챙겨 들고 애초의 목적을 잊은 채 돌아섰다. 그러니까 뭐, 나 말고도 밥 사줘야 할 사람이 많은 몸이신 거네. 아주 바쁘셔. 몸이 100개쯤 되면 100군데서 배고픈 도둑놈 붙잡아서 밥 먹일 사람이시란 거지. 아, 착하네.

"이봐, 도둑고양이."

"누가 도둑고양이란 거예요? 남이 들으면 오해하겠네."

"왜, 미묘한 경계심이 딱 도둑고양이 같구만. 다가올 듯, 말 듯하면서 은근슬쩍 관심 좀 끌고 말야."

"누, 누가요? 누가 어떻게 관심을 끌었는데요?"

정곡을 찌르는 경찰 씨의 말을 부정하면서 나는 화끈거리는 얼굴을 숨기려고 고개를 돌렸다. 어느새 내 코앞에 얼굴을 들이미는 경찰 씨의 환한 미소 때문에 나는 눈을 꽉 감고 그 사람의 얼굴을 주먹으로 냅다 후려쳤다. 퍽, 하는 소리와 함께 주먹이 얼얼해지는 걸 느끼며 눈을 슬그머니 뜨자 그 사람이 바닥에 주저앉아서 나를 쳐다보고 있다가 우하하하 웃어 젖히는 게 아닌가.

"……아, 저…… 미안해요."

"큭큭큭, 웃기는데, 이거."

"에."

정말 상큼하고 부드러운 그 미소가 다시 한 번 내 코앞으로 다가오더니 어느새 나는 그의 품에 안겨 있었다. 뭐, 나 지금, 내가 왜, 에?

"아, 진짜. 귀엽네."

"그 말, 지금 나한테 하시는 거?"

"응, 지금 내 심보가, 길들여지지 않는 도둑고양이 데려다가 키워보고 싶은 그런 심보?"

뭐래니. 나는 내심 안겨 있는 이 상황을 즐기면서 속으로 쾌재를 부르고 있었고, 그런 나한테 경찰 씨는 웃기지도 않는 약속을 자기 혼자 하고 있었다.

"나, 이래 봬도 디자인 공부하던 인간이거든? 내가, 예쁜 지갑 만들어 줄 테니까 소매치기 짓은 그만하고 착하게 살면 키워주지."

"누가 소매치기냐고요. 아니라니까 자꾸 그러네."

"어허. 내가 본 게 있어."

"그건… 흠, 뭐…… 그렇다 쳐요. 나쁜 놈 잡기 바쁜 경찰 아저씨가 도둑고양이 유인할 지갑이나 만들 시간이 있으실까 몰라."

"뭐, 디자인은 벌써 끝났어. 도둑고양이가 나보고 밥 사 달라던 그 순간에 말이지."

그 놈의 지갑 가지고 이렇게 한 번, 저렇게 한 번 엮이더니, 결국 어느 날 갑자기 잡지에 'LOVE CAT'이라는 제목 아래에 미소를 달고 나와 유명 인사가 되지 않았겠나.

"음흉해. 무슨 경찰 씨가 하루아침에 디자이너가 되나?"

"으응? 아, 도둑고양이 키우려다가 일이 커진 셈이지. 훗."

으이구, 웃기는. 나는 옆에 있는 쿠션을 집어 들어 그에게 던졌다. 가벼운 동작으로 쿠션을 받아든 그가 뭐가 그리 좋은지 킥킥대며 나한테 눈웃음을 친다.

"사랑스러운 고양이라니, 완전 닭살…… 아으, 어쩜 이런 낯간지러운 말을 잘도……."

"난 내 마음에 솔직한걸."

그는 옆에 놓여 있던, 지갑 버클로 준비한 하트 모양의 장식을 들어 내 앞에서 달랑거렸다.

> 도둑고양이가 되지 못했으면 만나지 못했을 사람, 도둑고양이를 길들이겠다며 당당히 선언한 사람, 나만을 위해서 만든 이름이라고 '러브캣'을 자랑하던 사람, 그러더니 어느 날 정말 그 이름을 걸고 제품을 만들어버린 사람.
> 내가 사랑하는 사람은 '러브캣'이란 브랜드의 디자이너.
>
> 출처:《브랜드에겐 스토리가 힘이다》(다산북스, 2008)

이처럼 브랜드 스토리가 만들어지는 방식에는 여러 가지가 있을 수 있다. 그중에서도 제품이나 서비스를 만들어내는 기업의 입장이 아니라 소비자 사이에서 만들어진 브랜드 스토리라면 공감하기 더 쉬울 것이다. 브랜드 자산에 미치는 효과 또한 무시할 수 없다.

브랜드 스토리의 유형 중 실화nonfiction는 진정성진실, 팩션faction은 재미성놀이, 허구fiction는 상징성상상을 기본으로 해서 만들어져야 한다. 그래서 그것이 소비자의 희망, 꿈, 행복, 신념, 자아실현 등 브랜드 구매 결정에 있어서 궁극적인 동기를 자극해야만 성공적인 브랜드 스토리가 된다.

브랜드는 두 번 산다. 한 번은 기업 속에서 그리고 또 한 번은 바로 소비자의 기억 속에서. 그러나 한 번은 중요치 않다. 한 번

뿐인 것은 전혀 없었던 것과 같다. 한 번만 산다는 것은 전혀 살지 않는다는 것과 마찬가지다.

브랜드는 소비자 속에서 두 번 산다. 처음에는 실제로, 그다음에는 소비자의 기억 속에서. 처음에는 어설프게 소비자에게 다가가지만 그다음에는 합리적, 감성적으로 소비자의 삶 속에서 살아나간다. 브랜드의 삶이란 브랜드 자체의 물리적 삶이 아니라 소비자의 삶 속에서 의미를 갖는다.

소비자의 기억두뇌, 생각 속에서 브랜드가 살아가려면 브랜드 스토리가 그들의 삶과 만나 그들의 마음을 울려야 한다. 그럴 때 브랜드는 외롭지 않다. 브랜드를 이미징imaging하는 데 가장 적합한 이야기는 브랜드의 생명을 연장한다. 이를 통해 브랜드 오리지널리티brand originality가 만들어지는 것이다.

03 브랜드 스토리 전략 수립 시 고려 사항
brand story Strategy

브랜드 스토리를 이해하는 것은 브랜드에 생명을 부여하는 것이다. 브랜드를 통해 스토리의 생명을 이어가는 것이다. 브랜드 스토리는 브랜드의 생명과 생명을 이어주는 신성한 의식이다. 생존에 필요한 요소를 질적으로 상승시키는 것이 브랜드 스토리다. 사실 브랜드는 소비자의 생각을 먹고 산다. 소비자의 생각이 스토리의 원천이 된다. 소비자의 생활 속에서 일어난 사건들을 직접적인 경험으로 연결시키고, 이를 이야기화하여 브랜드의 생명을 부여하는 직관적인 마케팅이 바로 소비자의 생각을 읽어내는 지름길이 된다. 상호 교감적인 스토리를 통해 브랜드와 소비자는 연결되어야 한다.

브랜드 의미의 존재를 통해 보다 잘 소비자와 관계를 맺는 독특한 방법을 알게 된다. 브랜드가 사람과 사람의 관계, 생활 시스템 속에서 어떻게 어울어져가는가를 읽어냄으로써 브랜드는 감정을 갖게 된다. 브랜드 생활자로서 소비자가 브랜드의 의미를 이해하는 것이 바로 브랜드 생명력이다. 브랜드에 대한 소비자의 기억들 속에서 그들을 묶어주는 코드가 스토리이며 이러한 브랜드 코드^{브랜드 스토리}로 소비자들과 지속적인 교감을 갖는 것이다. 브랜드에 대한 상상력^{꿈,} 희망을 간직하는 것이 미래의 브랜드 생명을 키우는 씨앗이 된다.

  브랜드 스토리의 힘은 소비자들이 자연스레 브랜드로 모이게 하는 능력을 발휘한다. 미래를 내다보는 통찰력은 자상한 마음이 있기에 비로소 의미가 있다. 아무도 모르게 모든 생활 영역 곳곳에 세심한 배려를 한다는 것이다. 그러면 지금의 브랜드 마케터는 무엇을 해야 할 것인가. 브랜드 스토리를 창조하는 브랜드 스토리텔러는 마케터가 아니다. 바로 소비자다. 브랜드 스토리는 그 브랜드가 표적으로 하는 소비자들에게 꿈을 주고, 소비자들은 자신의 꿈을 실현시키기 위해 브랜드를 산다. 그래서 소비자가 바로 최고의 이야기꾼^{storyteller}이 되도록 해야 한다. 물론 이야기는 입으로 전달된다. 이것이 바로 소문 마케팅의 최초의 발화점이다. 소비자의 일상 속에서 브랜드의 진정한 스토리가 나옴을 잊지 말아야 한다. 소비자의 마음을 움직일 수 있는 이야기, 소비자의 공감 속에 스토리가 있다. 사실 누구나 이야기를 할 수 있다. 그러나 좋은 이야기꾼은 무엇을 어떻게 커뮤니케이션해야 하는지에 대한 전략이 필요하다. 거기에는 진정성, 진실성, 믿음이 있어야만 상호적 교감이 일어난다. 좋은 브랜드 스토리는 소비자의 감정 이입, 동화가 되어야 한다.

진실한 목소리를 들을 때 행복하듯이, 스토리가 진실한 브랜드는 행복하다. 브랜드는 자기에게 맞는 스토리를 찾아야 하며 그곳은 바로 소비자의 마음속에 있다. 그래서 소비자의 마음과 일치될 때 스토리가 있고 브랜드는 행복하다. 진실로 브랜드 스토리가 감동을 주고, 타깃 소비자의 마음속에 스며들기 위해서는 소비자의 내면, 마음에서 우러나야 한다. 브랜드 스토리는 진정성authenticity이 있어야 한다. 가식이나 겉치레보다 진실된 이야기가 있어야 한다. 진정성의 어원은 '너 자신 그대로To thine own self to be true'라는 그리스 철학에서 유래한다. 소비자들은 인식과 표현의 측면 모두에서 자기 이미지와 부합되는 브랜드 스토리를 진정한 것으로 여긴다.

모든 해답은 소비자 속에 있다. 소비자는 언제나 옳다. 그들이 설사 부정적인 반응을 보일지라도 옳다. 시장과 브랜드에 대한 소비자의 생각을 그대로 담은 것이 바로 브랜드 경험에 대한 이야기다. 자신이 직접 느낀 브랜드에 대한 이야기가 바로 브랜드의 진실이다. 브랜드와의 만남을 자유롭게 써내려간 브랜드 스토리에는 브랜드가 나아갈 길에 대한 힌트와 청사진이 숨어 있다. 만약 소비자들이 브랜드에 대한 이야기가 없다고 말하더라도 그들의 과거를 캐고 조사하는 것이 중요하다. 그곳에서는 반드시 소비자들에게 브랜드가 어떤 의미인지를 말해주는 단서가 발견된다. 그들이 써내려간 브랜드 스토리에는 자신들의 브랜드 의식이 담겨 있다. 그들 스스로 쓴 브랜드 스토리에는 그들의 생각이 드러난다. 소비자 인식 깊은 내면에 숨겨져 있는 진실이 드러나는 순간이다. 브랜드 스토리는 소비자 잠재의식에 숨어 있던 브랜드 이미지의 발현인 동시에 소비자의 기억 창고에 브랜드 이미지를 각인시키는 최고의 수단이다. 소비자의 직접 경험에서 나오는 브랜드 스토리는 브랜드 가치 그 자체이며, 그것은 소비자의 일상생활에 가까이 존재한다. 브랜드 스토리는 소비자의 마음을 담아내는 그릇이다. 그릇 속에 담겨진 브랜드 생각, 브랜드 콘셉트는 소비자와 의미 있는 관계를 만드는 데 가장 적합한 도구다.

브랜드 스토리는 소비자 스스로 자발적으로 말하는 브랜드 이야기여야 한다. 그래야 그 속에서 움직이는 표적인 소비자 마음을 감지할 수 있다. 이를 이해함으로써 마케터는 비로소 완벽해진다. 마케터는 브랜드 스토리를 통해 소비자를 관찰할 수 있고, 그들과 많은 대화를 나눌 수 있다. 이것이 바로 브랜드와 소비자의 상호 교감 작용이다.

소비자 스스로 쓴 브랜드 이야기는 소비자 내면에서 일어나는 일을 좀 더 분명하게 이해할 수 있게 해준다. 마케팅의 창조적 혁신은 소비자의 자유 선택을 확신할 때 일어난다. 자발적으로 새로운 것을 보고 실행하려는 열린 마음과 의지만이 변화와 혁신을 지속 가능케 한다.

소비자들은 자신이 공감하는 이야기를 지닌 브랜드에 주저하지 않고 지갑을 연다. 적어도 그 순간만큼은 자신이 선택을 아주 잘 했다고 믿는다. 소비자는 스스로 브랜드에 담긴 이야기를 체계화하면서 자신만이 느낄 수 있는 고유한 가치를 만들어내기 때문이다. 그것을 가능하게 하는 것이 바로 브랜드에 담겨진 이야기다. 이야기의 힘이 오랫동안 지속되면 지속될수록 소비자가 브랜드에 느끼는 친밀감과 선호도가 높아지게 되며 나아가 주변 사람들의 관심까지 이끌어내는 역할을 한다. 브랜드 그 자체는 제품과 소비자의 중간적 존재지만, 브랜드 스토리는 양자 간의 '관계 맺기를 위한 도구'가 된다. 소비자와 제품을 강력하게 연결시키는 역할을 하는 것이다.

마케터는 브랜드의 하인이다. 소비자가 주인이다. 주인이 원하는 곳으로 브랜드 마케팅은 움직여야 한다. 결코 소비자에게 반역하지 마라. 소비자 세계를 흔드는 음모를 꾸미지 마라. 브랜드가 주인인 소비자에게 스트레스를 주지 마라. 주인의 마음에 심리적인 상처를 주지 말고 치유를 해야 한다.

　브랜드 스토리의 세계는 바로 소비자의 세계다. 소비자가 주인인 브랜드 스토리의 세계에서는 주인에게 이로운 일들만 발생해야 한다. 그들의 생각을 읽어내고 그 생각에 맞춰 움직이는 것이 브랜드 세계여야 하고, 스토리는 소비자의 세계에서 같이 호흡할 수 있게 하는 커뮤니케이션의 주제가 된다. 살아남은 것이 이기는 것이고 살아남기 위해서는 생명이 늘상 존재해야 한다.

　단적으로 말해 모든 마케팅 전략은 소비자(고객)에게서 나와야 한다. 더 극단적으로 말하자면 마케터가 마케팅 전략 기획marketing strategy planning을 하지 말아야 한다. 마케터는 자신의 생각을 없애야 한다. 자신의 생각을 무화(無化)시키는 행동, 생각 속에서 마케팅의 성공 가능성은 높아진다. 이기적이 아닌 이타적(소비자)이 되어야 하는 것이다. 그들이 원하는 대로 행하라. 그것이 마케팅 성공의 지름길이다. 소비자 중심, 소비자 지향에 기본을 두고 마케팅을 실행한다고 하지만, 실제로 그렇게 하는 마케터가 있을까? 모두들 그렇게 하고 있다고 말하지만 사실은 그렇지 않다. 말뿐인 소비자 만족은 이제 사라져야 한다.

　언제나 그랬듯이 진화는 멈춘 적이 없다. 브랜드 스토리는 브랜드에 맞고, 소비자 마음에도 들어야 한다. 디즈니 사가 자신들의 테마파크에 새로운 볼거리를 만들 때 가장 처음 시작하는 것은 그 볼거리의 역사를 만드는 것이다. 즉 이야기를 만든다. 새로운 볼거리를 위한 완벽한 상상의 세계를 만들어내며 거기에는 그곳의 과거, 현재, 미래의 이미지가 포함되어 있다. 또한 상상 속의 캐릭터와 액션, 그리고 장면들을 만들어내며 각종 스케치와 이미지, 그리고 시각적 상징물들로 스토리를 그려낸다. 이러한 과정을 통해 디즈니사는 경쟁사들이 따라올 수 없는 풍부함과 깊이를 갖춘 경험을 창출해낼 수 있는 것이다. 완전히 새로운 세계를 만들어내는 상상력은 새로운 브랜드를 만드는 데 있어 특별한 도전이다. 마케터의 올바른 마음만이 소비자의 마음을 열어 무의식을 자극함으로써 소비 행동에 영향을 준다. 스토리는 브랜드에 맞아야 행동이 자연스럽고 편하다. 브랜드마다 기질과 환경이 다르고, 거기에 따라 브랜드 생명의 위치도 조금씩 다르다. 그 다름을 알아야 브랜드 스토리는 브랜드 생명을 연장시킨다. 세상의 모든 현상 변화를 규정하는 거대한 흐름이 있고, 그 일정한 흐름 속에 브랜드 스토리가 존재해야 한다. 만약 그 흐름을 역행한다면 브랜드는 빛을 잃고, 생명은 사그라진다. 소비자 흐름, 세상 흐름에 맞는 브랜드 스토리의 흐름을 가져야 한다.

브랜드 스토리가 소비자들과 관계를 맺고 관여도를 높이는 최적의 해결 방안이다. 일단 브랜드들은 한 번 정도 자신들을 소개할 기회를 가진다. 그리고 나서 변화하는 시장 환경 속에 소비자들에게 의미 있는 존재로 남고 싶다면, 브랜드 스토리를 전달할 새로운 방안들을 강구할 필요가 있다. 따라서 브랜드 스토리에서 강조할 부분과 아닌 부분을 조정하면서 그 스토리 내에서 브랜드의 역할을 재조정하게 된다. 이러한 점은 연예인들도 마찬가지다. 어떤 연예인들은 자신의 스토리를 바꾸지 못하고 결국 일정 시점이나 장소에 한정되는 이미지를 가진다. 하지만 다른 연예인들(마돈나 같은)은 수십 년간 자신의 스토리를 바꾸고 진보시켜 나가며 이를 통해 우리에게 의미 있는 존재로 남아 있다.

브랜드 스토리를 진보시켜나갈 수 있는 브랜드는 시대를 막론해 성공한 브랜드다. 때로는 브랜드 스토리 라인을 강화할 필요가 있고, 때로는 단순히 존재감을 새롭게 만들어줘야 할 때도 있다. 브랜드 스토리의 진보는 과거를 무시하는 것이 아니라 과거를 바탕으로 변화를 만들어나가는 것을 의미한다. 변화를 거스르지 않고, 변화에 순응하는 브랜드만이 브랜드 생명을 지속할 것이다. 총체적인 브랜드 스토리의 목적은 하나의 유기체처럼 브랜드를 움직이는 것이다. 흐름은 생명의 씨앗이 되고 스토리는 생명의 굳건한 뼈가 되어 제대로 살아 움직이려면 브랜드 정신이 있어야 하는데 그것이 바로 브랜드 스토리의 궁극적 목적과 동일시된다. 지속 가능한 브랜드는 언제나 스토리를 갖고 있다. 이야기를 만들어내는 브랜드만이 브랜드 생명력을 갖는다. 또한 브랜드의 보이지 않는 이야기가 지속 가능한 생존력을 가진 브랜드가 된다. 브랜드의 보이지 않는 이야기가 드러날 때 그 브랜드는 시대를 뛰어넘는다. 애플, 나이키, 페라가모, 스타벅스, 박카스, 오리온 초코파이 정情 등 브랜드 스토리는 브랜드 문화brand culture를 만든다. 이야기 그 자체가 바로 문화 코드가 된다.

스토리는 재미있고, 소비자의 기억 속에 오래 남고, 또한 사람의 마음을 움직인다. 이것이 이야기의 본질이다. 잠재적인 소비자에게 전파되어 새로운 힘을 낳는다. 그래서 브랜드 스토리는 지속적인 성장 마케팅의 기본이 된다. 유기체인 브랜드에 생명을 불어넣는 것이 브랜드 스토리임을 잊지 말아야 한다. 브랜드 스토리는 항상 변하는 소비자 세계를 지배하는 원동력이다.

기업의 마케터는 그 기업의 소비자가 사라지는 이유를 확실히 알고 있을까? 모를 것이다. 마케팅이 소비자를 따라잡기 힘든 시기가 도래했기 때문이다. 그렇기에 마케팅 전략 수립에 있어서 발상의 전환이 필요하다. 기업 내부나 마케터의 자의적인 생각에 의해서가 아니라, 현재 소비자의 마음 속에서 마케팅 전략, 마케팅 실행의 단서를 발견해야 한다. 그리고 소비자 속에서 발견된 마케팅 전략 지침을 소비자에게 그대로 반영시켜야 한다.

마케팅의 모든 전략적 지침은 소비자에게서 나와야 한다. 이를 지키는 마케터만이 성공을 보장받을 수 있다. 시작과 끝이 없는 순환 논리 속에서 시장의 진화 속도를 따라잡으려면 창조적이고 혁신적인 마케팅 마인드를 가져야 한다. 과거 성공을 거두었던 마케터일지라도 성공에 대한 고정관념을 버려야 한다. 항상 모든 마케팅의 시작은 백지에서 출발해야 한다.

BRAND STORY STRATEGY

브랜드 스토리 전략 4

브랜드 스토리
실행 전략

브랜드 스토리 전략의 프로세스

브랜드 스토리 전략을 실행하기 위한 기본적인 프레임은 5단계의 프로세스를 거쳐 진행된다.

1단계 브랜드 스토리 전략 형태 brand story strategy type 의 결정 단계로

1단계	2단계	3단계	4단계	5단계
브랜드 스토리 전략 형태(기본 방향) 결정	브랜드 핵심 스토리 설정	브랜드 스토리 원천 찾기	브랜드 스토리 개발	브랜드 스토리 커뮤니케이션 전략 수립
① 커뮤니케이션 목적 ② 브랜드 생명주기 단계 ③ FCB 그리드 모델의 제품 영역 설정	① 브랜드 아이덴티티 ② 브랜드 퍼스낼리티 ③ 브랜드 이미지 포지셔닝	① 기존 데이터 -기업 자료 -소비자자료 ② 인터뷰 ③ 브랜드 스토리 공모전	브랜드 스토리 진술 ① 주제 ② 캐릭터 ③ 연상 ④ 플롯	① 소비자 접촉점 발견 ② 커뮤니케이션 도구 선정 -ATL/BTL -온앤오프

이는 브랜드 스토리의 기본 방향을 결정한다. 여기에는 기본적인 전제 조건이 커뮤니케이션 목적, 브랜드 생명주기 단계와 FCB 그리드 모델Grid Model에 따라 브랜드의 제품 영역이 어디에 속하는가를 결정하는 것이고, 이 세 가지 전제 조건을 통해 브랜드 스토리 전략의 기본 방향브랜드 스토리 전략 형태이 정해진다.

2단계 브랜드 핵심 스토리brand core story 설정 단계로 이는 브랜드 자료를 통해 브랜드 아이덴티티를 명확하게 설정하고, 브랜드 퍼스낼리티를 찾아내고 이를 종합하여 브랜드 이미지 포지셔닝을 수립한다. 물론 여기에는 경쟁적 차별점competitive different과 소비자 편익점consumer benefit이 관여된다. 그리고 나서 브랜드 핵심 스토리를 설정한다.

3단계 브랜드 스토리 원천brand story source 조사로 이는 브랜드 스토리와 관련된 기업브랜드 자료와 소비자 자료를 모으는 단계다. 기존에 브랜드와 관계된 기업 내부 자료와 소비자 자료를 수집하거나, 브랜드 관련 내부 직원이나 소비자에 대한 인터뷰를 통해 수집된다. 또한 브랜드 스토리 공모전을 통해 모집한다. 브랜드 스토리 원천에 대한 양적, 질적 자료의 중요성은 차후 브랜드 스토리를 개발하는 데 유용하게 사용된다.

4단계 브랜드 스토리 개발brand story develop 단계로 2단계에서 찾아낸 브랜드 핵심 스토리와 1단계에서 결정된 브랜드 스토리 전략 형태와 연결시켜, 3단계의 브랜드 스토리의 원천 속에서 발견된 브랜드 스토리가 진술brand story statement이 되는 것이다. 이는 소비자에 대한 브랜드 메시지브랜드 약속이다.

5단계 브랜드 스토리 커뮤니케이션 전략brand story communication strategy 단계로 소비자의 접촉점touch point, contact point을 먼저 찾고, 거기에 따른 커뮤니케이션 채널 및 매체 선택이 결정된다. 여기에는 ATL, BTL 및 온라인, 오프라인에서의 커뮤니케이션 도구를 선정하고, 4단계에서 개발된 브랜드 스토리 진술브랜드 메시지이 커뮤니케이션 도구의 종류에 따라 브랜드 스토리의 크리에이티브 방향을 조정하여 실제적인 커뮤니케이션 활동을 시장 현장에서 전개하는 것이다.

1. 브랜드 스토리 전략 형태의 결정

브랜드가 처한 환경에 따라 어떤 브랜드 스토리 전략 형태brand story strategy type를 적용해야 효과적인지 사전에 미리 검토되어야 한다. 이를 위해서는 세 가지의 마케팅 조건을 검토해서 통합된 결론을 얻어내야 한다. 이것은 첫째 커뮤니케이션의 목적, 둘째 브랜드 생명주기 단계, 셋째 FCB 그리드 모델의 제품 영역 설정에 따른 브랜드 스토리 전략 형태의 결정 등이다.

1) 커뮤니케이션 목적에 따른 브랜드 스토리 전략 형태

브랜드 커뮤니케이션 목적은 다음의 세 가지 관점에서 생각할 수 있다. 하단의 표를 참고하라.

첫째, 구전 스토리 WOM story다. 브랜드 스토리가 소비자들에 의해 이야깃거리로 만들어져 지속적으로 소비자들 사이에서 전파되도록 해야 한다. 여기에는 브랜드의 인지도를 높일 목적이 있다.

둘째, 구매 스토리 purchase story다. 브랜드 스토리가 소비자의 구

		구전 스토리	구매 스토리	창조 스토리
기업 주도형 브랜드 스토리	실화	•브랜드 히스토리 -제품 개발 스토리 -네이밍 스토리 •브랜드 비하인드 스토리	•브랜드 비하인드 스토리 •브랜드 에피소드 스토리	•브랜드 비하인드 스토리 -퍼스널(오너, 개발자, 종업원) 스토리 -제품 탄생
	팩션	•브랜드 루머 스토리	•브랜드 패러디 스토리	•브랜드 패러디 스토리
	허구	•브랜드 드라마 스토리	•브랜드 파생적 스토리 •브랜드 드라마 스토리	•브랜드 드림 스토리
소비자 주도형 브랜드 스토리	실화	•브랜드 경험 스토리 -구매 경험 -사용 경험 -매장 경험 -서비스 경험 •브랜드 에피소드 스토리	•브랜드 경험 스토리 -발견 경험 -매장 경험 -구매 경험	•브랜드 에피소드
	팩션	•브랜드 루머 스토리 •브랜드 프리 스토리	•브랜드 프리 스토리	X
	허구	•브랜드 드라마 스토리	X	•브랜드 드라마 스토리

매 행동에 영향을 미칠 수 있도록 소비자의 라이프 스타일과 가치관에 적합하게 만들어져 구매 욕구를 자극해야 한다. 브랜드의 선호도를 높일 목적이다.

셋째, 창조 스토리creation story다. 브랜드 스토리가 브랜드에 새로운 가치를 형성할 뿐만 아니라 소비자의 마음속에 차별적인 이미지를 심어야 한다. 브랜드의 충성도를 높일 목적이다.

2) 브랜드 생명주기 단계에 따른 브랜드 스토리 전략 형태

브랜드 전략의 중요한 목적이 소비자의 마음에서 브랜드가 멀리 사라지지 않도록 지속적으로 성장하게 돕는 것이라면 브랜드 진화 과정을 면밀히 분석하는 것은 의미 있는 일이다. 브랜드가 지속적으로 성장한다는 대전제가 있으면 브랜드 생명주기brand life cycle 과정은 큰 의미가 없을 수도 있겠지만, 수많은 브랜드가 태어났다 사라지는 것이 일반적이고, 브랜드가 성장하면서 그 의미도 점차 바뀌기 때문에 브랜드 생명주기를 깊이 고려하는 것은 매우 중요하다.

브랜드 생명주기를 논의하기 전에 먼저 브랜드의 경쟁적 우위점의 지속적인 유지가 필요하다는 점을 인식해야 한다. 그리고 소비자의 요구에 부합하는 브랜드를 만들기 위해 기능적 요소와 상징적 요소의 관계를 확실히 이해해야 한다. 다음 그래프와 〈도표〉는 브랜드 생명주기 단계별 지침을 정리해놓은 것이다.

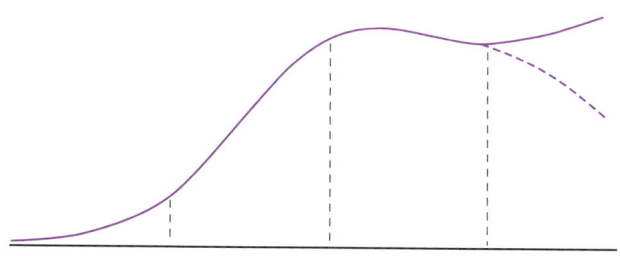

■■ 브랜드 생명주기 단계별 지침

도입기 (독점 단계)	성장기 경쟁 단계			성숙기 (이미지 단계)	쇠퇴기 (재단계)
	전기	중기	후기		
① 명확한 브랜드 아이덴티티 보유 ② 브랜드 인지도 형성 ③ 브랜드 구축에 소비자 참여	① 멀리 보고 이미지에 투자 ② 차별적 강점 부각 ③ 선택하고 싶도록 제작 ④ 브랜드 희소성 향상			① 항상 새로움을 제공 ② 철저하게 통제 ③ 소비자 데이터 베이스화 ④ 브랜드 자산의 일관성 유지	① 충분한 시장 정보 확보 ② 소비자층의 정확한 파악 ③ 한 가지 방법에 집착하지 말 것

도입기 독점 단계 proprietary stage

브랜드가 시장에 처음 등장했을 때는 브랜드를 알리는 일이 우선이다. 도입기는 브랜드가 자산으로서 가치를 갖느냐 갖지 못하느냐를 결정하는 매우 중요한 시기다. 따라서 브랜드가 자산 가치를 갖기 위한 초기 브랜드 구축 전략이 마련되어야 한다.

첫째, 명확한 브랜드 아이덴티티를 가져야 한다. 모든 소비자를 대상으로 삼아서는 안 된다. 광범위한 아이덴티티나 명확하지 않은 아이덴티티로 소비자에게 혼란스러운 메시지를 전달하는 실수를 범하지 말아야 한다. 또한 브랜드 아이덴티티는 기업의 모든 마케팅 전략에 내재되어 이를 기본적으로 적용받을 수 있게 해야 한다.

둘째, 브랜드 인지도를 높여야 한다. 많은 브랜드가 초기 브랜드 구축 과정에서 브랜드 이미지만 생각하는데, 브랜드의 인지도 역시 중요하다. 소비자는 브랜드 사용 경험이 없더라도 익숙한 브랜드에 대해 호감을 갖기 때문에 광고나 이벤트, 스포츠 후원 등 인지도 향상에 많은 노력을 기울여야 한다. 물론 브랜드 인지도 향상은 브랜드 이미지 구축과 연결해서 시도하는 것이 더욱 바람직하다.

셋째, 브랜드 구축 과정에 소비자를 참여시켜야 한다. 초기 브랜드에 대한 인식이 향후 브랜드 이미지 구축에 결정적인 단서를 제공하기 때문에 각종 이벤트 등을 통해 소비자가 직접 브랜드 구축 과정에 참여하도록 만들면 좋다.

성장기 경쟁 단계 competitive stage

경쟁자가 시장 내에서 제품과 관련된 기능적인 특성을 강력하게 구축하지 않도록 제품의 이점을 유지하기 위한 새로운 방법이나 전략이 필요한 시기다. 성장기에는 브랜드 자산 가치를 확정시키는 중요한 시기로 철저한 전략 점검이 이루어져야 한다.

첫째, 멀리 보고 투자해야 한다. 브랜드 자산은 단기간의 손익을 따지기보다 계속적인 투자가 이루어질 수 있도록 최고 경영자의 관심이 지속되어야 브랜드 자산 가치 구축이 가능하다.

둘째, 차별적 강점을 부각시켜야 한다. 여러 가지 강점을 가진 브랜드를 만드는 것도 중요하지만, 한 가지 차별적인 강점만이라도 부각시켜 소비자의 인식에 뚜렷이 남겨야 한다. 높은 브랜드 자산 가치를 가지고 있는 제품은 모방할 수 없는 품질, 철저한 소비자 응대 서비스, 창조적인 디자인 등 자사만의 독특한 특성을 지니고 있다. 모든 요인을 만족시키려고 하기보다 자사에 가장 적합한 경쟁적 우위 요인을 찾아내고, 이를 소비자에게 집중적으로 부각시켜야 한다.

셋째, 선택하고 싶도록 만들어야 한다. 단순한 시장의 트렌드나 소비자의 기호에 따라가는 제품만 만들면 브랜드 자산 가치는 생기지 않는다. 소비자가 브랜드를 선택하고 싶도록 만들어야 한다. 소비자에게 선택받기 위해서는 독자적으로 유행을 창조하는 혁신성이 있어야 한다.

넷째, 브랜드의 희소성을 높여야 한다. 아무 곳에서나 구매할 수 없는 브랜드라면 그것을 가진 사람의 우월감은 높아진다. 이런 우월감은 브랜드 가치를 한층 강화한다. 따라서 적절한 판매 통제 전략을 도입해서 브랜드의 희소성을 높이도록 한다.

성숙기 이미지 단계 image stage

제품보다는 사용자에게 상징적인 가치를 부여해 경쟁적 환경 속에서 차별화된 심리적 편익을 준다. 성숙기의 브랜드는 치열한 경쟁을 겪는다. 이 시기에는 자칫 작은 실수도 소비자로부터 외면당하기 십상이다.

첫째, 항상 새로움 newness 을 주어야 한다. 일정한 수준의 브랜드 자산 가치를 구축했어도 새로움을 주지 못하는 브랜드는 외면당하기 때문에 소비자에게 늘 새로운 자극을 주어야 한다. 따라서 적기에 새로운 제품을 출시하는 전략이 필요하다.

둘째, 철저하게 통제해야 한다. 기업은 성숙기의 치열한 경쟁에서 확대의 욕구를 강하게 받는다. 그러나 높은 브랜드 자산 가치를 가졌더라도 한 번 이미지가 훼손되면 다시 회복하기 어렵다. 따라서 제조에서부터 판매까지 모든 단계를 엄격하게 일원화해서 관리해야 한다. 통제가 되지 않는 생산 라이선스를 남발하지 말아야 하며, 각 매장의 VMD visual mechandising 까지 철저하게 관리해야 한다.

셋째, 소비자를 데이터베이스화해야 한다. 경쟁이 치열할수록 비용의 효율성은 중요한 이슈가 된다. 새로운 소비자를 창출하는 것보다 기존 소비자를 지키는 것이 효율성 측면에서 훨씬 유리하다. 따라서 브랜드 충성도를 지닌 소비자가 누구인지, 애착 정도가 어느 정도인지 파악해서 적극적으로 활용해야 한다.

넷째, 가격 인하를 통한 단기적인 이익 추구보다 브랜드 자산의 일관성을 유지해야 한다. 기업은 경쟁이 격화될수록 가격 인하의 유혹을 받는데 이때 잘못되면 브랜드 가치가 희석되고 결국 소비자의 브랜드 충성도도 약화된다. 그래서 기업은 시장 리더십을 유지하기 위한 브랜드 이미지 관리 능력이 필요한 것이다.

쇠퇴기 재단계 restage

브랜드가 개발한 신제품에 가치를 부여해서 브랜드 활성화를 이루어야 한다. 쇠퇴기는 브랜드에 대한 모종의 결단이 필요한 시기로 브랜드 리모델링 전략이나 리마케팅 전략 등 리브랜딩 rebranding을 고려해야 한다. 따라서 이 시기에는 브랜드를 둘러싼 환경을 명확하게 이해해야 한다.

첫째, 충분한 시장 정보를 확보해야 한다. 쇠퇴기에는 과감히 브랜드를 버려야 할지, 재포지셔닝으로 다시 성장의 발판을 마련해야 할지 등의 결정을 위해 시장에 대한 충분한 정보가 필요하다. 왜 시장에서 브랜드가 쇠퇴하고 있는지 알아야 하기 때문이다. 또한 가격 인하 등 브랜드 자산 가치 포기 전략에 따른 손실 여부와 재포지셔닝을 위한 추가 비용 부담 등도 시장 상황을 면밀히 분석한 후에 결정해야 한다.

둘째, 소비자층을 정확히 파악해야 한다. 시장 분석과 아울러 소비자에 대한 분석도 중요하다. 시장의 변화에도 불구하고 자사 브랜드에 대한 소비자의 가치가 변하지 않을 수 있고, 반대의 경우도 있다. 따라서 자사 소비자층의 구매 패턴이나 사용 이유의 변화 등 소비자 데이터를 통한 철저한 분석으로 브랜드 자산 관리 전략을 다시 세워야 한다.

셋째, 교과서적인 방법에 집착하지 말아야 한다. 쇠퇴기에 접어들면 매출은 물론 수익률도 현저하게 하락한다. 이런 경우 브랜드 담당자는 버리자니 아쉽고 그렇다고 계속 유지하자니 많은 부분의 비용을 감당해야 하는 곤란한 상황에 처한다. 그러나 이론적으로 타당한 상황만 생각해서는 안 된다. 공격적인 마케팅을 통해 새로운 방식의 유통 채널을 찾거나 신규 소비자를 만들 수도 있다. 모든 결정은 교과서가 아닌 시장과 소비자에게 달려 있다는 사실을 명심해야 한다. 실제적인 쇠퇴기는 재도약기로서의 새로운 도입 단계의 시장으로 보아야 한다.

물론 브랜드 생명주기는 제품 생명주기나 시장 생명주기와의 연동 관계에서 해석해야 하고, 이를 위해서는 일반적으로 알려진 제품 생명주기 이론에 기본을 두고 생각해서 브랜딩 전략의 실행을 보다 효과적으로 높일 수 있다.

브랜드의 생명주기가 어떤 단계에 있느냐에 따라 브랜드 스토리 전략 형태가 결정된다. 여기에서 쇠퇴기를 제외한 것은 브랜드의 생명은 영원히 지속될 수 있다는 의미다.

■■ 브랜드 생명주기 단계와 브랜드 스토리 전략 형태

		도입기	성장기 전기	성장기 중기	성장기 후기	성숙기
기업 주도형 브랜드 스토리	실화	•브랜드 히스토리 -네이밍 스토리 -제품 개발 스토리 •브랜드 에피소드 스토리	•브랜드 히스토리 -브랜드 이미지 스토리 •브랜드 비하인드 스토리 •브랜드 에피소드 스토리			•브랜드 히스토리 -브랜드 리뉴얼 스토리 -제품 진화 스토리
	팩션	•브랜드 루머 스토리 •브랜드 패러디 스토리				×
	허구	•브랜드 드림 스토리		•브랜드 드라마 스토리		•브랜드 파생적 스토리
소비자 주도형 브랜드 스토리	실화	•브랜드 경험 스토리 -발견 경험　-서비스 경험 -구매 경험　-매장 경험 -사용 경험 •브랜드 에피소드 스토리				
	팩션	•브랜드 루머 스토리		•브랜드 프리 스토리		
	허구	×		•브랜드 드라마 스토리		×

3) FCB 그리드 모델의 제품 영역 설정에 따른 브랜드 스토리 전략 형태

FCB 그리드 모델은 크루그먼[Herbert Krugman]의 관여 이론을 기초로 두뇌 분할 이론을 접합해 개발한 것이다. 크루그먼은 소비자들의 행동 모델이 일정하지 않고 제품에 따라 달라지는 이유를 관여[involvement]라는 개념으로 설명했다. 즉 정보 처리의 과정은 사람들이 그 제품을 어느 정도 중요하게 생각하며 제품[브랜드]

구매 의사 결정에 따른 위험도가 크다고 생각하느냐 적다고 생각하느냐에 따라 정도가 달라진다는 것이다. 관여도가 높은 제품high involvement, 잘못 구매했을 때 오는 위험이 크다고 생각하는 제품일 경우엔 정보를 적극적으로 수집하거나 의사 결정에 많은 주의를 기울이게 되며, 그 반대로 관여도가 낮은 제품low involvement일 경우엔 의사 결정에 들이는 주의와 노력도 줄어든다. 예를 들면 값이 비싼 제품브랜드을 살 때에 소비자는 보다 깊은 관심을 갖게 되며 구매 행위에 있어서 제품에의 개입도, 즉 관여도가 가장 커진다. 또 다른 예로서는 신제품이나 위험이 많은 제품을 살 때에 소비자는 신중을 기하게 되고, 그 소비자는 여러모로 정보를 탐색하게 된다. 반면 소비자 관여도가 약해지는 경우에는 소비자들이 별 특별한 노력 없이 제품을 구매하고 있으며 이때에는 정보도 별로 필요 없다.

두뇌 분할 이론split brain theory은 두뇌 세분화brain specialization에 관한 이론이다. '소비자는 브랜드 메시지를 어떻게 인지하는가?'라는 문제는 두뇌를 세분화하는, 즉 두뇌의 역할을 좌측 우측으로 나누어 생각하는 것이다. 이 이론의 골자는 두뇌의 해부학적 분리를 통하여 브랜드 메시지의 인지와 감지를 분류할 수 있다는 것이다. 좌뇌는 논리적이고 분석적이고 언어와 사고의 기능을 주로 하는 데 비해, 우뇌는 직관적이고 현상적이며 종합적이고 감성적인 역할을 한다.

즉 사람이 사물을 지각하는 것은 사용하는 두뇌가 어느 부분이냐에 따라 결정된다. 좌뇌는 사물을 이성적이고 논리적으로 생각한다. 따라서 질서와 인과적 논리를 좋아한다. 좌뇌는 문자와 말을 기억하도록 조직되었다. 반면에 우뇌는 감성적이다. 예를 들면 촉각과 후각 등 감각에 관계한 것이다. 그러기에 우뇌는 충동적이거나 본능적이고 제멋대로이기가 쉽다.

그리드 모델은 두 가지의 중심적 개념을 가지고 있는데, 그 하나는 이성과 감성을 분리해서 생각하는 것이 아니라 연결해서 생각한다는 점이고, 또 하나는 제품 구매 행동에 있어서 소비자가 인지하는 관여도의 차이를 분류하고 있다는 점이다.

이 두 가지 개념을 적용하여 소비자의 마음의 공간을 나누어 보면 다음의 〈그림〉과 같이 영역을 결정하는 것이 FCB 그리드

■■ 그리드 모델

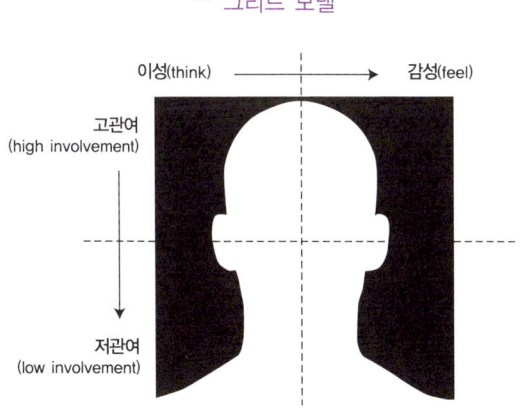

모델이다.

〈그림〉의 이성에서 감성, 고관여에서 저관여의 화살표가 표시되어 있는 것은 4분할 매트릭스의 공간에 자리 잡은 제품들의 위치가 고정된 것이 아니고 시간이 흐르고 구매 경험이 늘어남에 따라 사고에서 감성으로 고관여에서 저관여로 이동해간다는 것을 뜻한다. 즉 제품에 대한 중요성이 낮아지고 사고가 개입하는 정도가 약해짐에 따라 제품의 위치는 매트릭스의 좌측에서 우측으로 상단에서 하단으로 이동하게 된다.

이성에서 감성으로 변화되는 경우의 예를 들면 자동차를 살 때 처음에는 몹시 논리적이고 합리적인 계획을 세우다가, 점차 시간이 지나면서 감성적인 쪽으로 흘러가, 기분에 따라 자동차를 사게 된다는 경우를 들 수 있다. 왼쪽의 고관여에서 저관여로의 화살표는 시간의 경과에 따른 중요성의 변화를 나타내고 있다. 이 양쪽의 화살표가 동시에 다른 방향으로 변하는 경우도 지적되고 있는데, 이는 중요도가 감퇴함에 따라 합리적 논리적인 면도 약화되는 경향이 있을 수 있다는 점이다.

또 하나 짚고 넘어가야 할 것은 이〈그림〉을 4등분하고 있는 가운데의 점선이다. 이 네 가지로 분류된 영역은 각각 독립되어 있는 것이 아니라 한 영역이 다른 영역으로 이동될 수 있다는 점도 지적되고 있다. 즉, 정보 위주의 브랜드 스토리를 할 것이냐, 매력적인 브랜드 스토리를 할 것이냐, 또는 습관 형성을 위한 브랜드 스토리를 할 것이냐, 아니면 소비자들이 가지는 자아 만족을 조장하는 브랜드 스토리를 할 것이냐, 이러한 실무적인 문제를 결정할 때에도 참고가 된다. 이러한 점에 대해 좀 더 살펴보기로 한다.

그러면, 표시된 제품이 위치하는 네 개의 공간은 어떤 의미를 가지고 있는가. 그리드 상의 네 개의 공간은 브랜드 스토리 전략 형태를 설정하는 핵심이 된다. 예를 들어 좌측 상단의 제1상한에 위치한 제품은 관여도가 높고 사고가 지배하는 유형의 제품이므로 당연히 브랜드 스토리는 정보에 충실한informative 것이어야 하고, 제2상한인 우측 상단에 위치한 제품은 관여도가 높으면서 느낌이 지배하는 것임으로 당연히 감정적affective인 호소

■■ 그리드 모델의 4개 공간에 대한 요약

	이성(think)	감성(feel)
고관여 (high involvement)	1. 정보적(생각하는 소비자) * 행동 모델 : 지각(learn)-태도(feel)-행동(do) 〈경제학적 이론〉 * 제품 : 자동차, 집, 가구, 신제품	2. 감성적(느끼는 소비자) * 행동 모델 : 태도(feel)-지각(learn)-행동(do) 〈심리학적 이론〉 * 제품 : 보석, 화장품, 패션, 의류 등 개인의 자부심(self-esteem)을 표현하는 제품
저관여 (low involvement)	3. 습관성 형성(행동하는 소비자) * 행동 모델 : 행동(do)-지각(learn)-태도(feel) 〈자극 반응 이론〉 * 제품 : 식료품, 일용 포장 제품의 대부분	4. 자기만족(반응형 소비자) * 행동 모델 : 행동(do)-태도(feel)-지각(learn) 〈사회학적 이론〉 * 제품 : 담배, 술, 사탕, 영화, 청량음료

력이 있어야 하며, 제3상한인 좌측 하단에 위치한 제품은 관여도가 낮으면서 사고가 지배하는 제품이므로 습관 형성habit formation적인 광고일 것이며, 제4상한인 우측 하단은 자아 만족적self-satisfaction인 것이어야 한다.

이와 같이 제품이 위치한 공간에 따라 그 제품을 구매하는 소비자의 행동 양식이 다르다. 따라서 FCB 그리드 모델의 의미는 브랜드 스토리의 대상이 되는 제품의 위치가 이 매트릭스 상의 어느 위치에 있으며 어디로 이동하고 있고 또 어디로 이동시킬 수 있느냐를 파악하는 것이 브랜드 스토리 전략의 형태를 결정짓는 핵심이 된다는 데 있다.

▪▪ FCB 그리드 모델의 제품 영역 설정에 따른 브랜드 스토리 전략 형태

	고관여 (high involvement)	
이성 (think)	주력: 기업 주도형 실화 스토리 서브: ① 소비자 주도형 허구 스토리 ② 기업 주도형 팩션 스토리	주력: 소비자 주도형 실화 스토리 서브: ① 기업 주도형 허구 스토리 ② 소비자 주도형 팩션 스토리	감성 (feel)
	주력: 기업 주도형 허구 스토리 서브: ① 소비자 주도형 실화 스토리 ② 기업 주도형 팩션 스토리	주력: 소비자 주도형 허구 스토리 서브: ① 기업 주도형 실화 스토리 ② 소비자 주도형 팩션 스토리	
	저관여 (low involvement)	

네 개의 공간에 있어서의 의미를 요약한 것이 다음 〈도표〉다. 이러한 FCB 그리드 모델에 의거하여 제품의 구매 의사 결정 관여도과 동기 부여 유형이성, 감성에 따른 제품 영역이 결정됨에 따른 브랜드 스토리 전략 형태는 앞의 〈도표〉와 같다. 각각의 영역에 따라 주력main과 서브sub가 결정된다.

커뮤니케이션 목적, 브랜드 생명주기 단계, FCB 그리드 모델의 제품 영역 설정에 따른 브랜드 스토리 전략 형태가 결정된다면 이

■■ 마케팅 전제 조건 통합에 따른 브랜드 스토리 전략 형태

커뮤니케이션 목적		커뮤니케이션 목적 구매 스토리	브랜드 생명 주기 단계 도입기	FCB 그리드 고관여 / 이성
기업 주도형 브랜드 스토리	실화	*브랜드 비하인드 스토리 *브랜드 에피소드 스토리	*브랜드 히스토리 - 네이밍 스토리 - 제품 개발 스토리 *브랜드 에피소드 스토리	*브랜드 히스토리 - 브랜드 출시 배경 - 브랜드 네임 탄생 *브랜드 비하인드 스토리
	팩션	*브랜드 패러디 스토리	*브랜드 루머 스토리 *브랜드 패러디 스토리	*브랜드 루머 스토리 *브랜드 패러디 스토리
	허구	*브랜드 파생적 스토리 *브랜드 드라마 스토리	*브랜드 드림 스토리	×
소비자 주도형 브랜드 스토리	실화	*브랜드 경험 스토리 - 구매 경험 - 사용 경험 - 발견 경험 - 매장 경험	*브랜드 경험 스토리 - 구매 경험 - 사용 경험 - 발견 경험 - 매장 경험 - 서비스 경험 *브랜드 에피소드 스토리	×
	팩션	*브랜드 프리 스토리	*브랜드 루머 스토리	×
	허구	×	×	*브랜드 드라마 스토리

를 최종적으로 정리해서 공통적인 브랜드 스토리 전략 형태를 찾아낸다. 만일 커뮤니케이션 목적이 구매 스토리이고, 브랜드 생명 주기 단계가 도입기이며, FCB 그리드 모델의 영역이 고관여 이성이라면 브랜드 스토리 전략의 형태는 앞의 〈도표〉와 같다.

세 가지 마케팅 전제 조건의 통합 과정을 통해 브랜드 스토리 전략의 형태는 기업 주도형 실화 스토리로 결정되고 여기에 브랜드 히스토리와 브랜드 비하인드 스토리, 브랜드 에피소드 스토리가 통합적으로 어울려서 스토리 형태가 결정되는 것이다. 여기에 따라 보완적으로 기업 주도형 팩션 스토리 중 브랜드 패러디 스토리 형태가 뒷받침된다.

2. 브랜드 핵심 스토리 설정

■ 브랜드 핵심 스토리 추출 과정

브랜드 환경 자료 〈시장, 제품, 경쟁사, 소비자〉			
브랜드 비전&미션	브랜드 아이덴티티	브랜드 퍼스낼리티	브랜드 가치
경쟁적 차별점	브랜드 이미지 포지셔닝		소비자 편익
	브랜드 핵심 스토리		

브랜드에 관련된 환경 자료들 속에서 브랜드 핵심 스토리brand core story를 설정하는 데 있다.

기업 내부 자료에서는 브랜드 비전, 미션, 철학을 통해 브랜드 아이덴티티를 추출한다. 제품의 특성과 브랜드의 경쟁적인 차별점을 찾아내는 것도 필요하다.

또한 기업 외부 자료, 즉 소비자 자료에서는 브랜드 가치를 통하여 브랜드 퍼스낼리티를 추출한다. 표적 소비자의 라이프 스타일과 가치관을 통하여 소비자와 브랜드가 공감하고 몰입될 수 있는 소비자의 개성을 찾고, 여기에서 우리 브랜드의 소비자 편익점이 어디에 있는가를 밝혀낸다. 기능적 편익, 심리적·감성적 편익, 자아·표현·상징적 편익점에 대해 추출한다. 이러한 사실을 통해 브랜드 이미지 포지셔닝을 서술하는데 이는 소비자의 마음속에서 어떤 브랜드 이미지를 심어주느냐에 초점이 있다.

이를 통해 브랜드 핵심 스토가 결정되어야 한다. 브랜드 핵심 스토리는 브랜드 가치에 동기를 부여하는 소비자들과의 관계에 공감을 제공한다. 그러면 브랜드 가치는 특별한 의미를 가지게 되고 이성뿐만 아니라 감성에 호소한다. 브랜드 핵심 스토리는 브랜드 핵심 메시지와 동일한 효과를 가진다.

여기에서 브랜드 핵심 스토리를 브랜드 슬로건과 혼동해서는 안 된다. 예를 들면 나이키의 슬로건은 '지금 당장 하자Just do it'이지만 나이키의 핵심 스토리는 '모든 스포츠 게임은 승리를 위한 것이고, 당신이 그것을 진정으로 원하고, 노력하고, 도전한 다면 승리자가 될 수 있다'는 것이다. 브랜드 핵심 스토리는 스토리가 표현하고자 하는 진정성이다.

이러한 브랜드 핵심 스토리는 역동성을 지녀야 한다. 이것은 물론 경쟁 브랜드와 비교해서 독특함을 가져야 한다. 브랜드 독창성brand originality이 존재해야 한다. 브랜드 핵심 스토리는 실제 스토리나 마케팅 커뮤니케이션 캠페인으로 전환했을 때 여러 형태로 해석될 수 있기에 경쟁 브랜드의 핵심 스토리와 커뮤니케이션 방법을 비교해야 한다. 브랜드 핵심 스토리는 궁극적으로 브랜드 이미지를 일관성 있게 만드는 것이기에 브랜드 이미지 포지셔닝에 기반을 두고 창조되어야 한다. 옆의 〈도표〉는 브랜드 ○○○에 대한 브랜드 핵심 스토리를 도출한 사례다.

3. 브랜드 스토리 원천 조사

모든 브랜드는 그들만의 스토리를 만들 수 있는 원천source, 소재을 가지고 있다. 브랜드 스토리의 소재는 크게 기업 내부 원천과 소비자 기업 외부 원천에서 찾아볼 수 있다.

1) 기업 내부 원천

우선 기업 내부에 제각기 흩어진 브랜드 스토리와 관련된 자료를 찾고 모아야 한다. 브랜드 스토리의 소재는 브랜드의 모든

■■ ○○○ 브랜드 핵심 스토리

브랜드 비전&미션	브랜드 아이덴티티	브랜드 퍼스낼리티	브랜드 가치
• 차에 스며 있는 동양의 지혜와 문화를 현대적으로 재해석한 세계적인 차 전문 브랜드 • 차 문화 창조자 • 차의 멋과 맛을 통해 사람과 자연, 사람과 사람이 조화를 이루는 차 문화	• 사라진 우리 전통 차 문화를 살리고자 한라산 기슭에 정성스런 차로 세상을 밝고 찬란하게 만드는 새로운 차 문화	• 삶의 여유를 즐기는 라이프스타일을 구현, 문화적 소비를 통한 자기만족감의 세련된 젊은 여성	• Origin of Green tea • ○○○은 믿을 수 있고 몸에 좋은 원료, 다양한 맛으로 일상에 바쁜 현대인들을 위해 차 한 잔의 여유를 선사한다. • 차 문화를 제안, 도심 속에서 제주의 설록 다원은 자연을 느끼게 한다.
경쟁적 차별점	**브랜드 이미지 포지셔닝**		**소비자 편익**
• 녹차의 오리진 • 제주 설록 직영 다원 – 맑고 깨끗한 차 – 유기농 재배 – 세계 3대 녹차 생산지	한국의 고유한 문화와 전통이 담긴 맑고 깨끗한 제주 설록차 다원으로 한국 차 문화 지킴이 – ○○○		• 표적 청중 – 삶의 질에 관심이 많으며 문화적인 소비를 지향하는 20~30대 여성 • 기능적 편익 차의 맛과 효능을 통한 심신의 휴식/웰빙 • 감성적 편익 삶의 여유로움의 추구에 대한 심리적 만족감(슬로 라이프) • 상징적 편익 문화적 소양을 지닌 교양 차

브랜드 핵심 스토리
한국 전통 차 문화의 리더 – ○○○

관리 과정에서 발견된다. 실제로 우리는 늘 스토리 속에서 생활하고 있지만 일상 업무에 시달리다 보니 스토리를 발견하지 못할 뿐이다. 브랜드와 관련된 스토리들을 이미 가지고 있다면 구태여 새로운 스토리를 개발할 필요는 없다. 기업이 가지고 있는 브랜드 스토리는 신뢰성을 부여하기에 허구로 만든 스토리보다 강력한 힘을 발휘한다.

먼저 직원에 관한 스토리가 있다. 브랜드 스토리의 대부분은 임직원으로부터 흘러나온 브랜드 가치와 문화에 대한 것이다. 브랜드의 비전, 미션, 철학으로부터 야기된 사실들을 일상에서 구현하는 직원들이다. 직위나 소속과 관계없이 상품 개발자, CEO, 마케팅 팀원, 영업 사원, 관리 직원 등 누구에게서라도 발견할 수 있다. 브랜드 가치를 잘 표현하는 직원의 인터뷰에서나 직원들의 허심탄회한 의견을 수렴하는 사내보, 소비자를 위한 사외보도 훌륭한 자료가 된다. 한편 언론 매체에 흩어져 있는 브랜드와 관련된 홍보 기사, CEO에 대해 회자된 이야기, 브랜드의 탄생에 관한 이야기, 브랜드 마케팅 전략을 실행하면서 발생된 성공과 위기 극복에 관한 이야기, 일선 판매 직원들의 소비자와 관련된 에피소드, 뒷이야기 등을 모으면 된다.

또한 제품은 언제나 스토리의 풍부한 원천이기에, 제품을 개발하거나 만드는 과정에서의 숨겨진 이야기가 많다. 어떻게 해당 제품이 개발되었고, 제품 아이디어는 어디서 어떻게 나왔는가? 거기에 관련된 사람은 누구이고, 제품 이름은 어떻게 짓게 되었으며, 경쟁 제품과 비교해 어떤 특별한 점을 가지고 있느냐 등이다.

직원에 관한 스토리

브랜드 스토리의 대부분은 기업의 심장인 임직원들로부터 흘러나온 가치와 문화에 대한 것이다. 브랜드 가치를 일상에서 구현하고 있는 사람들 역시 직원들이다. 좋은 스토리는 직위나 소속과 관계없이 안내원, 제품 개발자, 판매원 등 직원 누구에게서라도 발견할 수 있다.

직원에 관한 스토리는 다음과 같은 방법으로 찾아낼 수 있다.

- 브랜드 가치를 가장 잘 표현하는 직원을 인터뷰한다. 그래서 브랜드에 대해 직원들은 무엇을 이야기하는가와 어떤 사건과 경험을 통해 브랜드를 설명하는가를 파악한다.
- 직원들에게 브랜드에서 좋았거나 나빴던 경험에 대해 질문한다. 친구나 동료들에게 브랜드를 어떻게 이야기하는가, 동료들끼리 브랜드의 어떤 점에 대해 이야기하는가 등이다.
- 업무적으로 직원들이 자랑스럽게 생각하는 것 혹은 어떤 차별성을 만들어냈다고 생각하는 브랜드 성과에 대해 개별적인 질문을 한다.
- 새로운 방향으로 옮겨가는 브랜드 스토리에 늘 주목한다. 전체적인 그림을 그리기 위해서는 브랜드 스토리의 원천을 찾아야 한다.

브랜드 탄생에 관한 스토리

어떻게 브랜드가 탄생되었는가에 대한 스토리는 브랜드의 중요한 부분을 차지한다. 사실 브랜드기업 설립자 스토리는 많은 브랜드들이 유사한 형태를 보인다. 두 명의 젊은이가 부모님의 창고에서 시작한 사업이 세계적인 기업으로 성상했다는 이야기를 모르는 사람은 없을 것이다.

불확실한 미래 혹은 시장에 뛰어든 브랜드 탄생 스토리는 그 브랜드가 가지고 있는 핵심적인 가치와 사고방식을 담고 있다. 브랜드 탄생에 관한 스토리는 차별화된 것을 만들려는 의지와 열정이 있다. 브랜드 창조자가 가진 최고의 동력이라는 것을 발견할 수 있게 해준다. "과거를 알면 미래를 대비할 수 있다"는 말처럼 브랜드의 뿌리를 알면 브랜드 아이덴티티가 어떤 것인지 알 수 있다. 이는 브랜드 미래에 대한 중대한 결정을 내릴 때 안정적인 기반을 만들고 내부적으로는 직원들의 정체성 확립에 중요한 역할을 한다. 하지만 한 가지 주의해야 할 점은 이 브랜드 탄생 스토리가 오늘날 혹은 미래의 브랜드 전망에 여전히 유효한 스토리인지 신중하게 따져봐야 한다.

브랜드 탄생에 관한 스토리들은 다음과 같은 방법으로 찾아낼 수 있다.

- 브랜드 역사와 발전에 관한 모든 자료를 숙지한다. 사보나

연감, 웹사이트 등에서 정보를 검색한다.
- 설립자가 아직 기업에 남아 있다면 설립자를 인터뷰한다. 혹은 기업 초기부터 일해온 직원들과 이야기해본다.
- 브랜드를 탄생시킨 동기는 무엇인지, 어떻게 브랜드가 탄생되었는지 그 과정을 물어본다.
- 브랜드를 탄생시킨 담당자에게 브랜드가 가장 소중하게 생각하는 가치와 브랜드 비전과 꿈, 열정이 무엇인지 물어본다.
- 브랜드 탄생 당시의 비전이 현재의 비전과 일치하는지 알아본다.
- 실제 브랜드 활동에 있어 브랜드 가치는 어떻게 나타나고, 어떤 방식으로 내·외부에서 커뮤니케이션되는가를 알아본다.

브랜드 성공과 위기에 관한 스토리

어떤 브랜드든 브랜드 이미지와 미래를 결정짓는 중대한 사건이 있기 마련이다. 이런 브랜드 발전 과정을 자세히 살펴보면 가치 있는 스토리를 발굴할 수 있다. 이는 브랜드에 있어 중대한 전환점이 되는 일을 일컫는다. 예를 들면 시장에 선풍적인 인기를 몰고 온 대박 제품을 만들었다거나 혹은 훌륭한 CEO나 부서를 통해 위기를 극복했다거나 하는 사건 등을 말한다. 이것은 흔히 눈부신 활약을 통해 만들어진 성공 스토리에 국한되지만 성공에 관한 것만이 언제나 좋은 스토리가 될 수 있는 것은 아니다. 문제가 발생하고 큰 위기가 닥쳤을 때 진정한 브랜드의 가치를 평가할 수 있고, 이러한 과정을 통해 많은 것들을 배워나간다. 시장에서 궁지에 몰렸을 때 브랜드 담당자는 중내한 결정을 내리게 되고, 이러한 심각한 위기 속에서 우선순위는 더욱 명확해지기 때문에 브랜드는 종종 전략과 전술 방향을 완전히 뒤바꾸는 결정을 내리기도 한다. 이를 통해, 브랜드 철학과 비전 등으로 직원들을 하나로 뭉칠 수 있는 브랜드 존재 이유를 확인하게 된다. 브랜드의 성공과 위기에 관한 스토리들은 다음과 같은 방법으로 찾아낼 수 있다.

- 브랜드 발전 과정의 역사를 잘 알고 있는 직원들을 인터뷰한다.
- 어떻게 사실적으로 브랜드의 성장을 나타낼 수 있는가에 대한 성장의 역사를 찾아본다.
- 심각한 위기를 겪었던 경험에 대해 물어본다. 어떻게 그 위기를 극복했는지, 그리고 그런 상황이 지금의 브랜드에 어떤 의미를 갖는지 물어본다.
- 브랜드의 방향을 크게 바꾼 시기가 언제였는지, 만약 그 시기가 있다면 그런 변화의 이유는 무엇인지 물어본다.

- 브랜드가 가장 큰 성공을 거둔 때는 언제인가? 그때 어떤 사건이 벌어졌는가?
- 브랜드와 관련되어 기업 내에서 회자되고 있는 중요한 사람은 누구이며, 어떤 이야기가 회자되고 있는가 등을 물어본다.

CEO에 관한 스토리

CEO는 브랜드 사업에 있어 상징적인 인물이다. 여기에 대한 스토리는 좋은 것이든 나쁜 것이든 기업 내외에서 늘 회자된다. 때로는 스토리가 너무 오랫동안 회자되어 그 스토리가 진짜인지 지어낸 이야기인지 불분명해지기도 한다. CEO에 대한 스토리들을 다음과 같은 방법으로 찾을 수 있다.

- CEO에 대한 스토리는 직원들 사이에서 발견할 수 있다. CEO와 같이 일하는 직원들부터 먼저 만나본다.
- CEO와 관련해서 '떠돌아다니는 이야기'가 있다면 어떤 이야기인지 알아보고, 그것이 사실인지 확인한다.
- 잘 알려진 CEO 특유의 행동이나 습관은 어떤 것이 있는지 찾아본다.
- CEO가 직접 관여한 중요한 브랜드 성공 사례가 있는가, 브랜드가 위기에 처했을 때 CEO가 나서서 해결한 적이 있

는가, 있다면 어떻게 했는가?
- 경영 스타일이나 브랜드 가치와 관련해서 스토리가 무엇을 이야기하는지 생각해본다.

제품에 관한 스토리

제품은 언제나 스토리의 풍부한 원천이다. 제품을 개발하거나 만드는 과정에 스토리가 숨겨져 있는 경우가 많다. 제품이 오랜 역사를 가지고 있으면 과거 스토리를 가지고도 현재 제품에 부가가치를 만들어낼 수 있다. 제품에 관한 스토리는 다음과 같은 방법으로 찾을 수 있다.

- 어떻게 해당 제품이 개발되었는가? 그 아이디어는 어디서, 어떻게, 누구에게서 나왔는가?
- 현재 그 제품은 어떻게 만들어지고 있는가?
- 제품명brand name은 어떻게 짓게 되었는가?
- 우리 제품이 경쟁 제품과 비교해 어떤 특별한 점을 가지고 있는가? 등이다.

2) 기업 외부 원천

일반적으로 외부 자료를 수집하는 목적은 시장에서 브랜드의 위치를 확인하고 전략적 기회를 파악하기 위한 것이다. 하지만 가장 중요한 목적은 소비자의 머릿속에 브랜드가 어떤 이미지로 자리 잡고 있는지 알아보기 위한 것이다.

주로 소비자와 관련된 브랜드 스토리 소재다. 브랜드가 충성심으로 가득 찬 소비자를 가지고 있다면, 소비자의 스토리는 제품 자체의 물리적 속성을 뛰어넘는 생명력을 불어넣는다. 브랜드가 어떤 차별성을 가지고 있는지를 생생하게 보여준다. 그렇지 않으면 소비자들로부터 브랜드 스토리 공모전을 통해 이를 수집하거나, 인터넷에서 그들의 사용 후기와 리뷰를 모은다. 이를 통해 소비자가 브랜드 제품과 관련된 경험의 구체적인 사례를 모을 수 있다.

또한 오피니언 리더opinion leader에 관한 스토리를 모은다. 이는 브랜드 스토리에 신뢰성을 부여한다. 이들이 전해주는 스토리는 브랜드 자체가 이야기하는 것보다 훨씬 강력한 힘을 발휘한다. 오피니언 리더는 반드시 유명인일 필요는 없다. 특정 영역의 전문가일 수도 있다. 여기에서는 브랜드 메시지에 대한 분명한 아이디어를 가져야만 제대로 논의할 수 있고, 브랜드가 속한 시장 영역에서 이유를 만들어내는 사람들을 찾거나 한다. 그리고 협력 업체에 관한 스토리가 있다.

소비자에 관한 스토리

브랜드 충성심으로 가득한 소비자를 확보하고 있다면, 그들이 그 행복감을 표현할 수 있도록 만들어주어야 한다. 소비자의 브랜드 스토리는 제품 자체의 물리적 속성들을 뛰어넘는 보편적인 경험적 가치를 부여해준다. 때문에 소비자의 경험은 브랜드 가치에 생명력을 불어넣어준다. 또한 브랜드가 어떤 차별성을 가지고 있는지 생생하게 보여준다. 소비자들로부터 스토리를 찾아내기 위해서는 다음과 같은 방법이 있다.

- 소비자들과 직접 대화를 해야 한다. 그런 대화를 할 준비가 되지 않았다면 소비자들로부터 직접 피드백을 받을 수 있는 방법을 생각해야 한다.
- 높은 충성심을 가진 소비자와 그렇지 못한 소비자는 각각 브랜드의 어떤 스토리를 이야기하는가? 경쟁 업체의 소비자가 우리의 브랜드에 대해 어떻게 이야기하는가?
- 소비자가 브랜드나 제품과 연관된 경험을 이야기하는 구체적인 사례를 찾는다. 무슨 일이 있었는가? 소비자의 경험에서 제품이나 브랜드는 어떤 역할을 하는가? 브랜드 스토리 공모전을 통해 그들의 브랜드 경험을 수집하는 것도 좋다.
- 소비자는 브랜드가 가진 어떤 점에서 차별성을 느끼는가? 그것이 스토리에 명확하게 나타나는가?

마케팅은 소비자 지향적이어야 한다. 그래서 일반 소비자들의 허심탄회하고 직설적인 이야기가 중요하다. 브랜드에 대한 칭찬과 불평불만은 물론이고 제품에 대한 아이디어의 제시는 브랜드의 입장에서 정말 값진 정보다.

소비자의 다양한 의견과 경험담을 수집하기 위해서는 사외보나 기업의 홈페이지 게시판을 활용하는 것이 좋다. 좀 더 효과적으로 의견을 수렴하기 위해 브랜드 스토리 공모전을 하는 것도 좋다. 소비자가 알아서 찾아오기를 기다리지 말고, 홈페이지나 이메일 등 각종 유인 방법을 통해 적극적으로 의견을 구해야 한다.

사실 소비자에게 받은 러브레터는 아무도 읽지 않은 채 소비자 서비스 센터의 문서 보관소나 책상 서랍 속에 그대로 방치되는 경우가 많다. 하지만 이런 스토리가 가진 힘을 과소평가하지 말아야 한다. 이는 마케팅력을 높여줄 가치 있는 도구가 될 수 있다. 또한 브랜드에 활기를 불어넣고 직원들에게 자신들이 정말로 특별한 것을 만들고 있다는 자부심을 느끼도록 해준다.

오피니언 리더에 관한 스토리

오피니언 리더는 브랜드의 시장 영역에 논점을 가져올 수 있는 사람이나 조직을 의미한다. 마릴린 먼로는 패션, 뷰티, 젊음의 오피니언 리더라고 할 수 있다. 때문에 샤넬 No.5라는 제품에 부가가치를 부여할 수 있었던 것이다. 기업 외부의 오피니언 리더들로부터 브랜드 스토리를 발굴해내는 것은 스토리에 신뢰성을 부여한다. 오피니언 리더들이 전해주는 스토리는 기업이 스스로 이야기하는 것보나 훨씬 더 강력한 힘을 발휘한다.

오피니언 리더는 반드시 유명한 사람일 필요는 없다. 오피니언 리더는 브랜드기업와 연관되지 않은 특정 영역의 전문가일 수도 있다. 브랜드가 다른 시장 및 제품 영역의 오피니언 리더를 통해 설명되면 브랜드를 바라보는 새로운 관점이 나타나기도 한다. 오피니언 리더들로부터 브랜드 스토리를 가져오기 위해서는 치밀한 연구와 상세한 조사가 필요하다. 해당 브랜드가 속해 있는 시장 영역에 관심을 가지고 있거나 해당 브랜드와 비슷한 가치를 가지고 있는 오피니언 리더들과 커뮤니케이션할 수 있는 길을 사전에 알아두어야 한다. 오피니언 리더들로부터 스토리를 찾아낼 수 있는 방법은 다음과 같다.

- 미리 브랜드 메시지에 대한 분명한 아이디어를 가지고 있어야만 오피니언 리더들과 구체적으로 논의할 수 있다.
- 제품이 속한 시장 영역에서 이슈를 만들어내는 사람들을 찾아본다. 그들은 미디어에서 보도하려고 할 때 흔히 참고인으로 찾는 사람들이다. 또한 관련 업계나 언론에서는 브

랜드에 대해 어떻게 이야기를 하는가에 대한 데이터를 수집한다.
- 브랜드에 대해 다른 시각으로 접근할 수 있는 다른 영역의 오피니언 리더가 우리 브랜드에 대해 어떤 이야기를 하고 있는가를 찾는다.
- 해당 영역의 전문가들은 보통 기업으로부터 급여를 받지 않는다. 금전적 보상을 받게 되면 이들에 대한 신뢰도가 낮아지기 때문이다. 그들은 브랜드나 제품을 통해 대화의 장을 열어 어떤 전문적인 관심을 공유하고자 할 뿐이다. 따라서 브랜드는 오피니언 리더들이 관심을 가지고 이야기할 만한 소재를 가지고 있어야 한다.

협력 업체에 관한 스토리

협력 업체들로부터 얻을 수 있는 스토리들은 항상 흥미롭다. 이런 스토리들은 기업 브랜드의 역량에서 나올 수도 있고, 협력 업체가 기업의 직원들과 함께 일하면서 겪은 개인적인 경험에서 나올 수도 있기 때문이다. 협력 업체와 어떤 프로젝트를 함께 수행했다면 혹은 오랫동안 탄탄한 비즈니스 파트너십을 유지하고 있다면 거기에는 브랜드의 공유된 가치를 반영하는 스토리가 존재하기 마련이다. 협력 업체에 관한 스토리를 찾기 위한 방법으로는 다음과 같다.

- 브랜드와 긍정적이고 가까운 관계를 유지하는 제휴 업체들의 인터뷰로 시작한다.
- 기업브랜드이 갖는 협력 관계의 특징은 무엇인가? 이런 특징이 발현되고 있다면 그런 부분이 브랜드 가치를 어떻게 반영하고, 브랜드의 무엇을 이야기하는가?
- 브랜드와 협력 업체 모두가 자랑스러워할 만한 성공적인 프로젝트는 무엇인가? 어떤 일이 있었고 누가 관여했는가? 그 프로젝트는 브랜드의 어떤 가치를 대변하는가?

스토리는 말로 하는 커뮤니케이션 중 가장 오래된 형태로 스토리를 많이 만들어내는 건 대화의 좋은 방법 중 하나다. 사람들은 대화할 때, 어떠한 스토리를 구성해서 이야기하는 것을 좋아한다. 재미있게 들을 수 있으며, 기억하기도 더 좋기 때문이다. 마케터들은 종종 소비자들이 하는 이야기 속에 제품의 장점과 편익을 모두 집어넣으려고 한다. 그래서 그 이야기들은 재미가 없어지고 기억에 남지도 않으며 그저 복잡하게만 여겨져서 기업에서 일방적으로 하는 브랜드 홍보 정도로 받아들여지는 경우가 많다. 브랜드 스토리를 말할 때는 브랜드가 얼마나 드라마틱한 전환기에 와 있는지, 얼마나 영웅적인 일을 해냈는지, 그리고 전에 없던 승리와 성공을 이끈 이야기를 실제보다 과장하지 말고 사실적으로 말해야 한다. 좋은 브랜드 스토리의 대부분은 요점만 말하는 소박하고도 친근한 이야기들이다. 스토리는 브랜드가 가진 주요한 가치 하나, 제품의 독특한 특징 한 가지, 호소력 있는 단 하나의 시각, 그리고 소비자와의 약속을 얼마나 잘 지키는가를 표현하는 단 하나의 이야기 single story 등 하나로 집중해서 이야기할 때 그 역할이 더 잘 발휘된다. 그래서 더 많은 브랜드 스토리를 만들어내야 한다.

더 많은 스토리를 만들어내는 데에 두 가지의 간단한 방법이 있다.

첫째는 소비자에게 몇 가지 질문을 주고, 그들이 브랜드 스토리를 말하도록 하는 것이다. 이런 경우에는 소비자들이 좀 더 명확하고 감성적인 것을 공유할 수 있는 질문을 해야 한다. 감성은 의미를 만들어내는 가장 빠른 길이다. 예를 들면, "당신이 브랜드의 실행 전술 방법을 바꾸는 데 있어 가장 놀라운 일은 무엇인가?" "브랜드를 이런 방법으로 운영하면 그것이 개인적으로 어떤 의미가 있는가?" "당신은 사람들이 이 일을 바로 시작하도록 하기 위해서 어떤 조언을 할 것인가?" "자신의 경험을 설명하기 위해 당신은 어떤 단어를 사용할 것인가?" "당신은 우리 브랜드를 추천할 것인가?" 등이다.

둘째는 사람들과 더 많은 이야기를 공유할 수 있는 이야기를 수집하고 구성하는 역할을 맡을 누군가를 찾는 것이다. 브랜드의 스토리와 에피소드에 대한 데이터베이스를 만들어내고, 이를 주제별로 분류하고, 그래서 소비자들이 이를 쉽게 찾아 사용할 수 있게 하는 일을 맡을 사람을 마케팅팀에 배치해야 한다.

소비자들이 어디선가 브랜드 스토리를 들었을 때, 이를 기업에 얘기할 수 있는 특별 전화 및 이메일, 그리고 공유할 수 있는 인터넷 사이트를 가설해놓아야 하고, 또 그 번호를 잊지 않도록 관리해야 한다. 살아 있는 단어를 그대로 두고 이 정보들을 편집해야 한다. 그리고 그냥 자유롭게 스토리가 퍼지게 하고 소비자들이 브랜드에 대해 이야기하는 것이 좀 더 쉽고 흥미로운 것이 되도록 만들어야 할 것이다.

4. 브랜드 스토리 개발

브랜드 스토리 개발에서 브랜드가 활용할 수 있는 브랜드 스토리 진술brand story statement이 바로 브랜드 스토리로 만들어진 결과물이다. 브랜드 스토리 개발에는 최소한 네 가지 중요한 요소가 있다. 브랜드 주제와 브랜드 특성, 브랜드 연상, 그리고 브랜드 플롯이다.

1) 브랜드 주제는 심층 은유다

대부분의 비전 있는 마케터들은 스토리를 인위적으로 지어내지 않는다. 그저 주변에 굴러다니는 소재들을 발견할 뿐이다. 대부분의 스토리들은 우리 주변에 있다. 바로 그 때문에 스토리가 그토록 친숙하고 설득력 있게 느껴지는 것이다. 그러나 그런 스토리들을 발견하려면 보다 민감하고 세심해져야 할 필요가 있다. 창조적 혁신 시대의 마케터들이 문화와 심리, 사람들의 마음과 영혼을 읽는 법에 민감해져야 하는 이유가 바로 여기에 있다.

브랜드 주제는 브랜드 이름, 즉 브랜드 그 자체에 있다. 어떤 이름이든 소비자들의 두뇌 속에 자극적인 연상 작용을 불러일으킬 수 있다. 브랜드 주제는 단순히 브랜드 미션을 밝히는 정도에 그쳐서는 안 된다. 또한 자기들만 이해할 수 있는 용어나 진부한 표현들은 브랜드만의 독백에 불과하기 때문에 소비자에게 큰 공감을 얻지 못한다. 결코 일시적인 문구나 슬로건 정도로 주제를 취급해서는 안 된다. 하나의 구절이든 개별적인 단어이든 간에 모든 것들이 한데 어우러져 스토리를 통해 소비자와 브랜드 간의 감성적 유대 관계를 형성해야 한다. 그리고 이를 통해 소비자들과 점진적으로 관계를 이어나갈 수 있는 브랜드 코드brand code를 창조해야 한다.

스토리가 있는 브랜드 주제는 세 가지 이점을 제공한다.

첫째, 쉽게 잊히지 않는 감성적인 면을 강조함으로써 일반적인 포지셔닝보다 훨씬 친밀하게 만든다. 둘째, 브랜드 전략의 기초인 감성적 단서를 구현할 수 있는 구체적인 지침을 제공해준다. 그리고 마지막으로 보다 넓은 의미에서 경쟁사를 꺾을 수 있는 기회를 제공한다. 이야기를 통해 해당 사업 분야의 선두 브랜드로서의 주인공이 될 수 있는 기회를 움켜쥘 수 있게 되는 것이다.

반스앤노블의 브랜드 주제는 집도 사무실도 아닌 '제3의 장소'를 의미한다. 반스앤노블은 새로운 방식의 가치를 소비자들에게 제공하기 위해 북새통을 이루고 있는 매장 한구석에 푹신한 소파와 안락한 의자를 배치하였으며 서점 내에 커피 전문점도 설치하였다. 이는 소비자에게 정신적인 풍요를 제공하는 동시에 쉼터라는 느낌을 전달하여 감성을 자극하기 위한 독특한 서점의 브랜드 주제를 만들었다. 스타벅스의 브랜드 주제 또한 제3의 장소라는 동일한 브랜드 아이디어다.

제럴드 잘트먼Gerald Zaltman과 린제이 잘트먼Lindzay Zaltman은 사람들의 무의식 속에 숨어 있는 은유를 드러내는 과정을 제시함으로써, 스토리를 발견하고자 하는 마케터들에게 유용한 방법론을 제시한다. 잘트먼 은유 유도 기법Zaltman Metaphor Elicitation Technique, ZMET을 이용하면 어떻게 스토리를 구성하는 것이 좋은지, 그리고 제각기 다른 성향의 소비자들이 각각의 스토리에 어떻게 반응하는지 등 다양한 은유의 방법을 도출할 수 있다.

은유metaphor는 다양한 하나의 사고를 다른 사고의 관점에서 표상하는 것을 의미한다. 이는 유추, 직유, 그리고 기타 정보를 전달하는 다른 많은 비문자적 전달 수단 모두를 지칭한다.

은유란 한 사물을 다른 사물에 비추어 표현하는 것을 일컫는데, 이는 인간이 자신이 살면서 부딪히는 문제들을 보고 느끼는 것을 표현하는 데 도움을 준다. 이런 은유에는 어떤 사람의 아이덴티티와 퍼스낼리티, 그리고 중요성에 관한 풍부한 의미가 담겨 있다.

은유는 인간 마음의 작동 과정을 자극하는 역할을 담당한다. 인지과학자들은 뇌영상 기법을 통해 은유의 신경학적 근거를 밝혔다. 은유를 포함한 문자적이고 비유적인 언어를 사용하는 데는 좌뇌와 우뇌 모두가 사용되지만 은유적 언어를 사용하는 데는 우뇌가 좀 더 밀접하게 관련되어 있음을 발견하였다.

인간이 자주 은유적으로 사고하는 이유는 우리가 주변 환경과 세계 속에서 경험하고 인식하는 것들을 해석하는 데 은유가 실제로 많은 도움을 주기 때문이다. 우리의 경험을 해석하고 다른 경험과 연결하여 거기서 새로운 의미를 추출할 때 은유는 중심적인 역할을 담당한다. 또한 은유는 상상력에도 중요한 영향을 미친다.

은유는 우리의 사고 과정 중에서도 가장 근본적인 차원에서 기능하기 때문에 경영자와 소비자 모두 이를 인식하지 못하는 경우가 많다. 소비자 연구가들은 소비자들로 하여금 은유를 사용하게 함으로써 가치 있는 정보를 얻을 수 있다. 그 이유는 은유를 사용함으로써 매우 중요하나 스스로 의식하지 못하는 소비자들의 사고와 감정을 의식적 차원으로 표면화시킬 수 있기 때문이다. 소비자의 의사 결정 과정에 심대한 영향을 미치지만 내면에 숨겨져 있는 소비자의 사고와 감정을 파헤치는 데 은유는 아주 강력한 도구다. 소비자의 무의식적인 경험을 의식적 차원으로 끌어올려 다른 사람과 의사소통을 하게 하려면 은유를 사용하는 것이 매우 효과적이다. 무의식적 사고의 이면에 존재하는 사고 과정을 조사할 때, 무의식적 사고를 의식적으로 지각할 수 있는 수준으로 끌어올리기 위한 수단이 바로 은유다. 상당수의 은유는 소위 '체화된 인지embodied cognition'인데, 이는 우리 사고를 표현하는 감각과 운동 체계를 일컫는 말이다.

은유에는 세 가지 종류가 있는데, 표면 은유surface metaphor, 은유 테마metaphor theme, 심층 은유deep metaphor다.

표면 은유는 우리가 일상 언어에서 사용하는 은유를 말한다. 예를 들어 '이 문제는 단지 빙산의 일각일 뿐이야.' '이 문제는 그냥 좀 쳤다고 생각하자' 등이다. 많은 언어권에서 사람들은 구어로 대화할 때 1분당 5~6개 정도의 은유를 자연스럽게 사용한다. 이런 은유들은 그 자체로도 의미를 갖지만 한층 더 깊은 생각과 느낌을 전달한다.

은유 테마는 표면 은유 아래 존재하지만 우리의 무의식 속에 완전히 갇혀 있지는 않다. 유사한 표면 은유들 아래에 놓인 공통분모인 은유 테마는 브랜드들에게 매우 중요하다. 이 은유 테마는 심층 은유라고 부르는 좀 더 기본적인 시각 렌즈를 반영하고 있기 때문이다.

모든 은유의 70퍼센트를 차지하는 잘트먼의 일곱 개 심층 은유는 우리가 생각하고 행동하고 말하는 일을 구조화하는 은유다. 또한 이는 우리가 사물을 인식하고 접하는 것을 이해하고 그 이후의 행동들을 유도하는 영구적인 방법이다.

심층 은유는 사람이 태어날 때부터 시작해서 사회적 환경에 따라 형태를 갖추기에 이는 우리가 선천적으로 지니고 있는 능력이다. 그래서 심층 은유는 사람들의 무의식에서 작동한다. 심층 은유는 인간의 보편성이기에 거의 모든 사회에서 발견되는 특성과 행동을 포착한다.

인간의 보편성human universal은 문화권에 관계없이 모든 문화권에서 공통적으로 발견되는 사고와 행동의 범주를 의미한다. 그 예로 정의, 처벌, 어린이 보호, 노인 공양 등을 들 수 있다. 그러한 보편성은 근본적인 원형뿐만 아니라 몇 가지 심층 은유도 포함하고 있다. 공유 개념도consensus map는 그 집단의 크기와는 상관없이 특정 집단이나 세분 시장의 보편성을 반영한다. 실제로 공통적인 문제에 직면하고 있는 소비자들을 심층적으로 이해하면 할수록 그 소비자들의 공통점을 보다 많이 발견할 수 있다. 심층 은유는 소비자 통찰 속에 드러나는 이를 위해서는 소비자들의 표면적 사고와 행동을 뛰어넘어 그들의 무의식을 탐구하고, 소비자들의 관점에서 그들이 행동하는 이유와 방식을 배우는 데서 나온다.

다시 말해 심층 은유는 뇌와 몸과 사회 사이에 끊임없이 전개되는 파트너십의 산물이다. 여기에는 균형balance, 변형transformation, 여행journey, 용기container, 연결connection, 자원resource, 통제control다. 옆의 〈도표〉를 참고하라.

소비자들은 ZMET에서 자기가 원하는 그림들을 선택해 임의로 콜라주를 만든다. 이렇게 완성된 콜라주를 놓고 소비자들과 함께 토론을 벌임으로써, 기업이나 브랜드 마케팅 연구 주체는 그 콜라주에 포함된 심층 은유들을 해석할 수 있다.

예를 들어 무의식적으로 '균형' 은유를 사용하는 사람은 자신이 다이어트를 해야 한다는 요지의 콜라주를 설명하면서 '비만'이라는 표현을 하거나, 구직에 관한 콜라주를 설명하면서 '채용 과정의 형평성'에 관해 이야기할 수 있다. 이러한 관찰 내용은 제품을 개선하거나 브랜드 미션을 소비자들에게 소구하는 스토리를 만들어내는 데 유용하게 활용할 수 있다.

스티브 잡스는 '자원' 심층 은유를 활용해 '아이폰 하나로 음악 재생과 휴대전화, 인터넷 기능을 누릴 수 있다'는 스토리를 전달했다. 아이폰을 소비자를 위한 자원으로 포지셔닝한 것이다.

■■ 일곱 가지 심층 은유의 의미

균형 balance	균형·불균형에는 평형과 관련된 생각들이 포함된다. 다시 말해 지금 그대로의 상태를 유지하도록 힘을 조정하거나 상쇄한다. 균형은 신체적 균형, 도덕적 균형, 사회적 균형, 미적·심리적 균형을 포함해서 많은 특색을 가지고 있다.
변형 transformation	변형은 상태나 지위가 바뀌는 것을 말한다. 변화는 예상 밖에서 일어날 수도 있고 예상 안에서 일어날 수도 있다. 또 소비자들은 변화를 적극적으로 추구하거나 피할 수 있다. 예를 들어 아이들은 어른 흉내를 내기 위해서 화장을 하지만, 어른들은 젊은 외모를 유지하기 위해서 화장한다.
여행 journey	소비자들은 인생의 많은 면을 여행에 비유해서 이야기한다. 사실 우리는 인생 자체를 하나의 커다란 여행으로 생각한다. 이 세상을 떠나는 것도 여행에 비유하는 사람들이 많다. '인생은 짧다'라는 말처럼 우리는 인생을 짧은 여행으로 생각할 때도 있다.
용기 container	용기는 두 가지 기능을 한다. 하나는 물건을 담는 기능이고, 다른 하나는 물건을 꺼내는 기능이다. 용기는 우리를 보호하거나 가둬둘 수 있다. 열 수도 있고 닫을 수도 있다. 또 긍정적이거나 부정적일 수도 있다. 용기는 신체적, 심리적, 사회적인 문제들을 포함한다. 기억은 가상 필수적인 용기 중 하나다. 기억은 개인사와 그 정체성을 저장한다.
연결 connection	연결 단절은 소속감이나 배제감과 관련된다. 연결은 고리 안에 들어 있거나 고리에서 빠져나와 있다거나, 영웅들과 동질화되거나, 유명 인사들에 매료되거나 관계가 끝나는 현상이다. 우리는 '내가 쓰는 브랜드', '내가 속한 팀', '나와 같은 사람'이라는 표현을 할 때 심리적인 소유 의식을 드러낸다.
자원 resource	우리는 생존하기 위해 자원이 필요하다. 음식과 물이 없거나 어렸을 때 돌봐줄 어른이 없으면 죽을 것이다. 가족과 친구들은 어려운 시기에 우리를 도와줄 자원이며 사실 모든 심층 은유의 시작이다. 우리의 신비로운 곡조는 세계 곳곳에서 노래와 대중문화의 표현들 속에 많이 담겨 있다. 제품과 서비스 역시 중요한 자원이다.
통제 control	우리는 삶을 통제해왔다고 느끼기를 원한다. 사회는 그룹의 상호 작용을 통제하기 위해 사회적 규범을 동원하고, 그런 규범을 따를 수 없는 사람들을 가둔다.

2) 브랜드 특성은 캐릭터다

브랜드 특성이란 소비자들이 특정 브랜드로부터 인지하는 인간적 특성들의 집합이다. 즉, 소비자들이 해당 브랜드에 대해 느끼는 의미와 구별성을 뜻한다. 브랜드는 사람에게 느끼는 것처럼 유능하고, 인상적이고, 믿을 만하고, 재미있고, 활동적이고, 지적인 것 등으로 구분될 수 있다. 그렇기 때문에 소비자가 자신의 개성을 표현하는 수단으로 이용할 수 있도록 자기 표현의 이점을 제공한다. 또 브랜드 특성은 제품의 특성을 전달하는 매개체 역할을 한다. 개인의 자아 표현의 상징적 기능을 수행하기 때문에 해당 브랜드의 고객과 비고객의 성향을 구분 짓는 중요한 기준이 된다. 소비자는 동일 제품 범위 내의 다양한 브랜드 중에서 자아와 일치하는 브랜드, 즉 소비자의 가치관, 성격 그리고 라이프스타일에 맞는 브랜드를 선택함으로써 자신의 이미지를 효과적으로 표현하려 하기 때문이다.

브랜드 특성을 통해 소비자들은 자신이 선호하는 특정 브랜드를 구별하며, 제품에 대한 신뢰를 형성한다. 이러한 브랜드 특성은 소비자가 혼란을 느끼지 않도록 일관성을 유지하며 변화를 추구해야 한다.

대규모 할인점인 '이마트'는 '언제나 가장 낮은 가격'이라는 슬로건으로 유명하다. 하지만 소비자들이 브랜드를 인지했다고 해서 모두 성공하는 것은 아니다. 보통 기업들은 소비자의 브드 행동을 예측할 수 있게 되면 더 이상 노력하지 않고 단지 기능적 제품이나 서비스를 제안하는 수준에 머무른다. 그러나 브랜드 스토리의 진정한 브랜드 특성을 창출하기까지 안심해서는 안 된다. 이를 위해서 다음과 같은 조건들이 충족되어야 한다.

첫째, 열정과 충성심을 불러일으키는 브랜드인가?

이제는 소비자에게 브랜드를 알리는 것 정도로는 부족하다. 그 이상의 역할을 브랜드가 해내야 한다. 소비자가 브랜드를 수용하도록 하는 것은 물론, 마법을 걸 듯 열정과 충성심까지도 불러일으켜야 한다. 그러기 위해서는 소비자들을 내 편으로 끌어들이고 함께 키워나가야 한다.

둘째, 소비자들이 브랜드의 특성을 규정할 수 있는가?

소비자들이 어떻게 브랜드의 특성을 자기 것으로 의인화하고, 또 그것의 성격을 규정하는가에 주목해야 한다. 소비자와의 상호 작용만큼 많은 감정을 불러일으키는 것도 없기 때문이다.

셋째, 브랜드 자체가 차별화되어 있는가?

차별화된 특성은 브랜드 자체를 차별화해주기 때문에 소비자들은 타 브랜드와 쉽게 구별할 수 있고 그들의 기억 속에 더욱더 강력하게 남게 된다. 따라서 브랜드 매니저들은 이러한 사실을 자신에게 유리하게 사용할 줄 알아야 한다.

사람들이 감성적 실마리를 통해 타인의 특성에 매혹되는 것처럼 브랜드도 마찬가지다. 매력적인 브랜드 특성을 감지하게 되면 보다 친밀감을 느끼고 지속적으로 그 브랜드와 접촉하고 싶어진다. 그러므로 브랜드 특성 창출을 위해서는 브랜드 프로필을 수립하고 소비자의 입맛에 맞도록 수정 과정을 반복해야 한다. 이런 반복을 통해 현존하는 소비자들과의 유대를 강화할 수 있고, 새로운 소비자를 확보할 수 있게 된다.

브랜드가 브랜드 고유의 특성, 즉 캐릭터character를 보유할 때에 비로소 사회적 문제를 해결하고 인간의 삶을 전환하는 변화의 중심을 상징할 수 있게 된다. 이것이 바로 문화 브랜드 구축에 관한 핵심이다. 일단 특정 브랜드가 문화적 흐름과 동일시되면, 그 브랜드는 문화 브랜드가 아니다. 예를 들어 바디샵은 '사회적 행동'의 상징인 반면, 디즈니는 '이상적인 가족'의 상징이다. 위키피디아는 '협력'의 상징이며, 이베이는 '사용자 권한'의 상징이다. 달리 말해, 브랜드는 평범함을 넘어선 비즈니스를 약속하고 문화적인 만족감을 전달해야 한다. 그때서야 비로소 문화 브랜드로서의 역할을 할 수 있다.

옆의 〈도표〉는 기본적 캐릭터의 아홉 가지 브랜드 특성brand character 유형을 정리한 것이다.

3) 브랜드 연상은 이미지 요소를 이야기한다

브랜드는 연상들의 집합이다. 즉 사람들에게 전달하는 의미를 가질 때 비로소 브랜드 가치를 갖게 된다. 경쟁 브랜드와 차

아홉 가지 캐릭터 유형

창조자	다산과 풍요, 양육, 기원, 지혜 같은 요소들을 구현하며, 생명의 탄생이나 부활에 이르는 길, 때로는 탄생과 죽음의 주기를 관장한다. 상상력이 풍부하고 창조적이다. 예) 마샤 스튜어트, 레고
용감한 영웅	인간적인 동시에 초인적인 능력을 지닌 인물. 비즈니스 세상을 돌아가게 하는 법을 알고 있다. 스스로에 대한 확고한 믿음을 가지고 있다. 용감하고 완고하다. 예) 잭 웰치, 나이키
전사, 반항자	탁월한 전략가. 비즈니스 세계에서 분주하게 움직이며 기업을 재정비하거나 인수합병을 이끈다. 반항적이고 타협하지 않는다. 예) 칼리 피오리나, 할리데이비슨
연금술사, 마법사	무에서 유를 창조하거나, 어떤 것에서 다른 것을 만들어내는 힘을 지닌 사람. 아이디어나 놀라움으로 가득하다. 예) 해리포터, 3M
탐험가, 모험가	아무도 본 적 없는 무언가를 발견했다는 만족감을 얻기 위해 미지의 영역으로 뛰어드는 인물. 탐험 그 자체가 최고의 보상이다. 호기심이 많고 대담하다. 예) 제프 베조스, 버진
통치자, 관리자	놀랄 만큼 대단한 힘을 지니고 있는 뛰어난 경영자. 통치할 수 있는 능력과 권위를 갖춘다. 예) 빌 게이츠, 현대
현자 (현명한 영웅)	사실을 판단하는 능력, 기업 가치를 간파하는 능력이 탁월한 사람. 지적이고 전문성을 갖추고 있다. 예) 워런 버핏, 이케아
장인	언제나 예술과 밀접한 관련을 맺는다. 예) 스티브 잡스, 알레시
어릿광대	대단히 진지한 익살꾼. 기업 세계에서는 용인하지 않는 캐릭터로 유쾌하고 재미있다. 기업의 모든 사람이 이미 알고 있지만 입 밖에 내기 두렵거나 아예 그럴 수 없는 진실을 말하는 유형이다. 예) 짐 캐리, m&m

별화되는 이미지의 강력한 브랜드 연상brand association은 결국 구매 결정과 브랜드 충성도 형성의 근간을 이룬다. 브랜드 스토리는 소비자의 기억 속에 그 브랜드를 인식하게 만듦으로써 브랜드 연상의 강력한 네트워크를 형성하는 데 중요한 역할을 한다.

또한, 브랜드 인지도 및 마음속에 지니게 되는 품질에도 상당한 영향을 미친다. 결국 브랜드 자산의 근간은 브랜드 연상이라고 할 수 있다.

이러한 브랜드 연상에 직접적으로 영향을 미치는 것이 바로 브랜드 이미지다. 브랜드 이미지는 소비자의 기억 속에 그 브랜드를 긍정적으로 인식하게 만듦으로써 브랜드 연상의 강력한 네트워크를 형성하는 데 중요한 역할을 수행한다.

최근 과학적 연구에 따르면, 일단 소비자의 연상 네트워크가 작동되면 그 네트워크를 토대로 지속적인 충성도가 생성된다고 한다. 만약 어떤 브랜드가 감성적 유대 관계를 창출해내고 있다면, 앞으로 더욱더 많은 소비자들을 확보할 수 있는 기회를 갖게 되는 것이다. 이런 브랜드는 그저 자기들의 브랜드 이미지를 소비자들의 머릿속 기억 창고에 끼워 넣기만 하면 되기 때문이다.

브랜드가 소비자의 신뢰와 애착을 쌓아 올리려면 소비자의 마음속에 감성의 불꽃을 피워야 하고, 그 최초의 브랜드 경험을 계속해서 반복하고 고양시킬 수 있어야 한다. 다시 말해, 과거의 연상은 새로운 연상을 포획하는 그물의 구실을 해야 한다는 뜻이다. 이런 점에서 볼 때 '뉴코크$^{New Coke}$'는 이미 소비자들의 머릿속에 저장된 기존의 충성도를 일거에 부정해버렸다는 점에서 크나큰 실수를 저지른 셈이다. 그 결과 재탄생한 것이 과거의 코카콜라인 '코카콜라 클래식$^{Coca Cola Classic}$'이다.

사람들은 생생하고 흥미진진한 이야기를 들으면 그것을 다시 한 번 머릿속에서 재연해보고 싶어 하고, 또 그 이야기 속 이곳저곳에 감성적 유대와 애착을 심으려 한다. 한마디로 그 이야기를 자기 것으로 만들기 위해 스스로 노력한다는 뜻이다. 어떠한 이야기든지 지속적으로 반복하게 되면 그 무게의 크기는 더욱 커진다. 입소문의 위력은 바로 여기에 있다. 반복을 통해 이야기는 스스로 성장하고 진화하고 또 확장된다.

소비자들은 일반적으로 널리 통용되는 이야기를 쉽게 받아들이는 한편, 그 안에서 개인적인 의미를 이끌어내고 싶어 하기 때문에 브랜드 스토리의 연상 작용을 강하게 일으키기 위한 노력이 필요하다. 말하자면, 소비자 자신을 일종의 이야기꾼으로 만들어 브랜드 연상의 연결 고리를 소비자 스스로 기억 속에 머무르게 한다든지, 한 가지 스토리 안에서 여러 연상 작용이 일어날 수 있는 미완 혹은 시리즈 개념의 스토리를 부여하는 등 자신의 것으로 만들 수 있는 기회를 만들어낸다. 본질적으로 스토리라인과 그것을 둘러싼 연상은 내용^{contents}과 맥락^{context}의 관계와 같다. 한 브랜드의 스토리라인은 소비자들이 적극적으로 시각화할 수 있고 체험할 수 있는 것을 말한다. 그 내용에는 감지할 수 있는 이미지, 즉 감성적 단서들이 포함된다. 이에 반해 연상은 눈에 보이지 않는 단서들로부터 미루어 추정하고 브랜드에 귀착시키게 되는 정신적 속성이라고 할 수 있다. 다시 말해, 이는 하나의 맥락으로서 스토리라인의 영토를 표시하는 숨겨진 말뚝과도 같은 셈이다.

브랜드 스토리를 만드는 목적은 무언가를 연상시켜주는 감성의 연결 고리를 형성하는 데 있다. 이것을 형성하지 못하면 뒤이어 나타나는 이성적 판단의 늪에서 결코 소비자를 끌어낼 수 없게 된다. 그렇기 때문에 감성의 연결 고리들을 소비자 마음속 깊은 곳에 내면화시켜야 한다. 그래야 소비자들이 아무런 의심 없이 선뜻 받아들이게 된다.

브랜드 연상에 의해 그 브랜드에 대한 로열티, 즉 충성도가 높아지면 브랜드 애국심이 생기게 된다. 브랜드 애국심이란 소비자들의 충성심을 의미하며, 결과적으로는 브랜드 연상에 의해 형성된 하위 개념이다. 브랜드 스토리는 브랜드 연상에 직접적인 영향을 미치고, 그것은 소비자에게 작용하여 브랜드 애국심을 만들어낸다. 이런 일련의 절차를 통해 만들어진 브랜드 애국심은 '브랜드 마니아'를 형성할 수 있는 기반이 된다. 즉, 브랜드 애국심을 키운다는 것은 소비자에게 자신만의 브랜드로 생각할 수 있는 소비자의 신념을 키우는 것과 같다.

이를 위해서는 첫째로 소비자들이 자신보다 더 큰 무엇인가 브랜드에 속해 있다고 느낄 수 있도록 강력한 일체감을 창출해야 한다. 둘째, 브랜드는 소비자들에게 경쟁 브랜드로부터 보호받고 있다는 느낌을 갖게 하여 그들을 우리 브랜드의 카테고리 안으로 끌어당겨야 한다. 셋째, 브랜드는 소비자들이 영속적이며 자기 강화적인 감성 궤도 안에 존재하기 위한 정서를 창조해야 한다. 넷째, 궁극적인 목표는 브랜드 연상의 그물망을 형성하는 것이다. 이는 소비자에게 무의식적으로 작용하여 브랜드의 현재적 의미와 잠재적 성장 가능성을 잃지 않도록 관계를 구축한다.

할리데이비슨에는 브랜드 애국심에 대한 연상을 불러일으키는 특별한 요소들이 존재한다. HOG Harley Davidson Owners Group, 청바지, 가죽 덧바지, 검은 가죽 벨트, 제2차 세계대전 때 나왔을 법한 헬멧과 부츠, 재킷, 그리고 독수리 마크 등 그들만의 소속감이 할리만의 브랜드 연상을 일으킨다. 모든 브랜드는 이와 같이 자신의 브랜드만이 가질 수 있는 소속감을 부여한 여러 요소들을 갖춰야 한다. 즉, 브랜드의 기본 가치와 신념이 녹아든 단서 하나하나를 브랜드와 접목해 스토리로 성장시켜야 한다.

브랜드 연상은 소비자 브랜드 스토리에서 느끼는 감정적인 측면을 어떻게 끌어갈 것인가에 대한 이미지적 차원에서 말해질 수 있다. 여기에는 딱딱함 hard, 부드러움 soft 그리고 차가움 cool,

따뜻함 warm을 축으로 해서 브랜드에서 느껴지는 인상을 정하는 것이다.

소비자가 만들어내는 브랜드 연상 네트워크의 원천은 다음의 〈도표〉로 요약된다.

■■ 브랜드 연상 네트워크 원천

구 분	내 용
제품	제품기능적, 감성적, 상징적, 경험적, 사회적, 문화적 편익과 속성
퍼스낼리티	사용자 이미지, 브랜드의 퍼스낼리티
경험	사용 경험에 따른 인지적 믿음과 태도, 감정적 느낌과 생각
커뮤니케이션	광고 및 이벤트 등의 커뮤니케이션 접촉으로 만들어지는 이미지, 느낌과 생각
경쟁	경쟁 브랜드에 대한 경험과 이미지
상호성	소비자와 브랜드 간의 지속되는 관계에서 발생되는 유대감, 감정적 애착
가치	생활 속의 브랜드 가치, 커뮤니티의 연결 가치
브랜드 특성	브랜드 미션, 조직과 풍토 및 기타

이것이 브랜드 스토리의 무드 mood와 톤 tone, 매너 manner를 구성하는 이미지를 이야기하는데 차후에 소비자의 기억 속에서 브랜드를 회상시킬 때의 브랜드 감정을 수반하게 하여 브랜드 회상을 높여준다.

4) 브랜드 플롯은 스토리 형태에 관한 것이다

브랜드 스토리에서 브랜드 플롯 brand plot이란 소비자의 욕구와 그것을 만족시키는 브랜드의 능력 사이에 내재하는 갈등을 말한다. 실제로 사람들을 사로잡는 플롯을 창조하는 것은 매우 어려운 작업이다. 브랜드 스토리라인의 모든 접촉점^{판촉 활동, 제품 자체, 직원, 장소} 등에서 평균적인 소비자 만족 수준을 측정해야 하기 때문이다.

플롯 창조가 어려운 또 하나의 이유는 무슨 일이 있어도 플롯 안에는 앞의 세 가지 요소인 브랜드 주제, 브랜드 특성, 브랜드 연상 등이 모두 통합되어야 하기 때문이다. 그 세 가지 요소가 한데 어우러져 조화를 이룰 때 비로소 흡입력 강한 브랜드 플롯이 탄생된다.

여기서 우리가 기억해야 할 것은 소비자들은 신속한 의사 결정을 위해 최대한 모든 것을 단순화하려고 한다는 사실이다. 의도적이든 아니든 간에 소비자들은 모든 것을 나누고 분류하며, 그것들을 자신들의 기준에서 분석하기를 좋아한다. 따라서 소비자의 입맛에 맞는 최대한 단순한 플롯을 구성해야 한다. 브랜드 플롯은 소비자 욕망에 맞는 브랜드 스토리 형태로 구성해야 한다. 시대와 상황, 그리고 제품에 맞는 소비자 욕망을 파악해야 하고 그에 맞는 스토리 형태를 선택해야 한다. 그래야만 소비자와 브랜드 관계의 역동성과 풍성함이 생겨나고, 결과에 대한 소비자 만족도 역시 높아질 수 있다.

브랜드 플롯 속에서의 이야기에는 소비자 행동을 일으킬 수 있는 아이디어가 들어 있어야 한다. 스토리는 행동의 모방이기에 반드시 하나의 전체 행동을 소비자가 모방해야 하는 행동 아이디어action idea가 포함되어야 한다. 이것은 브랜드가 이미 성취한 것 가운데 가장 중요하다고 생각하는 것을 이야기해야 한다. 소비자의 브랜드 행동을 유도하는 아이디어가 브랜드 플롯에 반드시 포함되어야 한다. 소비자가 원하는 것에 맞는 행동 아이디어를 브랜드 스토리 형태에 집어넣어 감정 이입이 일어나도록 유도해야 한다.

브랜드가 지닌 중요한 특성을 사람들의 '삶' 과 연계시키기 위해서, 훌륭한 브랜드 스토리는 훌륭한 플롯을 필요로 한다. 칩 히스Chip Heath와 댄 히스Dan Heath는 《스틱!Made to stick》에서 훌륭한 스토리 플롯의 세 가지 유형을 제시한다. 바로 '도전'과 '연결성', '창의성'이다.

'다윗과 골리앗' 스토리는 '도전' 플롯의 고전적인 예시다. 이런 유형의 플롯에서 브랜드는 강력한 적수나 어려운 장애물에 도전해 대항하는 약한 주인공이 된다. 물론 결국에는 승리를 거둔다. 바디샵은 공정 무역을 위해 싸우는 개발 도상국 농민들에 대한 스토리를 전함으로써, '도전' 플롯의 훌륭한 실례를 보여준다.

'연결성' 플롯에서 브랜드는 인종, 연령, 성 등 일상생활에 존재하는 간극을 메워준다. 페이스북 같은 소셜미디어 브랜드들은 연결성 플롯을 사용해 자신들의 스토리를 확산한다.

'창의성' 플롯으로는 TV 시리즈 〈맥가이버MacGyver〉가 대표적이다. 맥가이버는 재기를 발휘해 문제를 해결할 방안들을 발견한다. 버진Virgin은 자사 내에서 맥가이버 역할을 수행하는 리처드 브랜슨의 도움으로 그런 유형의 스토리를 이용하기로 유명하다.

이런 세 가지 플롯 유형은 앞에서 언급한 브랜드 스토리 형태에서 이루어진다. 다시 말해 기업 주도형, 소비자 주도형 그리고 실화, 팩션, 허구 등 열두 가지 형태를 갖고 있다. 플롯이 브랜드 스토리 내용의 전개를 말한다. 브랜드 스토리 형태는 그 내용contents의 원천을 말한다.

사람들을 감동시키는 브랜드 스토리는 이렇듯 앞에서 언급한 네 개의 핵심 요소, 즉 주제심층 은유, 특성캐릭터, 연상브랜드 이미지, 플롯브랜드 스토리 전략 형태을 모두 내포하고 있다. 훌륭한 미션을 창조하는 일은 브랜드의 입장에서 탁월한 진일보라고 할 수 있다. 그러나 브랜드 스토리를 통해 그 미션을 확신하는 일 역시, 그에 못지않은 진일보다.

02 브랜드 스토리 커뮤니케이션 전략 수립
brand story Strategy

1. 브랜드 접촉점을 찾아라

브랜드 스토리가 개발되면 소비자와 커뮤니케이션을 해야 한다. 이를 위해서는 먼저 커뮤니케이션이 무엇인지 정확히 인식할 필요가 있다. 커뮤니케이션communication은 함께com; together, with, 공감munication한다는 것이다. 즉 소비자가 함께하는 마케팅with marketing으로 생각해야 한다.

소비자와 함께 오랫동안 관계를 지속하기 위해서는 의사소통이 잘 되어야 한다. 지속적인 의사 소통의 중심에는 믿음이 있어야 한다. 그래서 커뮤니케이션은 통신通信이다. 믿음信으로 통通해야 한다는 것이다. 마케터의 진실한 마음만이 커뮤니케이션의 기본 정신임을 잊지 말아야 한다. 그것은 또한 소비자가 존재하는 곳에 브랜드가 있어야 한다는 것이고, 브랜드는 소비자가 존재하지 않는 곳에서는 커뮤니케이션 자체가 되지 않는다. 소비지가 존재하는 그곳이 바로 소비자 접촉점touch point이다. 이러한 소비자 접촉점에서 소비자와 브랜드 간의 상호 작용이 일어나는데 마케터는 이곳에서 브랜드 스토리, 브랜드 메시지, 브랜드 약속을 이야기하고 지켜야 한다.

브랜드 스토리 커뮤니케이션 전략 수립에 있어 사전에 점검해야 할 것이 바로 소비자가 만나는 접촉점이 어디에 있는가를 파악하는 것이다. 소비자는 브랜드에 관한 정보를 매우 다양한 경로를 통해 입수한다. 그중에는 통상 우리들이 매체media로 여기지 않는 제품 그 자체나 매장, PC와 휴대전화, 이벤트, 가족과 친구 등도 포함된다. 이러한 소비자와 브랜드를 연결하는 다양한 접점을 접촉점이라 한다.

브랜드 접촉점이란, 브랜드와 제품이 소비자와 접촉하는 모든 접촉점으로 어떠한 형태로든지 소비자가 브랜드 메시지에 노출되는 곳을 말한다. 따라서 브랜드 접촉점은 모든 브랜드 메시지에 의해 만들어지거나 또는 그로부터 받은 본질적인 영향에 기인한다. 여기서 만들어진다는 것은 주로 계획된 브랜드 메시지에 의한 것으로 광고, 판촉, 홍보 기사 다이렉트 마케팅, 스폰서십, 이벤트, 전시회, 점두 활동, POS(point of sales) 등이 포함된다. 본질적인 영향을 받는 경우에는 구매, 사용 또는 서비스 과정과 제품 자체의 성능이나 포장 등이 포함된다. 예를 들어, 비행기 티켓을 살 경우 항공사나 그 대리점을 통해 예매하고 탑승하며 그 과정에서 승무원과 만나게 되고, 화물을 찾는 등의 절차를 반드시 거치게 된다. 이 과정에서 발생하는 모든 경험은 브랜드에 관한 본질적 영향을 미치는 접촉점이 되는 것이다. 따라서 이러한 모든 본질적 영향의 근원은 가능한 계획, 통제되어야 하며 동시에 이 접촉점들은 매체 노출과 같은 관점에서 관리해야 한다. 왜냐하면 기업은 각 부서 간 업무가 세분화, 기능화되어 있기 때문에 서로가 앞다투어 브랜드 메시지를 발송하려고 들 뿐, 더 많은 브랜드 메시지들이 이러한 본질적 영향하에 이루어진다는 사실에 대해서는 간과하고 있기 때문이다.

2003년에 맨해튼에서 피드 그래놀라 컴퍼니Feed Granola Company를 창업했던 30살의 제이슨 라이트Jason Wright와 31살의 제이슨 오스본Jason Osborn은 모델로 활동하고 있었다. 건강과 요리에 관심이 많았던 오스본은 인터넷에서 찾은 레시피를 변형해 더 맛있고 건강한 유기농 그래놀라, 견과류와 곡물, 꿀 등을 섞어 오븐으로 구워낸 음식을 만들었다. 친구들은 그가 만든 그래놀라가 팔아도 좋을 정도로 괜찮다고 말했고, 당시에 맨해튼 웨스트 빌리지에 살고 있던 두 사람은 근처 식당에서 그래놀라를 팔기 시작했다. 그러나 이들의 제품에 얽힌 뒷이야기는 그저 진부할 뿐이었다. 여기 두 명의 놀랍도록 잘생긴 젊은이가 이중생활을 한다. 모자와 비닐장갑을 낀 멋진 패션 모델들이 자신들의 아파트에서 그래놀라를 굽고 담는다.

 제품에 대한 수요가 늘어나면서 그들은 더 크고 전문적인 생산업체를 찾았다. 중소기업청에서 7만 5,000달러의 대출을 받고 중소기업청의 비영리 소기업 카운슬링 조직인 스코어SCORE의 조언도 받았다. 2006년 10월에 오스본과 라이트는 자신들의 사업을 법인화했고 모델 일은 잠시 제쳐두고 회사의 성장을 준비했다. 그래서 두 사람은 볼티모어에서 열리는 자연식품 무역박람회에 참가했다. 그곳에서 그들은 피드 그래놀라를 빠르게 성장하는 치열한 자연식품 업계에 소개했다. 브로커나 유통업자에 대해 전혀 모르고 참가한 박람회에서 믿을 수 없는 반응을 얻게 된다. 창립자들의 이야기와 결합된 제품은 많은 관심을 받았다. 회사는 박람회에서 '최고의 포장상'을 수상했고 '신제품 쇼케이스'에도 참가할 수 있었다. 초보 사업가들에게는 생각지도 못한 성과였다. 또한 박람회에서 만난 브로커는 홀푸드Whole Foods와의 미팅을 주선했다. 바로 그 자리에서 북동 지역 판매 허가를 받을 수 있었고, 그 후 이스트 빌리지에 있는 홀푸드 체인점에 유통되어 성공을 거둔 피드 그래놀라는 북서 지역의 모든 홀푸드 체인점에서 유통되었다. 고품질의 유기농 제품과 거부할 수 없는 창업자들의 매력 덕분에 언론은 라이트와 오스본에 많은 관심을 보였다.

2007년 9월에 CNBC 방송국의 쇼인 〈대단한 아이디어The Big Idea〉에서 특집으로 다뤘다. 2008년 10월에는 〈기업가들The Enterpriser〉이라는 새로운 쇼에서 대대적으로 다뤘다. 레이첼 레이는 피드 그래놀라가 자신이 가장 좋아하는 간식이라고 말했고 《멘스피트니스Men's fitness》 잡지에서는 그들을 미국에시 가장 몸매 좋은 25명의 남자에 포함시키기도 했다. 피드 그래놀라는 심지어 티나 페이의 영화 〈베이비 마마Baby Mama〉에 카메오로 등장하기도 했다. 그들은 홀푸드를 통해서뿐만 아니라 퍼블릭스, 숍라이트, 프레시마켓, 비타민코티지를 통해서 전국적으로 유통하게 되었다. 경쟁사들보다 조금 일찍 시장에 진입했을 뿐이었지만 언론 관계에서도 운이 좋았다. 그들은 직접 발로 뛰는 것이 중요하다는 것을 알고 있었기에 많은 시간을 식료품점에서 보냈다. 이들은 열 명의 아르바이트 직원과 함께 정기적으로 전국에 있는 피드 그래놀라의 주요 판매처를 방문했다. 이것은 브랜드를 위해 정말로 중요한 일이었고, 소비자와 커뮤니케이션하기 위해 직접 판매처로 나가 소비자들에게 제품을 건네주고 악수를 하고 제품의 편익에 대해 설명하는 것이다. 이들의 브랜드 메시지는 분명하다. '우리는 건강하다. 우리는 젊다. 우리 브랜드 뒤에는 멋진 이야기가 있다.'

1999년 독특한 브랜드 이름과 물도 음료도 아닌 새로운 맛으로 '미과즙 음료'라는 새로운 카테고리를 만들어낸 롯데칠성의 '2% 부족할 때' 음료 광고는 국내 최초로 시도한 뮤직 비디오 형식의 CF, 스토리의 일부만 보여주고 온라인 사이트로 소비자를 유도하는 방식의 마케팅, 사랑에 대한 차이를 온라인 투표를 통해 소통하는 쌍방향 커뮤니케이션 등 항상 새로운 시도를 통해 젊은 층의 사랑을 받아왔다. '난 노는 물이 달라' '가! 가란 말이야' '우리 그냥 사랑하게 해주세요' '사랑은 언제나 목마르다' 등의 대사나 카피는 누구나 한 번쯤 따라 해본 적 있을 정도로 소비자의 주목을 받아왔다.

하지만 10여 년간 치열한 음료 전쟁을 피해갈 수 없었고, 소비자 트렌드는 점점 짧고 다양해졌다. 그래서 2010년 '2% 부족할 때'는 소비자가 원하는 감성적 가치를 공유하고, 소비자와 적극적으로 소통하기 위해 '스마트폰 컬러태그'를 활용한 새로운 커뮤니케이션을 선보인다. 이번 캠페인은 젊은 층과 함께 호흡하기 위해 브랜드, 패키지, TV 광고, 모바일 컬러태그, 옥외광고 등 브랜드와 관련된 모든 부분을 소비자와 함께 소통할 수 있도록, 기존 패키지를 더 세련되고 부드러운 곡선형, 투명 라벨을 사용해 음료의 맑고 투명한 느낌을 그대로 드러냈다. 또 사랑에 관한 짧은 이야기를 젊은 층의 감성에 맞게 캘리그래피로 적용, 소비자가 진정으로 원하는 내용을 소통하는 브랜드로써 소비자의 욕구, TV 광고의 내용, 패키지 디자인이 한목소리를 내며 소비자에게 말을 건네게 했다. 국내 최초로 '컬러태그'를 제품에 적용했고, 패키지에 있는 컬러태그를 스마트폰으로 스캔하면 TV 광고에서 볼 수 없는 2분 30초가량의 풀 스토리를 볼 수 있다. 동영상 감상 후에는 그 즉시 친구와 트위터를 통해 손쉽게 공유할 수 있도록 해 구전 효과를 일으키게 했다. 컬러태그를 활용한 모바일 사이트와 패키지를 매개로, 소비자에게 브랜드와 제품에 대해 쌍방향으로 정보를 공유하는 새로운 의사소통 도구로 활용하고 있다.

  2010년 20대의 젊은 층이 가장 갈증을 느끼고 있는 것은 '미래와 사랑'이라는 것을 알아냈고, 기존의 '2% 부족할 때' 자산인 '사랑의 갈증'을 현실에 맞게 표현해서 공감대를 얻고자 했다. 또한 2% 부족할 때는 과감히 2%를 버리고 사랑의 갈증에 대한 느낌 정도를 표현한 '1~100% 러브 게이지'를 통해 2%만이 아닌 다양한 크기의 사랑에 대한 갈증을 표현했다. '20% 너는 내가 쉽니' '72% 해보면 알아요' '98% 두근두근두근'을 출시해 스무 살이 느끼는 사랑의 갈증을 공유함으로써 심리적 갈증까지 해소해주는 소비자와의 공감 포인트를 찾고자 브랜드 정체성인 2%를 버리고, 1~100%로 열어두었다. 사랑 지수 72%의 '해보면 알아요' 편은 친구로 지내온 남자와 사귀어야 할지 말아야 할지 고민하던 여자가 자신의 마음을 확인하기 위해 과감히 다가가 키스를 하며 '해보면 안다'라고 당돌하게 이야기한다. 사랑 지수 98%의 '두근두근두근' 편에서는 마음은 굴뚝같지만 어설프기 그지없는 사랑 고백의 순간을 포착해 소비자를 설레게 한다. 사랑 지수 20%의 '너는 내가 쉽니' 편에서는 오래된 연인이라면 한 번쯤 경험해봤을 법한 변해가는 사랑에 대한 고민을 다뤘다. 직설적인 카피 문구와 현실적 상황은 곡선과 투명함으로 더 세련돼진 제품 패키지에 디자인 요소로 고스란히 투영되면서 TV 광고를 통해 경험한 스토리 감성이 제품을 통해서도 느낄 수 있도록 전이시키고 있다. 엔딩에 던져지는 "너의 사랑은 몇 % 부족하니?"라는 질문을 통해 향후 '2% 부족할 때'와 소비자가 더욱더 다양한 사랑 지수 스토리를 좀 더 확장시켰다.

이렇듯 브랜드 스토리는 소비자와 만나는 접촉점에서 힘을 발휘하기 때문에 ATL이든 BTL이든, 오프라인이든 온라인이든 소비자와 실제적으로 만나는 접촉점을 찾아 다양한 방법으로 커뮤니케이션해야 한다.

2. 효과적인 접촉점을 발견한다

소비자의 구매 과정은 항상 자신이 중심이다. 구매는 소비자가 어떤 행동을 하겠다는 것에 동의했을 때 이루어진다. 그래서 마케터는 소비자 중심의 사고로 전환해야 한다. 마케팅 세계의 중심에는 소비자가 있다. 소비자가 보는 마케팅 세계를 마케터는 같은 방식으로 봐야 한다. 소비자 가치 시대에 생존하기 위해서는 소비자의 신뢰감과 그들의 요구에 대한 정보 획득이 반드시 필요하다.

소비자의 구매는 그들이 필요성을 인식하는 순간에 시작된다. 마지막 결정이 중요하다. 구매 행동과 구매 결정이 다름을 이해해야 한다. 구매 과정의 마지막 단계는 구매 결정 후에 구매 행동을 재평가하는 단계다. 그래서 마케팅이 해결해야 할 문제는 구매 과정 중 초기 과정에, 소비자 문제 인식 과정에 초점을 찾는 것이다. 그러기 위해서 소비자의 시각으로 마케팅 세계의 정보를 보아야 한다. 그래서 정보는 정情을 보내는 報 것이고, 정보는 소비자 내부in를 형상화formation하는 것이다. 소비자 마음을 움직이는 큰 그림행복, 꿈, 희망, 자아실현과 정감이 없는 한 정보는 신뢰성과 투명성을 상실한다.

소비자와 직접적으로 만나는 시간은 길지 않다. 진실의 순간 MOT, moment of truth은 15초의 짧은 순간이다. 진실의 순간은 투우사가 창으로 투우의 정수리를 찔러 쓰러뜨리는 결정적 순간이다. 소비자 감동과 소비자 불만은 이러한 짧은 접촉 순간에 형성된다. 소비자 감동과 소비자 불만은 동전의 앞 뒷면이다. 이제는 소비자들의 열광적인 사랑을 받지 않는 브랜드는 도태될 것이다. 그래서 마케팅 목표는 소비자들을 열광 속으로 몰아넣는 판매 방법을 발견하는 것이다. 이러기 위해서는 효과적인 브랜드 접촉점을 발견해야 하고, 이를 위해서는 다음과 같은 세 단계의 과정을 반드시 거쳐야 한다.

1) 가능성 있는 접촉점을 모두 찾아낸다

소비자가 브랜드와 접하게 되는 접촉점은 상상 외로 많다. 기업이 직접 관여한 접촉점인지 아닌지를 불문하고 소비자 일상생활 속에서 모든 접촉점을 찾아내는 것이 첫 단계다.

이러한 접촉점을 찾기 위해서는 크게 두 가지 방법이 있다. 하나는 브랜드 담당자와 광고 대행사의 프로젝트 멤버들이 검토를 통해 찾아내는 방법이고 다른 하나는 그룹 인터뷰와 설문조사 등을 통해 소비자들에게 직접 물어보는 방식이다.

어느 정도 경험 있는 브랜드 매니저라면 프로젝트 멤버의 검토를 통해 접촉점을 잘 찾아낼 수 있을 것이다. 그러나 접촉점의 검토를 통해 접촉점 관점의 분석을 처음 해본다든지 새로운 업종이나 현상 파악이 어려운 카테고리, 브랜드라면 한 번 정도 소비자 조사를 실시하는 편이 좋다.

2) 커뮤니케이션 목표에 맞는 효과적 접촉점을 선택한다

이는 1단계는 찾아낸 모든 접촉점 중에서 효과가 큰 접촉점을 취사선택한다. 물론 각 접촉점의 효과는 표적 소비자에 따라 다르게 나타난다.

또한 주목해야 할 점은 브랜드가 소비자에게 전하고 싶은 이미지나 행동 등 그 목표에 따라 효과적인 접촉점이 달라진다는 점이다.

예를 들어 신제품 맥주를 소비자에게 알리고 시범적으로 구매해줄 것을 목표로 삼았다면 TV 광고가 가장 적합하다. 그리고 일단 선택받기 위해서는 경품 제공이 효과적이다. 한편 롱셀러 브랜드는 브랜드에 신선함과 활력을 주고 앞으로도 계속 선택받는 것을 목표로 할 것이다.

이 경우에는 브랜드에 신선함과 활력을 주기 위해서는 교통광고나 매장의 대량 진열이 효과적이고, 계속 선택받기 위해서는 TV 광고의 효과가 크다는 등의 분석을 한다. 브랜드의 현황 및 과제를 통해 표적 소비자에게 어떤 이미지를 주고 싶고 어떤 행동을 유발하고 싶은지 그 목표를 확실하게 설정한다. 그리고 그 목표에 효과적인 접촉점을 조합한다. 이렇게 하면 효과적 접촉점과 그렇지 않은 접촉점을 잘 판단해서 커뮤니케이션의 낭비를 줄일 수 있다.

일반적으로 각 접촉점에서 영향력이 높은 마케팅 커뮤니케이션 활동은 다음 〈도표〉와 같이 분류할 수 있다.

3) 접촉 타이밍을 시간, 장소, 장면, 기분 등을 기준으로 찾는다

활용 가능한 접촉점의 취사선택과 마찬가지로 소비자와 브랜

		인지도 형성	선호도 제고	구매 의향 제고	충성도 강화
A T L	TV 광고	● 타깃 도달에 효과적	◐ 브랜드 개성 전달	◐ 구매 유인 메시지 전달	◐ 브랜드 이미지 강화
	라디오 광고	● 넓은 도달률 및 빈도	◐ 핵심 메시지의 강조	◐ 구매 유인 메시지 전달	○ 중요도 낮음
	인쇄 광고	◐ 타깃 도달에 비교적 효과적	◐ 기능적 가치의 커뮤니케이션	◐ 구매 유인 메시지 전달	○ 중요도 낮음
	옥외 빌보드	◐ 브랜드의 재인 효과	◐ 정보 전달 기능 낮음	○ 중요도 낮음	○ 중요도 낮음
B T L	Direct Mail	◐ 특정 타깃 도달	◐ 상세한 메시지 전달	◐ 보상, 유인 제공 가능	◐ 소비자의 추가적 욕구 충족
	스폰서십	◐ 브랜드의 재인 효과	◐ 브랜드 이미지 형성 가능	◐ 현장에서의 제품 체험 기회	◐ 브랜드 이미지 강화
	인터넷	◐ 타깃 도달 범위 협소	◐ 풍부한 정보 제공	◐ 구매 행동 유발	◐ 소비자 애착 강화
	텔레마케팅	◐ 잠재 고객의 관심 유발	◐ 기능적 가치의 설명	◐ 특정 타깃의 구매 유인	◐ 소비자 서비스 지원
	세일즈 프로모션	◐ 매장에서의 인지 역할	◐ 브랜드 부분의 가치 기여	● 제품 체험 기회	○ 중요도 낮음
	영업	◐ 잠재 고객의 관심 유발	◐ 제품의 구체적 특징 설명	● 영업력	◐ 1:1 관계 마케팅 가능

출처: Marketing Spending Effectiveness, Mckinsey Marketing Practice, 2000

드가 접촉하는 효과적인 타이밍을 발견하는 것이 또 하나의 중요한 단계다. 카테고리와 브랜드에 대한 소비자의 관심이 고조되는 타이밍에서 그 브랜드의 정보나 광고에 접하게 하면 전하고자 하는 브랜드 메시지를 더욱 깊숙이 침투시킬 수 있다. 관심이 고조되는 타이밍을 알기 위해서는 시간, 장소, 장면, 기분이라는 관점에서 생각하면 발상하기 쉽다.

브랜드 메시지가 가장 효과적으로 표적 소비자의 마음에 와 닿고 적극적으로 관여하고 싶은 시간, 장소, 장면, 기분은 언제

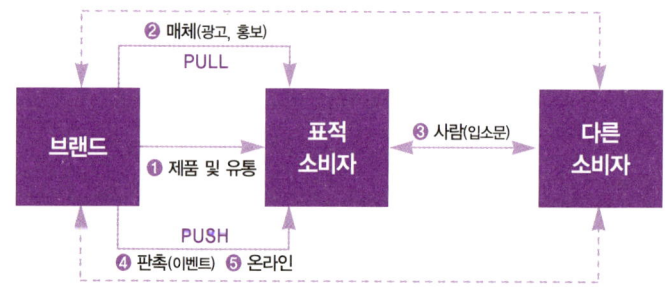

일까를 생각하면서 접촉점을 활용하면 커뮤니케이션 효과와 그 속도를 증대시킬 수 있다.

이러한 커뮤니케이션 도구에 따른 접촉점은 크게 다섯 가지로 분류된다. 이를 구조적으로 정리하면 다음과 같다.

첫 번째는 제품 그 자체와 유통 매장이다. 브랜드가 존재하는 이상 반드시 있는 접촉점이다. 단 제품 그 자체를 접촉점으로 삼을 경우, 구매 시점뿐 아니라 실제로 그 제품을 사용한 경험까지 포함해서 고려해야 한다.

두 번째는 대중 매체로 브랜드가 소비자를 향해서 만들어낸 접촉점이다. 4대 매체 및 프로그램이나 기사 등이다. 소비자에게 전달하고자 하는 메시지를 직접적으로 알릴 수 있다는 것이 특징이다.

세 번째는 친구와 가족의 입소문이나 인터넷에 올린 글 등 소비자가 다른 사람을 통해 브랜드를 알게 되는 접촉점이다.

네 번째는 기업의 웹사이트와 자사 브랜드에서 기획한 이벤트 등 표적 소비자의 브랜드에 대한 능동적 관여가 전제되는 접촉점이다. 이런 종류의 접촉점은 소비자를 스스로 능동적으로 관여하게 만드는 계기와 실제 관여한 소비자의 만족도가 중요하다.

다섯 번째는 온라인에 의한 방법으로 인터넷 브랜드 웹사이트나 SNS, 모바일 휴대전화 등 및 팩스나 전화 등에 기한 접촉점이다. 이는 매우 수동적인 접촉점으로 표적 소비자에게 전하는 브랜드 메시지의 내용이 중요하다.

세 번째와 네 번째의 접촉점에 대해서는 소비자가 받아들이는 정보나 메시지에 브랜드가 직접 관여할 수는 없다. 따라서 브랜드는 많은 표적 소비자에게 더욱 긍정적인 정보를 전달할 수 있도록 이들 접촉점을 만들고 있는 매스컴과 유통업체, 사람들과 좋은 관계를 구축해야 한다.

다음 〈도표〉는 소비자와 브랜드를 연결하는 접촉점을 다섯 가지 커뮤니케이션 도구로 분류한 것이다.

기존에 간과된 접촉점을 포함하여 소비자는 다양한 접촉점 경험을 총체적으로 판단해서 브랜드의 구매 결정과 브랜드 이미지를 형성하게 된다. 따라서 활용 가능한 접촉점의 발견과 그 취사선택은 이제 커뮤니케이션의 기본 단계로 자리 잡았다. 이를 위해서는 미디어 중립적인 관점에서 커뮤니케이션의 핵심을

접촉점 분류	세부 접촉점
제품 및 매장에 의한 접촉점	– 매장 외관/간판 – 매장 내 포스터/스티커 – 매장 앞 제품 – 제품 패키지 – POP – 매장 내 진열 – 점원 추천 – 매장 앞 팸플릿
사람에 의한 접촉점	– 가족/친구들과의 대화 – 가족/친구들이 갖고 있는 제품 – 전문가의 추천 – 영업 사원(sales kit) – WOM(입소문)
매체에 의한 접촉점 — 광고	– 신문 광고 – 잡지 광고 – 라디오 광고 – TV 광고 – 역내 포스터 – 전철 안 광고 – 전철/버스의 자체 광고 – 옥외 대형 포스터와 간판 – 가두 대형 스크린
매체에 의한 접촉점 — 홍보	– 신문 기사 – 잡지 기사 – 라디오 프로그램 – TV 프로그램 – 역내 포스터 – PPL(Product Placement):드라마, 영화, 연극 등 – 기자 회견 – sales kit(홍보용)
판촉 및 이벤트에 의한 접촉점	– 문화(음악 등) 이벤트 개최 및 협찬 – 스포츠 이벤트 개최 및 협찬 – 매장 앞, 가두 이벤트 행사 – DM(Direct Mail) – 세미나/브랜트 포럼 – 스폰서십 – 사내 외보 – 책자 발간 – 브랜디드 엔터테인먼트
온라인에 의한 접촉점	– 기업의 웹사이트 – 웹사이트 기사 – 웹사이트/휴대전화 사이트 광고 – PC/휴대전화 메일 광고 – 개인의 블로그, SNS, 제품 비교 사이트 등 소비자 발신형 매체(CGM:Consumer Generated Media) – 입소문 사이트/전자 게시판 – 웹진 – 텔레마케팅 – 브랜드 블로그(브랜드 커뮤니티 사이트) – 팩스 전송 – 팟캐스팅

전달할 수 있는 접촉점을 발견해야 한다. 또한 기존의 접촉점뿐만 아니라 브랜드의 과제 해결을 위해 완전히 새로운 접촉점을 개발하는 것도 필요하다.

브랜드 접촉점의 관리 절차는 ① 표적 소비자가 누구인가를 구체화하고, ② 잠재적 영향력에 따라 표적 소비자의 우선순위를 정하며, ③ 그들로부터의 반응을 수집하기 위한 최적의 방법을 결정하고, ④ 각 접촉점에서의 브랜드 메시지 발송과 수집에 따른 비용을 책정하며, ⑤ 추가적인 브랜드 메시지 발송이나 쌍방 간의 대화를 위해 어떤 접촉점을 활용할 것인가를 결정하는 등의 과정을 거친다. 이러한 본질적 영향에 의한 브랜드 접촉점은 매우 세심하게 다루어야 한다. 이때 브랜드 메시지는 지나치게 상업적이지 않으며 긍정적이고 일관성이 있어야 한다.

3. 소비자 접촉점에서 효과를 발휘하는 BTL 커뮤니케이션 전략

이제는 마케팅 커뮤니케이션 활동의 주류였던 ATL(Above the Line : TV, 라디오, 신문, 잡지 등 전통적인 4대 매스미디어 중심)과 함께 그와는 별개 활동으로 인식되던 BTL(Below the Line : 4대 매스미디어 이외의 세일즈 프로모션, 이벤트, 전시 및 매장 등의 디스플레이, 디자인, POP, 다이렉트 메일, 쿠폰, 이벤트, 스포츠, 스폰서십, 인터넷 등)의 개념을 브랜드 커뮤니케이션에 있어서 중요한 핵심 축으로 인식하게 되었다. 최근에는 BTL의 영역을 4대 매스미디어 이외의 모든 것을 다루는 마케팅 활동으로 보고 있다. MMC^(Mass Media Communication)는 매스미디어를 활용한 커뮤니케이션 수단들을 말하는 것으로, 이는 ATL과 같은 의미이고, NMMC^(Non Mass Media Communication)는 비非매스미디어를 활용한 커뮤니케이션 수단들을 말하는 것인데 이는 BTL과 같은 의미다.

BTL 커뮤니케이션 전략의 비중이 높아지는 이유는 기존의 4대 매스미디어 중심의 메시지 전달과 함께 소비자를 직접 설득하고 직접적인 구매로 연결하거나 소비자와 호혜적인 상호 관계를 구축할 수 있는 쌍방향 커뮤니케이션의 수단이 필요해졌기 때문이다. 이는 소비자와의 일대일 관계의 형성을 통해 궁극적으로는 실판매와의 연결 그리고 반복 구매를 통한 지속적인 관계 형성이 점차 중요해졌기 때문이다. 즉, 과거에는 비용 대비 효율성과 효과 측면 때문에 많은 관심을 끌지 못했던 비매스미디어가 소비자 개개인의 태도와 행동의 변화에 매우 중요한 영향을 준다는 사실을 알고는 있었지만 이제는 더욱 필요하게 된 것이다.

마케팅 커뮤니케이션 관점에서 보면 결국 중요한 것이 브랜드와 소비자 간의 접촉점에서의 만남이고, 모든 브랜드 접촉점에 대한 전략적이고 일관된 관리의 중요성을 깨닫기 시작하면서 IMC^(Intergrated Marketing Communication), 홀리스틱 마케팅, 브랜드 360도, 브랜드 접촉점 관리 등의 다양한 전략적 실행 방법이 제시되고 있다. ATL은 브랜드 선호 및 브랜드 이미지 강화를 위한 활동이고, BTL은 브랜드 선택을 위한 판매 활동으로 구분하는 것이 일반적이다. BTL을 소비자와 브랜드가 만나는 접촉점이라는 측면에서 본다면, 이것은 PR과 입소문을 비롯한 내부 직원과 매장, 브랜드 커뮤니티, 그리고 각종 이벤트를 통한 다양한 형식과 내용의 브랜드 스토리 마케팅 커뮤니케이션이 있다는 것을 이해할 수 있다. 소비자에게 BTL 커뮤니케이션적인 브랜드 스토리란 소비자의 구매 과정인 브랜드 접촉점에서 브랜드를 경험하게 되는 것을 의미한다. 그러므로 이것은 단순한 스토리텔링이 아닌 브랜드 스토리 경험이라고 할 수 있다.

특히 치열한 브랜드 경쟁 속에서 소비자를 브랜드의 충성 단계로 이끌어가기 위해서는 다양한 채널을 통해 브랜드 스토리 경험을 제공해주는 것이 매우 중요하다.

브랜드 스토리를 전달하는 것도 중요하지만, 브랜드 스토리를 직접 경험하게 만드는 것이야말로 BTL 커뮤니케이션만이 지닐 수 있는 장점이다. 이런 점에서 ATL과 BTL은 서로 유기적인 통일성과 시너지를 이루게 해야 한다. 그러기 위해서는 ATL이 지니고 있는 멀티미디어적인 브랜드 스토리 마케팅의 장점과, 현장성 강한 BTL적인 오감을 활용한 브랜드 스토리 경험의 적절한 조화가 필요하다. 그리고 소비자와의 접촉점에 있는 모든 마케팅 채널들이 공통의 브랜드 스토리를 공유함으로써 일관된 브랜드 스토리 경험을 제공해주어야 한다. 소비자들은 이를 통해 신뢰도를 갖게 되고 브랜드에 대한 호감을 느낄 수 있으며, 오랫동안 기억하게 된다.

BTL 커뮤니케이션 전략 수립에는 두 가지의 접근 방법론이 있다. 첫번째는 실제적인 마케팅 커뮤니케이션의 실행 단계에서 ATL과 BTL을 별개로 실행하여 전략적 연계성이나 효과가 제대로 발휘될 수 없었던 현실적 상황을 극복하기 위한 문제 의식에서 출발하였다. 즉, ATL을 통한 소비자 선호도 향상뿐만 아니라 브랜드의 선택도 동시에 촉진하기 위해서는 BTL도 함께 고려해야만 했다.

스콧 데이비스Scott M. Davis와 마이클 던Michael Dunn은《브랜드, 비즈니스를 움직이는 힘Building the Brand-Driven Business》에서 커뮤니케이션 효과를 극대화하기 위한 전략적 접근을 강조하면서 브랜드 접촉점에서의 커뮤니케이션 수단의 활용 방법을 제시하였다. 소비자의 브랜드 접촉점을 '구매 이전 단계', '구매 단계', '구매 이후 단계'로 구분하여 설명하고 있다. 소비자의 구매 행동에 따라 각 단계에서 브랜드에 영향을 미치는 것을 어떻게 인식할 것인가, 그리고 이러한 브랜드 접촉점을 어떻게 조정할 것인가가 중요하다고 지적하였다. 그리고 브랜드의 수준, 브랜드의 목표에 따라 ATL, BTL의 수단들을 전략적으로 선택하여 과학적이고 체계적으로 조화롭게 활용해야 기존의 아이템 중심으로 전개되어오던 BTL을 전략적으로 구성하여 활용하는 것이 가

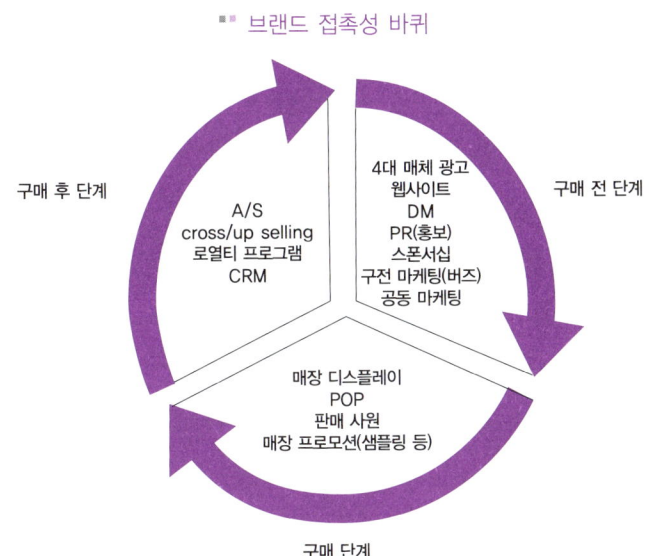

■▪• 브랜드 접촉성 바퀴

능하다고 하였다. 그리고 브랜드 접촉점 바퀴brand touchpoint wheel 를 통해 각 단계별 전략적 활용 수단들을 제시하고, 각 단계별로 목적과 활용의 중요도에 따라서 각 수단들을 활용하는 방법을 제시하였다.

두 번째는 새로운 마케팅 커뮤니케이션 시대에 맞게 비매스 미디어를 중심축으로 하여 기존의 매스미디어를 보조적인 축으로 활용하자는, BTL 측면이 강조된 매우 적극적인 방법이다. 기업브랜드 내부적으로는 글로벌 브랜드의 등장 등 경쟁이 심화되면서 기존의 매체를 더욱 효과적이고 효율적으로 활용해야 한다는 인식과 제한된 예산의 합리적 활용과 이를 뒷받침하는 과학적 방법론이 요구되고 있다. 또한 소비자를 둘러싼 환경적인 측면에서는 소비자와의 상호 관계 및 소비자의 참여 등을 통해서 브랜드를 총체적으로 체험할 수 있도록 하는 것이 점점 더 중요하다는 것을 인식했기 때문이다. 이러한 인식을 바탕으로 매스미디어는 브랜드의 인지도 창출, 브랜드에 관한 필수적인 정보의 제공, 브랜드 이미지의 형성 그리고 정기적으로 브랜드를 소비자가 기억할 수 있도록 하는 것이 주요 역할이라고 보는 반면, 비매스미디어는 브랜드에 대한 가시성 창출, 브랜드 아이덴티티와 연관된 브랜드 연상의 제공 그리고 직·간접적인 브랜드의 체험과 체험을 통한 브랜딩, 마지막으로 브랜드 관계를 구축하는 역할을 하는 것으로 보고 있다. 브랜드와 소비자의 이해관계의 단계로 볼 때 원하는 방향으로의 태도 변화나 유지를 위해서는 비매스미디어 전략이 더 효과적이라 할 수 있다.

이 두 번째 접근 방법론의 대표적인 예가 일본의 대표적인 종합 광고 대행사인 하쿠오도가 '라이브 마케팅live marketing'이라는 방법론을 내놓은 것이다. 라이브live라고 명명한 이유는 생활의 직접적인 접촉점 그리고 생동감 있는 정보의 전달이라는 의미를 강조하기 위한 것이다. 이 방법론은 표적 소비자의 흥미와 관심을 접촉점으로 한 경험 증폭형의 마케팅 틀이 중요하다고 강조하고 있다. 이러한 BTL 커뮤니케이션 전략에 대한 접근은 통합 브랜드 커뮤니케이션 전략integrated brand communication의 중요성에서 나온 것이며, 이러한 전략의 효과적인 실행을 위하여 ATL과 BTL의 통합적인 접근과 실행 방법의 필요성을 역설한 것이다. 기존의 ATL 중심의 마케팅 커뮤니케이션 활동에서는 대상이 소비자였으나 BTL이 대두되면서 대상이 소비자에 한정되지 않고 유통점주, 종업원에까지 확대되고 있다.

브랜드는 소비자를 둘러싼 다양한 접촉점들로부터 얻게 되는 다양한 정보와 경험에 의해 형성되어간다. 따라서 브랜드의 핵심 가치를 어느 접촉점을 통해 어떻게 전달하고, 체험시킬 것인가 등을 종합적으로 계획하는 것이 중요한 이슈로 등장하고 있다. 특히 최근에 소비자를 둘러싼 미디어 환경이 크게 변화하면서 다면화된 정보 소스에 대해 선택적 수용이 증가하였고, 이제 누구나 TV, 라디오, 신문, 잡지에서만 정보를 얻는 것이 아니라 개개인에게 친근한 미디어, 예를 들어 인터넷, 휴대전화, 케이블 TV 등에서 정보를 얻는 경향이 높아졌다. 특히, 이제까지의 매스미디어 위주의 브랜드 전략보다는 '매스미디어가 아니거나_{nonmassmedia} 아예 미디어가 아닌_{no media}' 도구들을 활용한 BTL 중심의 브랜드 전략에 대한 중요성이 화두가 되고 있다.

최근 실무에서는 전통적인 매스미디어 중심의 커뮤니케이션 수단을 뛰어넘어 비매스미디어를 활용한 커뮤니케이션 수단_{NMMC, NonMass Media Communication}과 같은 맥락의 BTL이 더욱 활발해지고 있다. 마케팅 커뮤니케이션은 브랜드를 소비자에게 알리고, 설득하고, 상기시키기 위해 사용하는 여러 수단들이다. 어떤 의미에서 마케팅 커뮤니케이션은 브랜드의 목소리라고 할 수 있으며, 소비자와의 관계를 형성하는 것이 중요하며, 결국 마케팅 커뮤니케이션의 목적은 브랜드 구축brand building에 기여하는 것이다. 경쟁력 있는 강력한 브랜드를 구축하기 위해서는 보통 명확한 연상 이미지와 친밀한 소비자 관계를 창출하고 강화해야 한다. 여기에서 단순하면서도 어려운 문제에 봉착하는 것은 어떻게 브랜드의 명확성을 높이고, 바람직한 연상 이미지를 창조하며, 친밀한 소비자 관계를 형성해야 하는가다. 브랜드 매니저라면 누구나 이 어떻게how라는 문제를 해결해야 한다. 사실 시장 분할의 가속화와 미디어 환경의 다변화는 계속해서 마케팅 비용을 유발시키고 있다. 이로 인해 TV, 라디오, 신문, 잡지 등과 같은 전통적인 4대 매스미디어를 통한 마케팅 활동은 상당한 제한을 받고 있다. 브랜드를 구축하는 브랜드 매니저마케터들이 특히 신경을 써야 하는 일은 우리 브랜드가 어떻게 보여줘야 할지에 대한 기본 규칙을 만드는 것이다. 수많은 대안적인 마케팅 커뮤니케이션 도구 및 수단을 통해 한결같고 책임감 있는 모습으로 보여지게 만들어야 한다. 보다 구체적으로 비매스미디어NMMC, BTL 커뮤니케이션이란 4대 매스미디어 중심의 ATL 브랜드 구축 활동에서 폭을 넓혀 좀더 다양하고 대안적인 브랜드를 구축하는 프로그램이다.

여기에는 스폰서십후원 sponsorship, 웹사이트website, 매장 공간 내 커뮤니케이션in store space communication, 플레이스형 광고로써의 PPL, 버즈 마케팅, 홍보 활동, BTL 프로모션 등 매우 다양한 방법들을 이용하여 소비자 접촉점에서의 브랜드 스토리 커뮤니케이션 활동communication activity을 전개한다. 그래서 소비자와 만나는 브랜드 접촉점에서 커뮤니케이션함으로써 소비자들에게 그 브랜드를 자신의 브랜드로 느끼게 해준다.

1) 스폰서십sponsorship

스폰서십에는 스포츠 이벤트, 복지 운동, 예술, 문화적 기념물, 또는 엔터테인먼트 등의 자원과 브랜드를 상업적으로 연결하는 방법이 수반된다. 따라서 스폰서십에는 이벤트 후원을 넘어, 예를 들어 일본 자동차 기업의 야구단 후원뿐만이 아닌 의류 브랜드의 암 자선 단체 후원 등도 포함된다. 스폰서십의 대상은 쇼, 페스티벌, 음악회, 미술 전람회, 연극 공연, 박람회, 정치 또는 사회 행사 등 모든 군중 행사가 대상에 포함된다. 스폰서십은 브랜드 구축에서 독특한 이점을 제공해준다. 광고가 다소 강요적이고, 돈을 내고 메시지를 전달하고 보는 사람을 설득하여 태도를 바꾸게 하려고 공공연히 시도하는 데 반해, 스폰서십은 사람들과 생활의 일부가 될 수 있다. 광고가 태도와 기능적 편익을 전달하는 데 효과적인 수단이지만, 대부분의 강력한 브랜드들은 이것을 넘어 정서적이고 자기표현적인 편익을 제공하고, 개성을 갖고, 무형적인 속성들 면에서 스스로를 차별화하려 한다. 스폰서십은 유형적인 속성 너머로 브랜드를 확장하는 데 매우 효과적인데, 이는 스폰서십을 통해 생긴 연상 이미지로 브랜드 및 브랜드와 소비자가 관계가 깊어지고, 풍부해지고, 같은 시대를 살고 있다는 느낌을 줄 수 있기 때문이다.

IBM의 경우 레오나르도 다빈치 전시회, 폼페이 전시회 등과 같은 세계적 미술 전시회에 스폰서십을 하고 있는데, 단순히 광고 캠페인을 하는 것보다 더 효과적이라는 자체 결론을 내리고 있다. 긍정적 인지도 유발은 물론, 1등 기업의 모습을 보여줌과 동시에 사회 기여의 모습을 자연스럽게 연결시켜 연상의 호의성과 풍부함을 동시에 얻고 있기 때문이다. 아울러 TV나 신문 등의 각종 매체에 자연스럽게 노출이 되면서 추가적 이익을 얻을 수 있다는 측면에서 매력적으로 평가하고 있는 것이다. 2002년 월드컵은 우리나라 기업에게 스폰서십 커뮤니케이션 전략의 중요한 의미를 부여한 사례다.

스폰서십은 브랜드 선호도를 높이는 유용한 커뮤니케이션 방법이다. 스포츠 경기나 예술 공연과 같은 예체능 행사에 후원자가 되어 각종 지원을 함으로써 자신의 브랜드 이미지, 즉 브랜드 선호도를 높여가는 전략이다.

이러한 스폰서십은 일반적으로 전통적 매체가 줄 수 없는 독특한 효과sponsorship specific effect를 가지고 있는데, 아래의 네 가지로 요약할 수 있다.

첫째, 스폰서십을 계기로 기업 내에 브랜드 추진력이 강화된다. 다시 말해 스폰서십이 구심점이 되어 브랜드 단결력과 추진력, 리더십이 나타나면서 일사불란한 조직 문화가 형성된다는 것이다. 몇몇 외국 조사 결과에 따르면 감성적emotional 측면에서도 효과가 나타난다고 볼 수 있는데 일종의 자부심과 같은 것이 형성되는 것이라고 보면 된다.

아일랜드 은행의 경우 축구 경기와 클래식 음악회에 각각 스폰서십을 하였는데, 행사가 끝난 후 직원들을 대상으로 설문 조사를 한 결과, 응답자의 80퍼센트가 스포츠 경기 후원을 통해 자사 브랜드에 대한 자부심을 느끼게 되었다고 응답하였으며, 75퍼센트가 음악회 후원을 통해 자사 브랜드에 자부심을 느끼게 되었다고 응답했다. 추상적인 비전 문구를 플래카드에 써 붙이는 것보다 스포츠 경기 내지는 그에 준하는 이벤트 행사의 축제 분위기를 플래카드에 나타낼 경우 훨씬 더 효과적이라고 말할 수 있는 것이다.

둘째, 소비자에게 브랜드 경험을 제공한다. 스포츠나 공연 행사 기간 내에 여러 가지 이벤트를 통해 소비자와의 브랜드 관계 기회를 넓힐 수 있다. 소비자들에게 브랜드를 경험할 수 있는 분위기를 특별한 행사 분위기에 편승하여 브랜드와의 유대 관계를 극대화시킬 수 있다는 것이다.

셋째, 자신의 고유한 브랜드 연상 이미지를 더욱 강화할 수 있다. 스폰서십을 통해 표적 세분 시장target segment market에서 의도하는 연상 이미지를 확보하기 위해서는 표적 집단들 사이에서 스폰서십 대상에 대한 이미지를 파악하고, 그 스폰서십 대상을 자사 브랜드와 연계시켜 브랜드의 이미지를 개선하거나 강화할 수 있다. 세계적인 신용카드 브랜드인 마스터카드MasterCard의 경우 월드컵만 지속적으로 후원해오고 있다. 그 이유는 월드컵이 자신들의 목표 이미지인 세계적, 활력, 뛰어남을 모두 충족시킨다고 보기 때문이다. 이들은 자신들의 연상 이미지 희석을 우려하여 다른 경기나 행사에는 후원하지 않는다.

넷째, 신제품이나 신기술을 자연스럽게 홍보하여 브랜드의 품질이나 이미지나 혁신 이미지를 키울 수 있다. 일반적으로 신제품을 홍보하기 위해서는 막대한 광고 투자 등 많은 비용이 소요된다. 그리고 신제품의 성공 가능성을 찾는 테스트 기회를 가지는 것도 쉽지가 않다. 하지만 대형 행사의 스폰서십을 통해 자사의 신제품을 자연스럽게 노출시킴으로써 홍보와 가능성 테스트라는 두 마리 토끼를 잡을 수 있다. 또한 소비자들은 새로운 제품이나 기술을 자연스럽게 만나는 분위기에서 브랜드에 대한 좋은 이미지를 갖게 된다.

엠앤엠즈m&m's 초콜릿의 경우 뉴욕 마라톤에서 스폰서십을 하면서 자사 제품의 트레이드 마크인 노랑색 이외의 다양한 컬러를 소개하였다. 비자카드의 경우 올림픽 경기를 후원하면서 새로운 기능의 카드를 소개하였으며, 파나소닉의 경우 올림픽에서 디스플레이 관련 물품을 후원하면서 자사의 신기술 제품과 첨단 제품을 소개하였고, 스프린트의 경우 NFL전미 미식축구 리그에서 코치에게 신기술을 적용한 무선 헤드폰셋을 후원하면서 신제품을 자연스럽게 소개하는 기회를 만들었다.

우리나라에는 아직 없지만 미국의 경우 각종 스포츠 시설 자체에 대해 스폰서십 계약을 하는 경우가 많다. 콜로라도 로키스 홈구장의 경우 그 지역의 대표 브랜드인 쿠어스Coors 맥주가 쿠어스 필드라는 구장 이름 사용에 대한 장기 스폰서 계약을 하고 있으며, NBA의 덴버 너기츠 홈구장의 경우 펩시콜라가 구장 이름에 대한 후원 계약을 하면서 펩시 센터라는 이름을 사용하고 있다. 이외에도 시애틀 매리너스의 세이프코Safeco, 시애틀 소재의 투자 자문 회사 필드, 샌프란시스코 자이언츠의 퍼시픽 벨Pacific Be, 통신 회사 파크, 최근 월드 시리즈에서 우승한 애리조나 다이아몬드백스의 뱅크원Bank One, 은행 볼파크 등을 예로 들 수 있다. 이렇게 홈구장 이름에 대한 스폰서십이 이루어진다면 해당 브랜드의 경우 TV 중계나 뉴스를 통해 퍼블리시티 효과까지 얻을 수 있어 커뮤니케이션의 극대화를 꾀할 수 있다.

2) 웹사이트 website

웹사이트는 브랜드 구축 프로그램의 중요한 일부가 될 수 있는데, 이는 웹사이트가 정보를 발송하고, 경험에 의거한 연상 이미지를 전달하고, 다른 브랜드 구축 프로그램들에 레버리지를 제공할 수 있기 때문이다. 웹사이트가 강력할 수 있는 근거는 사이트 경험과 연상 이미지들이 대체로 통제 가능하고 또 이들이 브랜드와 강력하게 연결되어 있기 때문이다. 따라서 '훌륭한 광고인데, 브랜드를 상기시키지는 못한다'는 문제가 발생할 위험이 상당히 줄어들게 된다. 웹사이트가 전자 상거래 활동이나 자주 업데이트되는 정보와 관계된 내용이라면 아주 만족스러운 경험은 종종 북마크로 이어지고 이는 중대한 소비자 충성도를 가져오게 된다.

풀무원은 블로그 '풀무원의 아주 사적인 이야기'를 통해 소비자들과 브랜드 스토리를 공유한다. 블로그를 소비자들과 열린 마음으로 소통하는 커뮤니케이션 채널로 활용하고 있다. 블로그로 기업 내부 이야기부터 제품 개발 스토리, 친환경 트렌드, 로하스 레시피, 이벤트 등 소비자들에게 읽을거리와 참여거리를 제공한다.

풀무원은 스토리로 탄생했다. 소비자의 관심을 불러일으키기 위해 일부러 스토리를 만든 게 아니라 과거 풀무원농장이 오늘날 종합 식품 기업으로 도약하는 과정이 스토리 그 자체다. 풀무원이란 이름부터 스토리다. 풀무란 대장간에서 쇠를 뜨겁게 달구기 위해 바람을 넣는 기구다. 풀무원 설립자인 원경선 원장은 쓸모없는 쇳덩이가 풀무질로 단단하고 유용한 농기구가 되듯 인간 풀무질을 통해 사회에 필요한 사람을 만들겠다는 일념으로 농장 이름을 풀무원이라고 지었다. 여기서 원은 풀무원 사람, 풀무원은 하나, 풀무원은 최고임을 나타낸다.

풀무원은 마크에도 스토리가 느껴진다. 글로벌 로하스 기업으로 도약하려는 의지를 담는다는 게 마크의 콘셉트다. 풀무원이란 영문 위 비상하는 듯한 녹색 곡선은 자연과 조화된 건강한 생활 문화를 창조해가는 풀무원의 비전을 형상화한 것으로 자연을 담는 큰 그릇을 상징하며 환경 보전에 대한 풀무원의 의지를 보여준다. 풀무원은 각 제품 카테고리에도 스토리를 녹여냈다. 콩 전문 브랜드인 '소가Soga'는 콩Soy과 요가Yoga의 합성어로 콩의 영양으로 건강을 지키자는 뜻을 담고 있다. '生가득'은 자연 그대로의 맛을 담은 생면의 브랜드이고, '찬마루'는 신선한 반찬류의 마루정상란 뜻으로 조미 식품 및 반찬의 대표 브랜드다. '아임리얼I'm Real'은 과일만 넣은 순수 과일 음료를 말한다.

'열린 댓글' 정책 아래 소비자와 대화하면서 친근한 이미지를 심기 위해 노력 중이다. 블로그지기인 '풀반장'의 활약이 눈에 띈다. 풀반장은 주요 콘텐츠의 화자로서 온라인 공간을 사랑방 같은 분위기로 만드는 역할을 담당하고 있다.

풀무원은 홈페이지를 통해 '바른 먹거리'를 이야기한다. '풀무원 그린 캠페인', '지혜의 장바구니' 등을 통해 올바른 먹을거리 문화와 친환경 소비에 대한 개념을 전하며 '보글보글 레시피', '따끈따끈 아이디어', '도란도란 카페' 같은 커뮤니티를 통해 건강 식단 정보를 소비자들과 함께 나눈다. 또 '자연e 머무는 곳'이란 콘셉트로 꾸민 온라인 쇼핑몰 풀무원이샵에 '쇼핑스토리'와 '브랜드 스토리' 코너를 구성해 각 제품별로 활용할 수 있는 맞춤 요리와 스타일링을 제안하고 브랜드를 이해할 수 있는 장을 마련한다. 친환경 소비를 위한 올바른 실천 가이드 '지혜의 장바구니' 코너도 있다.

풀무원은 최근 브랜드 스토리 전파를 위해 블로그 제품 평가단 '풀로거Pulogger'를 창단했다. 풀로거는 풀무원과 블로거의 합성어다. 분기별로 선발된 20명의 풀로거는 2개월 동안 풀무원 신제품을 먼저 시식하고 평가해 블로그에 리뷰를 올린다. 풀무원은 풀로거에게 개인 블로그에 부착할 수 있는 '풀로거 배지'를 주고 매회 우수 리뷰어를 선정해 풀무원 제품으로 구성된 로하스 선물 보따리를 선물할 예정이다.

웹을 통하여 브랜드를 구축하기 위해서는 다음과 같은 네 가지 수단을 사용할 수가 있다.

첫째, 브랜드 전용 웹사이트를 통해 브랜드의 필요와 소비자와의 관계에 초점이 맞춰진 다양한 브랜드 마케팅 프로그램을 실행한다. 둘째, 광고와 스폰서십 콘텐츠를 포함해 브랜드의 메시지를 여러 가지 창조적인 시각물과 체험으로 가시화함으로써 소비자와 관계를 유지할 수 있다. 셋째, 웹 홍보 수단이다. 예컨대 개인 블로그, 토론 방, 대화 방, 관심 뉴스 방 등 브랜드에 의해 통제되지 않는 자발적인 유저 웹 커뮤니케이션을 말한다. 이미 국내에서는 대다수의 소비재 기업이 브랜드 전용 홈페이지를 운영하고 있다. 넷째, 이메일을 통해 소비자와 개인적인 연결 고리를 만드는 동시에 소비자에게 브랜드 및 브랜드 관계에 대해 상기시킬 수 있다.

3) 매장 공간 store space

매장은 가장 중요한 소비자와의 접촉점이다. 일반적으로 제품 구매 결정은 70퍼센트 이상이 매장 내에서 이루어진다. 제품 구매 결정뿐만 아니라 매장은 제품에 대한 정보 발신지로서도 그 어느 접촉점보다 큰 역할을 한다. 이렇게 큰 역할을 하는 중요 접촉점인 매장에서 경쟁사보다 강력하고 효과적으로 소비자의 손과 발, 눈을 끌 수 있는 방법은 무엇일까? 그 방법에 대해서 디스플레이, POP, 판매원, 매장 프로모션, 선도 매장, 체험형 매장으로 크게 구분하여 구매 단계에서 소비자가 선택하는 브랜드가 되게 하는 BTL 커뮤니케이션을 알아보자.

소비자의 눈에 띄는 매장 디스플레이

지금까지 기업의 마케팅 측면에서 디스플레이는 매장 내에서 제품을 좋은 위치에 놓고, 눈에 띌 수 있게 진열하는 수준의 활동이 전부였다. 그러나 디스플레이에 대한 시각이 달라지면서 마케팅 목적을 달성하기 위해서 소비자의 오감을 자극하는 표현 수단으로 디스플레이의 의미가 확대되고 있다. 제품의 단순 진열과 전시 개념에서 제품에 대한 브랜딩 차원으로 브랜드가 놓이게 되는 공간 자체를 전략적으로 연출하고 디자인하여 매장을 방문하는 소비자가 입체적으로 브랜드를 체험할 수 있도록 함으로써 실제 브랜드가 소비자로부터 선택되도록 하자는 개념이 바로 그것이다. 디스플레이의 성공 요인에서 가장 중요한 것은 매장 내 시각 표현의 통일성shop identity이다.

최근 들어 일반적인 매장뿐만 아니라 대형 유통점 및 공동 마케팅 차원의 매장 결합 등으로 브랜드를 접하게 되는 매장의 형태가 다양화, 복합화되고 있다. 따라서 각 매장 형태별로 어떻게 하면 더욱 효과적으로 공간을 연출하고 브랜드를 체험시킬 수 있는지에 대한 전략적 가이드와 응용 매뉴얼의 필요성이 증가하고 있다. 그리고 이렇게 준비된 가이드와 매뉴얼은 지역별 또는 국가별로 매장 내에서 브랜드의 통일된 시각 표현을 위해 사용됨으로써 소비자들이 언제 어디에서나 동일한 브랜드 이미지를 체험하게 할 것이다.

매장의 정보 전달 미디어, POP

매장 내에서 우리는 다양한 POP^{Point of Purchase}를 접하게 된다. 벽면 부착식 포스터에서 천정에서 늘어뜨리는 행거 POP, 가격을 표시하는 프라이스 카드, 행사 제목을 표시하는 타이틀 POP, 다양한 사인물에 캐릭터까지 그 형태나 용도는 참 다양하다. 이런 다양한 POP가 스스로 제 역할을 다할 수 있도록 하기 위해서는 먼저, 기본적으로 매장 내에서 일어나는 일련의 소비자의 행동 프로세스를 알아야 한다. 따라서 매장 방문 소비자에게 브랜드가 선택되도록 하기 위해서는 방문 초기에 확실하게 소비자의 눈을 끌 수 있도록 하는 POP의 운용이 필요하다. POP는 다른 말로 인스토어 광고^{in-store advertising}로 표현된다. 이미 이 방법이 상당히 보편화되어 있어 다양한 형태의 커뮤니케이션 도구들이 사용되고 있다. 쇼핑 카트나 매장 진열대에 광고물을 부착하는 것 외에 매장 내에 해당 브랜드와 연관된 음악 송출, 소비자의 브랜드 추천 인터뷰가 포함된 방송 송출, 시식 코너 등이 사용되고 있다. 시각뿐만 아니라 청각, 미각, 후각, 촉각 등 오감을 이용한 전 방위적인 감각 커뮤니케이션이라고 할 수 있다.

최근 대형 할인점이나 대형 슈퍼마켓, 대형 쇼핑몰의 등장으로 POP에 대한 관심이 더욱 커지고 있으며 이는 다양한 형태의 도구를 통해 나타나고 있다. 여러 조사 결과에 따르면 우리나라 소비자의 주말 라이프 스타일이 할인점의 쇼핑을 중심으로 이루어지고 있고, 여기에는 전 가족이 동참하는 경우가 많으며, 반드시 구매를 하지 않더라도 여가 시간 활용 차원에서 할인점을 이용한다는 데에 주목할 필요가 있다. 맞벌이 부부는 시간의 부족으로 인해 텔레비전 시청의 질대적 시간 자체가 줄어들면서 할인점에서의 POP 노출에 더욱 효과적으로 반응할 확률이 높아지고 있는 것이다.

최근 미국 액트미디어Actmedia 사의 7,000개 슈퍼마켓의 이용객 조사 결과에 따르면 응답자의 약 70퍼센트가 슈퍼마켓 내에서 구매 의사 결정을 하는 것으로 나타났다. 상당수의 소비자가 집에서 미리 결정을 하고 오는 것이 아니라 쇼핑 공간에서 의사 결정을 한다는 것인데 그만큼 POP의 중요성이 높다고 볼 수 있는 대목이다.

소비자를 유인하는 매력적인 매장 프로모션

전자 제품 전문몰이나 복합 쇼핑몰을 방문한 경험이 누구나 한 번쯤은 있을 것이다. 아마도 단골 매장이 있는 경우를 제외하고는 뭔가 특별한 이벤트추가적인 가격 할인, 기념품 제공 등를 실시하고 있는 곳을 가장 먼저 방문하게 될 것이다. 이처럼 매장 내부로 소비자를 유인하는 다양한 프로모션 활동을 일반적으로 매장 프로모션이라고 한다. 매장 프로모션은 매장 앞에서 진행하는 점두 프로모션과 매장 내부에서 진행하는 점내인스토어 프로모션으로 성격을 구분할 수 있다.

일반적으로 실행하는 점내 프로모션은 매장 방문객이나 구매자를 대상으로 추첨을 통해 경품을 제공하거나 특정 제품에 대해 추가적인 가격 할인과 혜택을 제공하는 프로그램, 제품 구매자에게 쿠폰이나 스탬프 등을 제공해서 지속적 방문을 유도하는 프로그램 등으로 성격이 분류되어 활용되고 있다.

반면에 점두 프로모션은 소비자의 시선을 끌거나 특정 제품을 체험해볼 수 있는 샘플링sampling이나 데몬스트레이션demonstration 방식의 프로그램이 주요 수단으로 활용된다. 이처럼 점두 프로모션은 프로그램의 전개 방식이 한정됨에 따라 전략적으로 경쟁사 혹은 경쟁 매장보다 차별화된 프로모션을 실행할 수 있는지가 다방면으로 연구되고 있다. 다시 말해서 기존의 점두 프로모션은 소비자의 시선을 끌고, 매장 내로 소비자를 유인하는 것을 주된 목적으로 함에 따라 홍보 인력홍보 도우미, 제품 전시전시 부스, 집객 이벤트기념품, 경품 제공를 기본 포맷으로 구성하여 운영하는 것이 일반적이었다. 하지만 매장이 단순한 제품 판매 장소라는 인식에서 벗어나 소비자와 브랜드가 만나는 접촉점으로써 그 역할의 중요성이 강조되면서 점두 프로모션도 브랜딩 차원에서의 BTL 커뮤니케이션 활동으로 개념이나 접근 방식의 변화가 필요하다. 즉, ATL을 통해 소비자에게 형성된 브랜드 이미지가 영향을 받지 않도록 함은 물론이고, 브랜드의 실체를 직접 체험할 수 있는 매장 내로 효과적으로 소비자를 유인할 수 있는 BTL 활동으로 변화되어야 한다.

매장의 초병, 판매원과의 정서적 유대감 만들기

매장을 방문한 소비자 대부분은 판매원들의 안내에 따라 최종적으로 구매를 결정하게 된다. 스스로 이미 브랜드 결정을 했다 하더라도 판매원에게 제품 안내를 듣거나 질문을 하게 된다. 본인의 선택에 대한 재확인이며, 간과했던 부분에 대한 호기심일 것이다. 이러한 이유에서 매장 내의 판매원은 훌륭한 BTL 커뮤니케이션의 수단이 된다.

판매원은 잠재 소비자에게 제품을 판매하기 위해 이야기를 통해 설득한다. 예를 들어 소비자가 잘 아는 주변 사람이 그 제품을 샀다거나, 그 제품을 쓴 소비자가 만족했다는 등 여러 사례를 이야기하면서 사적인 관계를 형성한다. 그러나 실제 세일즈 환경에서는 브랜드 스토리가 별로 활용되지 못하고 있다. 그렇다면 브랜드를 생성하고 브랜드를 구매하도록 하는 효과적인 마케팅 이야기는 어떻게 구성할 수 있을까? 이야기의 대부분은 시간의 흐름에 따라 전개된다. 그러나 광고에 담기는 이야기는 결론이 앞에 오거나, 과거를 회상하는 식의 구성이 대부분이다. 하지만 소비자들은 천편일률적인 이야기의 전개보다는 다른 종류의 내적 일관성을 원한다.

　이처럼 소비자를 자신의 이야기 속으로 끌어들이는 방법은 듣는 사람을 이야기의 처음부터 끝까지 동참하게 만드는 '초대의 기법'을 활용하는 것이다. 사람들은 이야기를 들어야 할 이유가 없으면 듣지 않는다. 그렇기 때문에 '초대' 혹은 '권유'가 필요한 것이다. 초대나 권유에서 중요한 것은 이야기를 듣게 되는 사람에게 그 이야기를 왜 들어야 하는지에 대한 이유를 납득시키는 일이다. 이야기를 듣는 사람이 이야기를 듣는 내내 '내가 왜 이런 이야기를 듣고 있어야 하지?'라는 생각을 하게 해서는 안 된다.

　판매원은 브랜드 스토리로 소비자와의 공감을 획득해야 한다. 물론 여기서는 소비자의 감정에 맞게 이야기를 끌어나가는 것이 중요하다. 판매원은 항상 소비자와 같은 눈높이에서 이야기를 나누어야 한다. 브랜드 스토리 역시 자연스럽게 소비자에게 전달될 수 있도록 사전에 브랜드별 상담 매뉴얼이나 대화 기법을 만들어 교육을 통해 익숙해져야 한다. 판매원의 능숙한 브랜드 스토리 전달은 소비자의 공감을 얻는 데 중요한 역할을 담당한다.

　특히 소비자와의 일대일 대화는 다른 어떤 커뮤니케이션보다 공감을 얻는 데 효과적이다. 소비자가 판매원의 이야기에 공감을 하게 되면 그 브랜드에 대한 확신이 생기게 되고, 그 확신은 브랜드를 신뢰하게 만들어 결국 구매로 연결되기 때문이다.

선도 매장 flagship store

나이키의 나이키 타운Niketown이 최초로 등장한 이후, 선도 매장브랜드의 성격과 이미지를 극대화한 매장은 특히 소비자 접촉점과 관련해서 경험 마케팅의 수단으로 최근 관심이 증폭되고 있다. 상점, 레스토랑, 호텔, 쇼핑몰, 테마파크, 랜드마크 건축물과 같은 체험의 명소들은 물론이고 오스트리아 티롤에 있는 스와로브스키Swarovski 사의 크리스털 월드Cristal world, 아일랜드 더블린의 기네스 스토어하우스Guinness Storehouse, 독일 폴크스바겐Volkswagen 사의 아우토슈타트Autostadt, 미국 라스베가스의 베네치안 리조트 실내에 조성된 베네치아 대운하, 일본의 도쿄 돔, 오션 돔, 도요타Toyota의 쇼룸 암룩스AMLUX와 같은 브랜드 랜드 그리고 영국 맨체스터의 트래퍼드Trafford 센터, 미국 시애틀에 있는 REI 사의 등산, 하이킹, 인공 암벽 시설이 있는 체험 매장, 캠퍼스토어Camperstore, 프라다Prada, 폴로랄프로렌Polo Ralph Lauren, 소니스타일Sonystyle과 같은 특색 있는 선도 매장의 소비자가 브랜드를 직접 체험할 수 있도록 함으로써 최고의 광고 기회를 제공할 뿐만 아니라 브랜드 아이덴티티의 전달이 동시에 이루어지는 공간이다. 브랜드 구축을 주도하는 선도 매장의 필수적인 요소는 다음과 같다. 첫째, 선도 매장은 최고의 쇼핑 경험을 제공한다. 긍정적이고 유쾌한 쇼핑 경험은 호의적인 구전과 기대를 낳게 하므로 브랜드 자산 구축에 긍정적이다. 둘째, 선도 매장은 브랜드와 관련해 소비자에게 편익을 제공한다. 미국 시애틀에 있는 REI 사의 체험 매장은 캠프용 버너를 시험해볼 수 있는 벽난로, 방수 장비를 시험할 수 있는 샤워실, 470피트 산악 자전거 도로, 하이킹 길, 암벽 타기 등에 필요한 지지대 없이 서 있는 실외 등산용 야외 생활 장비와 설치물을 직접 만지고 사용해볼 수 있게 하면서 소비자의 사용성을 높이는 교육도 병행한다. 셋째, 선도 매장은 브랜드 자산에 레버리지를 제공할 수 있다. 선도 매장에서 선보이는 여러 아이디어 제공물들은 해당 브랜드만이 가질 수 있는 고유한 아이덴티티로 소비자에게 각인될 수 있다. 소니 매장에 완비되어 있는 제품들은 실제 가정이나 사무실에 와 있는 듯한 느낌이 들 만큼 자연스럽게 소니 스타일로 전시되고 있다. 남과 다른 자신만의 아이덴티티를 표현할 수 있는 브랜드라면 늘 새로운 아이디어를 찾는 의견을 개진하면서 브랜드 구축을 위한 프로그램을 개발하고 표적 소비자를 참여시켜 체험하게 하면서 피드백을 받아야 할 것이다.

체험형 매장

최근 들어 이동 통신 업체와 가전 업체, 화장품 업체를 중심으로 체험형 공간이 늘어나고 있는 추세다. 삼성전자가 삼성동

코엑스몰에 테마형 '갤럭시탭 체험존'을 마련했다. 삼성전자는 코엑스몰의 네 개 거점에 갤럭시탭의 다양한 기능과 편의성을 체험할 수 있는 공간을 마련해 소비자들의 관심을 모으고 있다. '갤럭시탭 익스피어런스 존'과 스마트폰 전문 체험 매장 '갤럭시 존'은 고객들이 '갤럭시탭'의 주요 기능인 이러닝e-Learning, 멀티미디어Multimedia 등을 쉽고 재미있게 익힐 수 있도록 꾸며졌다. 특히 이곳에서는 갤럭시탭의 주요 기능 체험을 통해 퀴즈를 맞추는 '탭탭탭 퀴즈 카드'를 비롯해 '도전 App 게임 배틀', 갤럭시탭에 다운로드된 그림과 동일한 그림을 맞추는 '갤럭시탭 같은 그림 찾기' 등 이벤트를 즐기면서 제품의 특장점을 즐겁고 쉽게 이해할 수 있으며 다양한 경품까지 준비돼 있다.

올림푸스 코리아의 카메라 전시 부스, 한국 엡손의 프린터 전시 부스, 소니스타일 부스 등과 같이 자사의 최첨단 제품에 대한 홍보를 하면서 직접 작동을 하게 함으로써 브랜드에 대한 자연스러운 경험을 유발하는 공간이 있다. 이러한 체험형 공간은 소비자들에게 브랜드의 자연스러운 노출과 직접 경험을 통해 브랜드 이미지를 깊이 인식시킬 수 있으며, 이벤트적인 공간의 성격과 맞물려 무드가 긍정적 형태로 나타나면서 기억의 잔존 가능성과 인식의 특유성을 높일 수 있게 된다. 더구나 최근에는 온라인 구매가 많이 일어나고 있는데, 온라인 구매의 한계점인 직접 만지고 느끼는 체험의 부족을 보충할 수 있는 커뮤니케이션 수단이기도 하다. 온라인 구매가 활성화됨에 따라 이러한 체험형 공간의 중요성은 더욱 높아진다고 볼 수 있는 것이다.

또 하나의 체험형 커뮤니케이션 방법으로 혁신 수용층innovator을 대상으로 사전 체험의 기회를 만드는 것을 들 수 있다. 혁신 수용층은 빅 마우스big mouth이면서 오피니언 리더의 경향이 높아 일반 수용층majority에게 구전을 할 확률이 높고 그들의 커뮤니케이션 전파 영향력이 크기에 중요한 커뮤니케이션 타깃으로 보아야 한다. 따라서 이들을 특정한 공간에 모아서 시연품을 사전 체험하게 하면서 여러 가지 보상을 제공하여 자사 브랜드에 대한 호감을 높일 필요가 있다. 영화의 경우 시사회를 통해 이미 이러한 방법을 많이 쓰고 있다.

AOL, 야후, 아마존의 경우 자사의 사이트를 런칭하기에 앞서 혁신 수용자를 타기팅하여 이들을 대상으로 여러 번의 테스트와 마케팅, 즉 사전 체험의 커뮤니케이션 기회를 만들었다. 그들로부터 나온 여러 가지 의견은 런칭에 앞서 버그 퇴치에 도움이 되었으며 그들의 입소문으로 많은 비용의 매스미디어 광고를 하지 않고도 성공적인 런칭을 할 수 있었던 것이다.

4) 플레이스형 광고로서의 PPL

최근에는 텔레비전, 라디오와 같은 전통적 매체 광고 외에

PPLproduct in placement: 영화나 TV 프로그램 속의 소품으로 등장하는 제품, 간접 광고라고도 부

름과 같은 플레이스형 광고에 더욱 관심이 커지고 있다. 과거에도 존재는 했지만 전통적 매체 광고의 우위에 눌려 빛을 보지 못하다가 최근의 변화된 소비자 환경에서 새롭게 조명되고 있는 것이다. 플레이스형 광고는 다른 말로 비전통적 광고non-traditional advertising, 대안형 광고alternative advertising로 불리기도 한다. 이들의 특징은 집 바깥, 즉 외부에서 이루어지기 때문에 주로 예상치 못한 상황에서 발생한다는 것인데 이러한 점이 소비자에게 신선한 충격과 더불어 환기력, 기억력을 높이게 만든다.

PPL은 깜짝 출연cameo appearance으로 표현되기도 하는데, 1982년 엠앤엠즈m&m's 초콜릿이 영화 〈ET〉에 출연하면서 PPL의 역사는 시작된다. 이때 엠엔엠즈는 영화 개봉 2개월 만에 65퍼센트의 매출 신장이라는 예상을 뛰어넘는 성과를 거두었다. 작은 체구의 못생긴 외계인이 영화 속에서 땅콩 과자를 먹는 행동만으로도 엄청난 이야깃거리를 만들었다. PPL은 출연의 대가로 돈을 지불하는 금전적 방법 말고도 나이키처럼 스포츠 용품을 협찬하면서 노출되는 방법이 있다. 나이키는 다양한 영화나 행사에 각종 유니폼을 협찬하여 유명인이 그 옷을 입게 함으로써 상당한 노출 효과를 거두고 있다. 레드 스트라이프Red Stripe 맥주는 톰 크루즈 주연의 〈야망의 함정The Firm〉이라는 영화에 대가 없이 공짜로 노출되어 막대한 커뮤니케이션 효과를 누렸다. 영화 감독이 카리브해인 분위기 연출에 레드 스트라이프 맥주가 제격이라고 판단하여 맥주 회사에 카메오 출연을 공식 요청한 것이었다.

최근에는 PPL이 등장하는 영역이 점차 게임이나 뮤직비디오로까지 넓어지는 추세다. 그리고 제작에 제품을 공짜로 제공하는 협찬 정도가 아니라 돈까지 얹어주는 경우도 많이 나타나고 있는 것이 현실이다. 비판의 목소리도 있다. 쥐도 새도 모르게 최면을 걸고, 세뇌시키는 간접 광고의 위험성을 경고하는 것이다. 즉, 영상 매체에 브랜드 제품을 자연스럽게 등장시켜 시청자들의 무의식 속에 브랜드 제품의 이미지를 심는 기법이기 때문이다. 역으로 말하면, 이것은 우리나라 소비자들의 매체media 의존성이 그만큼 높다는 증거다.

이처럼 소비자들의 매체 의존 성향과 매체에 대한 낮은 거부감을 생각해본다면 텔레비전 드라마, 영화, CF 등을 통한 간접 광고는 그야말로 엄청난 마케팅 도구가 될 전망이다. 게다가 최근 허용된 비교 광고의 방법과 접목하여, 세심하게 계산된 전략으로 간접 노출을 꾀한다면 머지않아 직접 광고를 앞지르는 효과를 가져올 듯싶다.

하지만 무턱대고 PPL이 좋다고 할 수는 없다. 만약 간접 광고가 들어간 영화가 인기가 좋지 않다든지 사회적으로 문제가 된다든지 청소년에게 유해하다는 소문이 나게 되면 그 영화뿐만 아니라 출연한 카메오 브랜드까지 타격을 입게 된다. 따라서

PPL을 결정하기에 앞서 영화 사전 평가나 평론, 소비자 사전 조사 등을 통해 효과를 충분히 검증한 후에 결정하는 것이 좋다. 제품에 대한 이야기가 PPL의 대상과 연계성이 뛰어나야 한다. 하지만 PPL 마케팅을 성장시키기 위해 기존의 단발성 PPL에서 탈피, 일정 기간 동안 지속적으로 기업 브랜드를 알리는 신개념 PPL로의 진화가 시작되고 있다. 차세대 PPL은 기업과 장기 계약이 핵심이다. 일정 기간 동안 다수의 영화를 선정해 특정 제품을 계속 등장시킴으로써 지속적으로 브랜드를 알려주는 효과를 거둘 수 있다. 차세대 PPL을 종종 BPL(Brand in Placement)이라고도 부르는 것이 이 때문이다. 이처럼 차세대 PPL의 또 하나 중요한 특징은 단순한 제품 광고를 벗어나 통합 브랜드 마케팅을 구현한다는 것이다. 이 같은 PPL의 진화는 과거 PPL을 단순히 인지도 상승을 위한 제품 무상 지원 개념으로 보던 기업들이 체계적이고 중장기적인 브랜드 관리를 보장받음으로써 실질적인 제작비 지원에도 적극 나설 수 있기 때문이다. PPL은 분명 현대 소비자들을 유혹하는 효과적인 방법임에는 틀림이 없다. 하지만 소비자는 기업만큼 PPL의 대상 제품을 심각하게 생각하지 않으며, 관심 없이 흘리는 경우도 많다. 그래서 기업이 반드시 명심해야 할 점은 잘나가는 영화, 드라마 등에 단순히 노출시키는 것만으로는 부족하다는 것이다. 어떠한 상황에서 어떻게 효과적이며 지속적으로 유혹하여 소비자의 눈을 사로잡을 것인가에 대한 기업의 참신한 아이디어가 요구된다. 브랜드 스토리 자체를 영화나 드라마, 뮤직비디오, 게임 등 영상 매체의 주제로 끌어간다면 PPL의 간접 광고 차원이 그 자체가 하나의 브랜드 커뮤니케이션 매체로 진화할 것이다. 그래서 브랜드 스토리 영화, 드라마, 게임, 뮤직비디오가 탄생할 것이다.

5) 광고를 넘어선 소셜 미디어 버즈 마케팅

버즈 마케팅은 온라인 채널을 통해 브랜드 및 제품에 관한 긍정적 소문을 확산시키는 BTL 커뮤니케이션 전략이다. 버즈BUZZ는 '벌이 윙윙거리는 소리, 소문, 열광'이라는 사전적 의미를 담고 있다. 즉, 소비자들이 자발적으로 제품 및 서비스에 대한 긍정적인 소문을 내도록 하는 것이다. 버즈 마케팅은 온라인상 영향력자influencer를 활용해 효과적으로 버즈를 확산한다는 점에서 단순 웅성거림이나 떠드는 것과는 차별된다. 그래서 무엇보다 확실한 영향력자를 찾아내는 것이 성공의 중요점이다. 버즈는 소비자가 특정 제품이나 서비스에 열광하여 일종의 신드롬이 형성되는 과정을 의미하는 버즈 효과buzz effect라는 말에서 유래했다. 마케팅 용어로서 버즈 마케팅은 자발적으로 촉진되는 '폭발적 수요'라고 정의할 수 있다. 다시 말하면 버즈 마케팅이란 대규모의 매스 마케팅 기법을 이용하지 않고, 개인적인 인적 네트워크social network를 통해 마케터가 원하는 정보를 소비자들에게 전달하는 일종의 구전 마케팅 기법이라고 할 수 있다.

버즈 마케팅은 일반적으로 기업에 의해서 한 방향으로 전달되는 광고나 홍보 등과 달리 소비자 상호 간에 양방향으로 전파되는 특징이 있으며, 소비자들이 자발적으로 커뮤니케이션을 만들어내어 파급 효과를 극대화한다는 점이 매력이다. 즉 광고비를 거의 사용하지 않고 사람과 사람을 통하여 전파되는 파괴력을 지니고 있는 마케팅이 바로 버즈 마케팅이다. 버즈 현상이 일어나는 것은 소비자들의 상호 간의 커뮤니케이션을 통해서다. 따라서 버즈 현상을 일으키기 위해서는 소비자들을 상대로 광고 공세를 펴는 것이 아니라, 소비자들에게 어떤 특정 제품을 화제에 올리게 하거나 그것을 사용함으로써 남들이 그것을 목격하도록 여건을 조성해야 한다. 버즈는 전파성이 강한 잡담이다. 관심을 끄는 새로운 사람이나 장소 혹은 사물 등에 대한 자연 발생적인 소문으로 입에서 입을 통해 널리 알려진다. 버즈 마케팅이 유행하는 이유는 비용이 적게 들고, 반응이 즉각적이며, 소비자에게 직접적인 영향을 미치기 때문이다.

광고를 넘어선 소비자 중심의 새로운 접촉점을 찾아서 그들에게 브랜드 메시지를 전달하고 이를 전체적인 접근으로 성공한 사례가 BMW의 'The Hire'라고 하는 온라인 캠페인이다. BMW는 핵심 타깃인 고소득 젊은 고객층에 접근하기 위해서 기존 광고의 틀을 벗어난 새롭고 혁신적인 툴을 찾고 있었다.

BMWflims.com을 통해 제시한 새로운 영화 시리즈 'The Hire'는 BMW 차가 등장하는 자동차 추격 장면 등이 나오는 스토리를 만들기 위해 〈와호장룡〉의 리안李安 감독, 〈스내치〉의 가이 리치Guy Ritchie 감독 등 세계적으로 유명한 할리우드 감독을 고용하여 단편 영화를 제작했으며 이를 통해서 고소득의 젊은이들 사이에서의 구전 효과를 기대했다. 이 사이트를 방문하면 영화뿐 아니라 BMW의 여러 차종에 대한 정보도 얻을 수 있다. BMW는 이 온라인에서만 상영하는 영화 시리즈에 대해 마치 극장 개봉 영화처럼 텔레비전, 신문, 잡지, 포스터, 극장 광고, 이메일, 엽서 등을 통한 광고 및 PR활동을 전개하여 핵심 타깃층 사이에서의 구전 효과를 극대화했다.

'속삭임으로 시작해서 고함으로 발전된 전략A Strategy of going from a whisper to rear'이라고 평가할 만큼 버즈 마케팅의 성공적인 사례다. 결과적으로 이 캠페인은 3개월 동안 기대했던 사이트 방문객 수를 6주 만에 달성했으며 캠페인 기간 중에 약 1,300만 명의 뷰어를 확보하는 기대 이상의 성과를 달성했다.

롯데백화점은 2010년 업계 최초로 중국 파워 블로거를 활용한 버즈 마케팅Buzz marketing, word of mouse을 진행했다. 2010년 11월 3일부터 14일까지 12일간 왕이163.com 사이트를 통해 현지에서 가장 영향력이 큰 패션 리더를 선정하는 사전 이벤트를 펼쳤다. 총 12만 명이 넘는 중국 네티즌이 해당 홈페이지를 방문한 가운데 이 중 1,500여 명의 응모자가 참가, 최종적으로 '미우미우&비비아든MiuMiu&Viviandan' 쌍둥이 자매가 가장 핫한 블로거로 선정됐다. 현지 최고의 패션 리더이자 트렌드세터로 손꼽히는 이 자매는 개인 블로그 하루 평균 방문자 수 10만 명, 누적 방문자 수는 8,000만 명이 넘을 정도로 중국 내 큰 인기다. 11월 18일부터 20일까지 2박 3일 일정으로 자매를 국내에 초청, 명동 롯데백화점을 비롯해 다양한 한국 화장품과 패션 브랜드를 체험케 했다. 중국으로 돌아간 후 이들은 한국 쇼핑 체험에 대한 내용을 블로그에 올렸고, 하루 평균 20만~30만 명의 네티즌이 체험 후기를 살펴보면서 온라인상에서 크게 화제가 됐다. 단 두 사람의 입을 통해 돈으로는 환산할 수 없는 엄청난 홍보 효과를 거두게 된 것이다.

삼성전자의 경우 국내외를 아우르는 전략적 형태의 버즈 마케팅을 일찍부터 전개해 주목을 끌고 있다. 삼성 모바일러스Samsung Mobilers는 글로벌 대학생 및 젊은 층을 대상으로 한 브랜드 홍보 대사Ambassador 프로그램으로, 모바일 관련 실무 차원의 버즈 마케팅을 목표로 한다. 특히 5년째에 접어든 2011년은 오스트리아와 브라질, 터키, 캐나다, 모로코 등 10개국을 추가, 전 세계 14개국으로 프로그램을 확대했다. 모바일러스는 특정 기간 동안 삼성 모바일과 관련한 긍정적 콘텐츠를 생산하는 미션을 부여받고 실행에 옮긴다. 페이스북과 트위터, 유튜브, 플리

커 등의 온라인 네트워크를 통해 확산하는 전도사의 역할까지 담당하며 끊임없이 온라인상 버즈를 유발한다. 홍보 영상물^{UCC} 제작과 프로모션 기획 및 실행, 온오프라인상 다양한 프로모션 등을 진행하며 버즈를 일으키는 전략으로 결과도 상당히 성공적이다. 삼성전자 자체 평가에 따르면 모바일러스 활동을 통해 SNS상 총 2만 8,500개의 콘텐츠가 생산됐다. 효과^{impression} 측면에서도 3,400만에 달하는 결과 수치를 얻은 것으로 나타났다.

LG전자도 핵심 콘텐츠 확보에 심혈을 기울이며 버즈 마케팅 활성화를 꾀하는 움직임이다. 이를 위해 최근 온라인 라이브 방송국까지 오픈했다. 소비자의 직접 참여와 밀착된 소통을 통한 브랜드 이미지 제고를 위해서다. 온라인 방송 개국의 궁극적 목적은 소비자와의 소통이며, 핵심은 콘텐츠에 있다. 방송 프로그램을 통한 소프트한 콘텐츠 제공으로 소비자와 더욱 소프트한 관계를 형성해나갈 것이다. 국내 가전업체 최초로 2010년 12월 14일 개국한 'LIFE'S GOOD STUDIO'는 라이프 스타일 전반의 콘텐츠를 온라인으로 실시간 방송한다. '집에서 편안히 즐기는 문화 센터'라는 콘셉트로 요리와 인테리어를 비롯해 뷰티, 패션, 헬스, 교육 등 다양한 콘텐츠를 제공한다. 프로그램 출연진 또한 특별하다. 주부들 사이에 입소문 난 살림의 여왕, 슈퍼맘 등 아마추어 및 일반인이 우선이다. 출연진에 기존 세탁기 주부체험 블로거단 '트로미즈'도 참여시킨다는 계획으로 명확한 타깃 설정과 재밌는 콘텐츠 생산, 또 이 콘텐츠를 확산할 영향력자 확보라는 삼박자를 두루 갖췄다는 점에서 더욱 큰 틀에서의 전략적 버즈 마케팅을 기대할 수 있다.

이러한 소셜 미디어를 통한 버즈 마케팅은 브랜드가 지향하는 목표를 향해 차근차근히 단계를 밟아 소비자의 공감을 얻어내기 위해서 다음과 같은 것이 필요하다.

첫째, SNS를 통한 브랜딩의 핵심은 소비자가 우리 브랜드를 중심에 두고 즐겁게 떠들어주는 것이다. 그러기 위해서는 소비자가 우리 브랜드에 대해 말할 거리가 있어야 하고, 떠드는 것이 의미 있거나 즐거워야 한다. 결국 브랜드 스토리가 중요하다. 그러나 많은 기업들이 스토리가 아니라, 자기 브랜드에 취해 감상적인 수필을 써내려 가는 경우가 빈번하다. 소비자에게 회자되기 위해서는 소비자 자신과 관련성이 높아야 한다. 트렌디적일 수도 있고, 지식일 수도 있고, 가치일 수도 있다. 종류는 상관없이 소비자에게 공감을 얻는 것이 중요하다. 그러면서도 우리 브랜드와도 자연스럽게 어울린다면 그것이 의미 있는 브랜드 스토리다.

둘째, 실체가 있는 브랜드 스토리여야 한다. 지금은 그와 같은 어설픈 브랜드 정보는 반감만을 유발할 뿐이다. 소비자들은 지구상 곳곳에 산재해 있는 콘텐츠와 자신의 친구들이 제공하는 정보로 눈높이가 높아져 있다. 실체가 없고, 그것이 가치로 연결되지 못한 상태에서 공감을 얻는 것을 시도하면 언제든 허물어질 수 있는 사상누각을 짓는 것이다.

셋째, 브랜드 아이덴티티를 명확히 정의해야 한다. 진정성의 판단은 누적된 경험이다. 소비자는 일회적인 소비자 서비스나 신제품만으로 그 브랜드에 진정성을 느끼지 않는다. 지속적으로 자신만의 색깔을 가꾸어가려면 모든 접촉점에서 한결같은 브랜드 경험이 이루어져야 한다. 소비자들은 온라인과 광고뿐 아니라 접촉점에서 그 브랜드를 만나기 때문이다. 그런데 커뮤니케이션과 접촉점에서의 경험이 크게 불일치한다면 그들 중 누군가는 자신의 트위터에 그 불만을 올리고 말 것이다.

SNS에서 대응은 묘책보다는 기본에 충실하는 것이다. 우리의 진심을 담아 충분한 사연을 이야기하고, 소비자들로부터 잘 듣는 것이다. 여기에서 승부는 진정성과 소통하고자 하는 의지에 대해 느끼는 소비자의 작은 차이다. 이 차이가 많은 소비자를 팬으로도, 적으로도 만든다. 제아무리 번쩍번쩍한 광고, 시끌벅적한 프로모션을 해봐도 내 가족, 내 친구의 한마디를 당해낼 순 없다. 그래서 입소문 버즈 마케팅은 그 어떤 마케팅 도구보다 강력한 힘을 갖는다. 블로그에 이어 최근 트위터, 페이스북 등 소셜 네트워크 서비스SNS가 인기를 끌면서 이 같은 입소문의 중요성이 다시 부각되고 있다. SNS는 사용자끼리 강력한 네트워크를 형성한다는 점에서 자발적 메시지 전달에 탁월하다. 한 번 이슈화되기 시작하면 엄청난 속도로 뻗어 나간다. 이것이 온라인 플랫폼을 활용한 적극적인 소문내기, 이른바 버즈 마케팅이 뜨는 이유다.

6) 가치 있는 홍보 활동

홍보 활동이란 대중 매체를 사용해 소비자들에게 다가가는 전략이다. 홍보 활동은 근본적으로 브랜드가 전달하려는 메시지가 흥미를 돋우지 못하며, 관심을 가질 만한 가치가 있다는 인상을 주지 못하는 약점이 있다. 메시지의 내용뿐만 아니라 그 메시지를 전달할 때 함께 곁들이고 싶은 배경이나 문맥도 마음대로 정할 수 없는 것이 홍보 활동이다. 홍보 활동에서는 브랜드가 직접 메시지를 전달하는 것이 가장 좋긴 하지만, 그래도 대중 매체가 메시지를 전달해주는 것 자체로 만족해야 한다. 홍보 활동은 인쇄 매체든, 전파 매체든, 인터넷이나 블로그를 통한 홍보든, 또는 이 모든 방식을 한꺼번에 활용하든 아주 중요한 노하우가 된다. 효과적으로 홍보 활동을 하려면, 홍보 메시지의 내용이나 사람들이 사용하는 매체의 종류에 구애받지 않고 그들에게 관련성이 있다는 인상을 주어야 한다.

도브Dove는 25퍼센트의 보습 크림이 들어 있는 비누라는 아주 단순한 아이디어로 출발했다. 도브는 다른 비누처럼 피부가 건조해지는 현상을 막아준다는 브랜드 약속brand promise를 내걸었으며, 실제로 피부과 전문의들이 끊임없이 연구하고 실험한 결과를 토대로 약속한 효과를 증명해 보였다. 도브를 사용해본 소비자들은 하나같이 도브의 촉촉한 느낌에 칭찬을 아끼지 않았다. 특히 여성 소비자들은 그 효과에 감탄하면서 다른 사람들에게 그 효과를 적극적으로 알리기까지 했다. 결국 1960년대 후반이 될 무렵 소비자들의 사용 후기는 도브의 브랜드 커뮤니케이션 전략 중에서 중요한 부분으로 자리 잡게 되었다. 도브의 단순한 브랜드 전략날마다 더 많은 여성이 아름다워지도록 돕는다은 이 브랜드에 신뢰를 보인 많은 여성을 공략하는 것이었다. 그 효과는 정말 기대 이상이었다. 도브의 제품은 실제로 여성 소비자들에게 만족을 선사했으며, 그 결과로 도브의 브랜드 약속은 더욱 신뢰도를 얻게 되었다. 유니레버Unilever는 도브라는 브랜드가 출시된 지 무려 50년이 지난 것을 기념하여 2004년 전 세계 여성들의 미美에 대한 관심사를 이해하기 위해 세계적인 규모로 연구 조사를 실시했다. 그 결과는 놀라울 정도로 단순하고 명확했으며 이미 잘 알려진 사실을 다시 확증해주었다. 그것은 바로 연예계나 각종 광고와 패션 잡지 등에 나오는 이미지에 의존해 아주 편협한 미의 기준을 설정하고 이 기준으로 모든 여성을 얽매는 사회의 분위기였다. 한 조사에서는 설문 대상이던 전 세계 여성 수천 명 중에서 자신이 아름답다고 생각하는 사람이 고작 2퍼센트에 불과하다는 결과가 나왔다. 이를 통해 여성들은 미의 정의가 지금보다 더 확대되기를 원한다는 사실을 엿볼 수 있었고, 도브는 이 점에 착안하여 새로운 브랜드 커뮤니케이션 전략을 수립했다. 도브의 브랜드 아이디어는 모든 여성이 지금보다 더 아름다워 질 수 있다고 속삭이기 시작했다. 즉, 도브는 미의 기준을 확장하는 데 앞장선 것이다. 이 조사 결과에 따라 도브는 홍보 캠페인Campaign for Real Beauty을 시작했다. 이 캠페인은 미의 본질이 무엇인가에 대한 관심을 증폭하고 수많은 토론과 의견이 쏟아지게 했다. 많은 여성이 현대 사회에서 미를 정의하는 기준과 완벽한 미를 향한 끊임없는 욕구, 그리고 현재 대중 매체가 사람들의 미의 기준 형성에 어떤 영향을 미치는지 등을 생각하게 되었다. 이를 통해 여성들이 자신을 더 가꾸고 현재의 모습에 자신감을 키우도록 유도하는 것이 브랜드의 궁극적인 목적이었다. 응답자의 절반 이상이 대중 매체가 비합리적인 미의 개념을 만들어낸 책임이 있다고 생각했다. 응답자들은 그 때문에 사람들이 자존심을 잃어버리고 부정적인 자아 개념을 갖게 되었다고 믿었다. 이 문제를 해결하기 위해 도브 브랜드는 개념을 확장해서 많은 여성이 자신감을 얻도록 도와주는 기업이라는 인상을 받는 것을 목표로 삼았다. 이 캠페인은 세 가지 핵심을 중심으로 설계되었다. 소비자의 목소리에 귀를 기울이는 것, 기존의 정형화된 미의 기준을 타파하고 변화시키는 것, 그리고 마지막으로 말한 대로 행동하는 것이었다. 캠페인의 첫 단계로 기존의 이상적인 미인과 전혀 다른 외모의 여성들을 텔레비전과 잡지, 옥외 광고에 등장시켰다. 이 광고는 진정한 미의 기준에 수많은 질문을 불러왔다. "우리 사회는 나이가 많아도 여전히 아름다울 수 있다는 사실을 과연 인정할 것인가?", "정말 진정한 미는 날씬한 사람들만 가질 수 있는 것인가?"와 같은 질문들이 대두되었다. 홍보 활동의 관점에서 볼 때 도브의 아이디어의 힘이 바로 뉴스거리로서 가치를 주었고, 또한 브랜드의 기초가 된다는 것을 잘 활용했다. 도브 브랜드는 이미 많은 소비자들에게서 두터운 신임을 얻었다. 게다가 적절히 광고를 활용해서 많은 사람에게 도브의 의도를 알리는 데 성공을 거두었다. 많은 여성이 미를 정의하는 토론에 참여해서 세계 곳곳의 다른 여성들과 의견을 교환할 수 있도록 여러 가지 의사소통 장치를 마련했다. 여러 지역에서 미를 정의하는 찬반 토론이 활발하게 전개되었으며, 건강 관리와 미용 분야의 전문가들도 끊임없이 워크숍에 참석해 토론을 벌이며 열기를 더했다. 또 도브는 여성들을 위한 전문적인 자기 계발 프로그램으로 잘 알려진 NGO 교육기관 우드헐 Woodhull Institute for Ethical Leadership 과 제휴 관계를 맺게 되었다. 최근에는 이 캠페인의 일환으로 도브 자기 확신 향상 기금 Dove Self-Esteem Fund 이 마련되었다. 이 기금의 목적은 미의 정의와 자신의 몸을 사랑하는 마음 사이에 있는 대중의 인식을 향상시키는 것이다. 현재 이 기금은 유니레버를 통해 미국에서 여덟 살에서 열네 살까지의 소녀들에게 자기 확신을 길러주는 '독특한 나를!Uniquely Me!' 이라는 운동을 전개한다. 이 프로그램은 파트너십을 맺은 미국 걸스카우트 연맹과 공동으로 추진되며, 섭식 장애와 신체 이미지를 포함해서 사춘기 소녀들의 생활에 직결되는 민감한 주제를 다룬다. 이 기금은 영국과 캐나다에서도 학교 교육 프로그램의 일환인 '몸의 대화Body Talk'를 후원한다. 투데이 쇼, 굿모닝, 아메리카, 모닝 쇼, 더 뷰, 오프라 윈프리 쇼를 비롯해서 CNN에서만 여덟 개 이상의 프로그램이 이 캠페인을 보도했다. 그리고 이 캠페인은 지역 방송에서도 큰 이슈가 되었다. 예를 들면 이 캠페인은 시카고에서만 30개 주요 방송 프로그램과 기사를 통해 보도되었다.

　세 번째로 도브는 말한 대로 행동하기 위해 의미 있고, 신뢰할 수 있으며, 지속적으로 실천할 수 있는 방법을 개발했다. 이제 대중 매체뿐만 아니라 다큐멘터리 영화와 학교 교육 과정, 걸스카우트 활동에 이르기까지 도브라는 브랜드는 원래의 의도에 충실한 모습으로 소비자들에게 전달되었다.

　홍보는 언론 매체를 위해 만들어내는 메시지는 많지만 새롭게 대화를 활성화하는 커뮤니케이션 방법을 만들어내는 데 있어서는 독창적이지 않다. 현재에 와서는 홍보 활동을 새로운 인식으로 바라보아야 한다. 홍보는 기업브랜드을 둘러싼 공중public이 목적과 지위, 가치를 더 잘 이해할 수 있도록 돕는 데 그 목적이 있다고 재정의해야 한다. 그래서 이야깃거리를 찾고, 이야깃거리를 말하고, 브랜드가 읽고자 하는 것을 쓰는 것이 아닌, 말하고자 하는 것을 쓰는 방법을 배우기 위해 노력해야 한다. 또한 피어투피어 peer to peer 방식의 대중 매체 관계 접근법을 시작해야 한다. 만약 언론 매체가 자신의 기업 브랜드에 관심을 가져야 한다고 생각한다면, CEO는 담당 기자를 직접 접촉해서 그 생각에 대해 의견을 나누어야 한다. 소비자나 제품 평가단과 같은 영향력 있는 사람들이 제품에 대해 배울 수 있도록 하는 선택 가능한 방법을 제시해야 한다. 기자들이 무엇에 흥미를 갖는지 알아야 한다. 원하지 않는 사람에게 적절하지 않은 이야기를 내보내는 걸 거절할 수 있다면 실패하지 않을 것이다. 사례를 모아 정리해서 쓰는 홍보 활동이기보다는 이야깃거리를 모아서 전달하는 홍보 활동이 되어야 한다. 사람들의 관심을 끌 소비자의 이야기를 찾아내고 이를 알리는 데 책임을 느껴야 한다. 그 이야기들은 제품 사용 후의 장점만을 자랑하는 형식적인 사용 후기 같은 것이 아니어야 한다. 놀랍고도 일반적이지 않으며 이야기할 가치가 있는 일상의 어떤 사건들이어야 한다. 소비자에게 영향을 미치는 사람을 알아내고 그들과의 관계를 만들어내야 한다.

7) 공익 활동과 연계된 BTL 세일즈 프로모션

하루에도 수없이 많은 브랜드가 등장했다가 사라지는 무한 경쟁의 시장 상황에서 소비자들이 제품의 기능적 편익보다는 상징적 가치를 소비의 대상으로 고려하게 되면서 마케팅 패러다임은 생산자 중심에서 소비자 중심으로 변화를 겪게 되었다. 이러한 시장의 변화와 소비자 마인드의 변화로 물리적인 제품 자체보다는 제품이 소비자의 마인드 속에 표상화된 브랜드가 마케팅의 핵심이 되었다. 따라서 지금의 브랜드 관리는 브랜드에 대한 소비자의 마인드를 관리하는 것으로 어떻게 해야 자사 브랜드에 대한 소비자의 마인드를 긍정적으로 형성해줄 것이냐가 핵심이다.

신발 브랜드인 탐스슈즈$^{TOMS\ Shoes}$의 창업자는 블레이크 마이코스키다. 신발에 문외한이었던 디자이너가 신발 브랜드를 만든 동기는 너무나 간단하다. 2006년 아르헨티나를 여행하다가 신발 없이 뛰어다니는 아이를 보았다. 문제는 신발 없이 뛰어다니는 아이들이 발에 바이러스가 감염돼 질병을 앓고 있다는 것이었다. 이것을 고치기 위해 필요한 것은 의약품이 아니라 신발이었다. 그래서 블레이크 마이코스키는 소비자가 신발 한 켤레를 사면 신발이 없는 아이들에게 한 켤레를 기부하는 'ONE for ONE' 개념으로 브랜드를 만들었다. 이 개념은 단순히 구호 차원에서 몇 푼 건네주는 것이 아니라 지속 가능한 시스템으로 만들어 '소비=구제'라는 알고리즘을 만드는 것이다. 탐스슈즈의 의미는 내일을 위한 신발 shoes for tomorrow이다. 탐스슈즈를 한 켤레 구매하면 디자인도 뛰어나고 훌륭한 제품을 받을 수 있는 동시에, 지구촌 어딘가에서 신발 없이 지내는 한 아이를 도울 수 있다. 이것은 소비자들의 개인적 욕구와 이타적 욕구를 모두 해결해준다. 요즘 사람들은 자신의 돈을 지출하는 것에 매우 신중하다. 소비 대상의 품목뿐 아니라 그 품목을 생산하는 기업에 대해서도 매우 신중하다. 탐스슈즈를 구매하는 것은 경제가 어려운 요즘 자신의 경제적 여건이 허락하는 범위 내에서 할 수 있는, 굉장히 직접적이고 빠른 선행이다. 세상을 혁신적으로, 좀 더 아름다운 곳으로 바꾸고 싶은 욕구를 탐스슈즈를 구매하면서 해결할 수 있다.

피자 익스프레스는 베네치아나 피자와 베네치아 돕기 활동으로, 영국에만 250여 개의 매장을 열었으며 해외에도 진출했다. 피자 익스프레스 식당에 가서 손님은 메뉴판에서 '베네치아나'라는 메뉴 아래에 다음과 같은 설명을 보게 된다. "이 베네치아나 피자가 한 개 팔릴 때마다 물속에 잠길 위기에 처한 이탈리아 베네치아 문제를 해결하기 위해 일하는 '위험에 처한 베네치아 기금'에 25센트를 기부합니다."

이 판촉 방식은 간단해서 소비자들의 반응도 좋았는데 대부분의 소비자들은 역사적, 문화적 유산 그 자체인 베네치아가 환경 오염과 여러 가지 문제로 점점 더 심각한 문제를 겪고 있으며 이로 인해 도시 전체가 물에 잠길지도 모른다는 사실에 대해 잘 알고 있었다. 게다가 베네치아가 피자의 본고장인 이탈리아에 있으며 세계적으로 아주 유명한 도시라는 사실이 피자 익스프레스의 성공 요인으로 작용했다. 단순한 판촉 활동으로 보일지 모르는 피자 익스프레스의 베네치아 돕기 활동은 25년 이상 지속된 것으로 단 한 번의 광고도 하지 않은 이러한 활동을 통해 피자 익스프레스가 모은 기금의 총액은 80만 4,123파운드에 달한다.

  P&G의 세제 브랜드 대쉬DASH의 에티오피아 물 공급 기금 조성 활동으로 오늘날 선진국에서는 누구나 물을 불편 없이 사용하고 있다. 샤워를 할 때도, 빨래를 할 때도 물을 마음대로 사용하는 것은 당연한 권리이다. 그러나 지구의 다른 한편에서는 우리가 쉽게 버리는 한 컵의 물이 사람의 생사를 결정한다. P&G 이탈리아는 이 두 세계의 차이점을 내세워 물이 귀한 에티오피아의 달로차 마을에 물을 공급해주기 위한 기금을 모으는 활동을 벌였다. 이 공익 연계 활동은 다음과 같다. 캠페인 기간 동안 대쉬 세제를 구입하는 고객들의 세제 포장에는 구매자들에게 1,000리라[0.57달러]를 액션에이드에 기부해줄 것을 요청하는 기부 용지가 들어 있다. 세제 구입자들은 이 용지에 기부금을 적어 액션에이드에 보내기만 하면 그만큼의 금액이 기부되는 것이

다. 이 캠페인이 진행되었던 6년이라는 기간 동안 기부금을 낸 사람들의 수는 17만 명이 넘었으며, 일인당 기부액은 1만 리라[5] 달러로 이는 예상했던 것보다 10배나 많은 금액이다. 그리하여 모금된 총액은 180만 달러에 달했다. 또한 대쉬 판매량 역시 캠페인 기간 동안 5퍼센트 증가를 보였다. 대쉬의 사례는 세탁기 세제 브랜드가 빨래를 할 때 사용하는 물과 에티오피아에 부족한 물에서의 공통된 물을 어떻게 연계시켜서 브랜드 이미지를 개선시킬 수 있었는지 보여주는 예이다. 실제 이 캠페인 결과 대쉬 브랜드 이미지는 엄청나게 향상됐으며 모회사인 P&G에 대한 이미지까지 동반 상승하는 효과를 누렸다. 대쉬의 공익 활동과 연계된 세일즈 프로모션은 앞서 보았던 사례와 마찬가지로 단발적인 판촉 활동으로 끝난 것이 아니라 이러한 캠페인 활동이 집중적으로 TV 매체를 통해 홍보되었으며, 실제로 에티오피아 주민들의 삶을 어떻게 변화시키고 있는지를 담은 내용이 광고로 내보내져 세탁 효과를 강조하는 광고 문구에 동요되지 않던 소비자들에게 물이 없어 고생하는 에티오피아 사람들을 도울 수 있다는 광고를 통해 차별적인 감동과 인상을 남길 수 있었다.

이러한 BTL 세일즈 프로모션이 성공하기 위해서는 아르헨티나에 신발을 보내는 탐스슈즈나 피자 익스프레스의 피자 본고장인 이탈리아의 베네치아 돕기 활동이나 세탁 세제 대쉬의 에티오피아의 물 공급 기금 조성 활동처럼 브랜드와 공익 활동 간에는 관련성이 높아야 한다는 점이다. 즉, 브랜드 관리자는 이러한 세일즈 프로모션을 근시안적인 안목으로 시행해서는 성공할 수 없으며, 자사의 브랜드 아이덴티티를 고려하여 전략적 차원에서 활용해야 한다는 점을 명심해야 한다. 전략적 차원에서 잘 진행된 공익 활동과 연계된 세일즈 프로모션은 단순히 판매촉진만을 유발하는 것이 아니라 세일즈 프로모션 활동 자체가 저절로 PR의 수단이 되며, 이러한 활동은 브랜드에 대한 이미지 제고뿐만 아니라 단기적으로 이루어지는 보통의 세일즈 프로모션 활동과는 달리 지속적으로 진행되어 브랜드 자산이 더욱 가치 있어진다는 점에서 IMC 관점에서 커뮤니케이션의 시너지 효과를 극대화시킬 수 있는 대표적인 사례라고 할 수 있다. 이 자체가 바로 브랜드 스토리로서의 가치를 갖고 있다. 오늘날 상당수 소비자들은 매슬로우 욕구 단계에서 자아실현 단계까지 올라와 있다. 이들 소비자들은 자신들이 구입하는 브랜드도 이러한 수준까지 올라오기를 바라고 있다. 아직 우리나라는 소비자들의 윤리적 의식 수준이 성숙하지 못했고 공익 마케팅은 소위 선진국에서만 가능하다고 믿었다. 그러나 사람들은 언제나 올바른 것, 가장 보편적인 가치에 공감하기 마련이다. 차츰 한국 시장에서도 공익 활동과 연계된 세일즈 프로모션 활동이 등장하고 있으나 전략적 관점보다는 전술적인 측면에서 단발적으로 이루어지는 경향이 많이 있어 아직 그 성과가 해외 사례만큼 축적되지는 못한 상황이다. 이러한 상황 때문에 혹자는 공익 활동과 연관된 마케팅 활동이 한국 시장에는 시기상조라고 회의적인 반응을 보일지도 모르지만, 한편으로는 브랜드에 영혼을 불어넣어 줄 차별화 방안으로서 공익 활동과 연계된 새로운 세일즈 프로모션 수단을 선점할 수 있는 기회로 고려해볼 수 있다.

4. 소비자 접촉점에 맞는 브랜드 신호를 창출하라

소비자들에게 의미가 있으면서도 기존의 브랜드와 차별화되는 브랜드 아이디어를 구상하지 않고서는 브랜드 커뮤니케이션 활동 자체가 불가능하다. 이는 소비자들에게 브랜드의 차별화된 의미를 인식시키려는 브랜드 커뮤니케이션 전략이다. 다시 말해 브랜드 커뮤니케이션 전략은 바로 브랜드 아이디어brand idea를 소비자에게 제대로 전달하기 위해 세우는 계획이기에 일종의 신호와도 같다. 그것은 브랜드가 의미하는 바를 소비자에게 이해시키려고 사용하는 일련의 상징물인 것이다.

브랜드란 소비자 머릿속에서 잇따라 일어나는 한 세트의 정신적 연상 작용이다. 소비자들은 독특하면서도 자신과 직접적인 관련성이 있고 간단하게 표현되어 이해하기 쉬운 연상 작용을 만날 때 저장·기억할 가치가 있다고 판단한다. 그리고 브랜드 커뮤니케이션은 브랜드 아이디어를 구체적으로 전달하는 신호를 디자인하고 관리하는 과정이다. 바로 이러한 브랜드 신호brand sign를 통해 사람들은 머릿속에서 정신적 연상 작용을 일으킨다. 간단하고 초점이 뚜렷한 브랜드 아이디어가 적절한 마케팅 전략과 어우러질 때, 소비자들에게 새로운 느낌을 주고받게 하는 브랜드 신호가 만들어지고 관리하는 것도 가능해진다. 표적 시장표적 소비자에 관련성이 있고 간단하면서도 차별화된 의미를 가진 브랜드 아이디어를 효과적으로 전달할 브랜드 신호를 개발한다면, 그 브랜드는 탄탄한 기반 위에서 성공을 보장받는다.

   브랜드 신호는 브랜드 로고, 브랜드 이름, 컬러, 브랜드 이미지, 판촉 활동, 광고, 포장 디자인 그리고 유통 과정 등과 같이 외적으로 확인할 수 있는 모든 요소들을 통틀어 말한다. 여기에는 경험적 요소도 포함된다. 즉 제품 기능 또한 브랜드 신호에 속한다. 소비자의 제품 사용 경험이 그 자체로도 브랜드 신호가 된다는 말이다. 소비자 상담원이 전화를 받는 태도 또한 브랜드 신호가 된다. 제품을 사용할 때 듣게 되는 소리를 잠깐 떠올려 보면 음향 효과 또한 브랜드 신호다. 나이키의 스우시swoosh, 코카콜라의 굴곡 있는 용기 디자인, KFC 할아버지도 브랜드 신호다. 라네즈 로고송every new face의 상큼함도 브랜드 신호다. 유통업에서는 판매원들이 브랜드 신호다. 광고는 브랜드 이미지를 전달하는 수많은 브랜드 신호 중 하나에 불과하다. 어떤 회사는 아예 자사의 대표적 브랜드 신호로 광고하이마트 TV CF는 음악과 함께하는 광고 시리즈를 내세우기도 한다. 이렇듯 브랜드 신호는 소비자의 접촉점에 있는 모든 커뮤니케이션 도구제품, 사람, 시스템들이다. 비즈니스시장, 제품 특성상 브랜드 아이디어를 홍보하는 데에는 다양한 브랜드 신호를 한꺼번에 고루 활용하는 방법도 있고, 두세 가지 정도만 선택적으로 활용하는 방법도 있다. 브랜드 신호는 브랜드 스토리를 담는 그릇으로써 소비자 접촉점에서 올바르게 보내야 한다.

그래서 이제는 브랜드 아이디어를 실현할 수 있는 하나의 방편으로 적절한 브랜드 신호를 찾아야 한다. 이를 위해서는 소비자와 브랜드 사이에 어떤 점에서 상호 작용이 일어나는지 이해해야 하고, 원하는 연상 작용을 일으키는 데에는 어떤 브랜드 신호가 가장 효율적이면서 효과적인지를 판단해야 한다. 좋은 브랜드 신호는 브랜드를 가장 잘 표현한 메시지를 직관적으로 전달해야 한다. 그 메시지를 제외하고서는 머릿속에 그 브랜드를 떠올리는 것 자체가 불가능하게 만들어야 한다. KFC 할아버지나 구글의 번개 같은 검색 속도를 생각해본다면 브랜드 신호가 무엇인지 쉽게 이해할 수 있다. 브랜드 신호는 브랜드를 떠올리게 하는 유일한 매개체 또는 그 브랜드의 전유물과도 같다. 올바른 브랜드 신호 속에서는 브랜드 스토리가 있다.

물론 좋은 브랜드 신호는 단순히 소비자들을 현혹한다는 느낌을 주지 않아야 하고, 브랜드에 신뢰와 믿음을 더해주어야 한다. 그리고 소비자에게 약속하는 내용을 담아야 한다. 소비자들은 바로 브랜드 신호를 통해 브랜드를 긍정적으로 생각하게 되며, 브랜드가 삶의 활기를 더해주고 자신들을 보호해준다는 느낌과 함께 안전감이나 마음의 평화를 얻는다. 게다가 브랜드 신호는 소비자들과의 친밀성을 높이는 역할도 한다. 아이팟이라는 브랜드는 제품 디자인이라는 브랜드 신호 하나로 사람들에게 의미 깊은 차별성을 갖게 되었고 두터운 소비자층을 확보했다. 블랙베리를 들고 스타벅스에서 잠깐 머무르는 시간은 아무에게도 방해받지 않을 절호의 기회다. 파스타를 주문할 것인지 묻거나 내가 앉은 자리에 예약 손님이 있다고 말하는 직원의 눈치 따위도 볼 필요가 없다. 그곳에서는 편하게 이메일을 확인할 수 있다. 스타벅스의 자유로운 분위기는 그 브랜드를 독특하게 만들어주는 브랜드 신호다. 스타벅스의 비즈니스 전략_{커피 판매}과 마케팅 전략_{스타벅스에서 커피를 마시는 시간은 마치 유럽의 카페에 와 있는 듯한 편안한 분위기를 준다}이 서로 밀접하게 관련되어 있다. 스타벅스는 커피를 마시는 곳 이상의 의미를 주는 개인의 공공장소_{제3의 공간}라고 할 수 있다. 이것이 바로 브랜드 신호다. 이러한 브랜드 신호는 소비자와의 접촉점에서 창출되어야 한다. 이제부터 소비자와의 접촉점에서의 브랜드 신호를 살펴보자.

1) 제품 접촉점에서 브랜드 신호를 창출하라

제품 접촉점이란, 소비자가 실제로 제품을 경험하고, 다루어 보고, 구입하고, 소비하고, 버리는 과정에서 겪는 접촉점이다. 이는 구매 결정을 좌우하는 주된 요인이다. 이는 제품 그 자체, BI제품 디자인, 패키징 이름 등, 매장과 관련된 요소다.

먼저 제품 디자인부터 이야기를 해보자. 디자인은 브랜드 경험이다. 디자인은 제품 그 자체이며, 마케팅 콘셉트 그 자체이며 나아가 브랜드 자체를 나타낸다. 디자인은 과거의 브랜드 경험을 연결하고, 새로운 브랜드 경험을 만들어야 한다. 오감을 만족시키고, 소비자가 제품을 인지하고, 구입하고, 사용하는 모든 단계에 디자인의 가치가 드러난다. 디자인은 새로운 브랜드 경험을 창조하기에 시대의 변화에 맞춰 디자인되어야 한다. 브랜드만의 독창적인 구매 매력점sweet spot이 바로 디자인이다.

부가가치가 높은 수익성을 자랑하는 디자인이 중요하다. 어디에서든 디자인을 말하고 있다. 하지만 시대에 적합한 디자인은 베끼기가 일상이다. 그래서는 안 된다. 독창적인 브랜드 디자인이 되어야만 한다. 시간이 들더라도 충분히 성숙된 디자인의 힘을 축적해야 한다. 아무리 빠른 속도로 베끼기를 해도 오래된 진짜만이 갖는 아우라aura를 따라갈 수 없다. 시간으로 성숙되어 결코 복제될 수 없는 디자인을 만드는 것이 올바른 브랜드 신호다.

LG전자는 초콜릿폰, 샤인폰, 프라다폰처럼 디자인 중심의 제품에 이어서 첨단 기능을 강조한 하이테크폰인 뷰티폰을 출시했다. 뷰티폰은 디지털 카메라에 맞먹는 500만 화소급 렌즈 장착, 촬영 시 손 흔들림으로 인한 화면 떨림 현상을 최소화해주는 손 떨림 보정 기능을 갖추고, '카메라폰 하면 LG' 식으로 이미지를 떠오르도록 한다.

1985년, 생활 가전 전문 브랜드인 필립스가 우리나라 백화점 매장에 전기다리미와 전기면도기를 출시했다. 외국 브랜드의 소형 가전이 본격적으로 팔리자 소비자들의 반응은 뜨거웠다. 필립스가 프리미엄 가전 브랜드로 자리 잡은 계기는 세련된 디자인의 전기다리미가 부유층에서 입소문을 타고, 집들이 선물로 인기를 끌었기 때문이다. 한국에 맞는 커뮤니케이션을 하며 브랜드 인지도를 높이는 전략은 처음부터 시작되었다. 로드 쇼와 소비자 행사 등의 체험 행사는 다양한 소비자를 만나는 채널이 된다. 20대 소비자를 타깃으로 제품 시연 행사를 했고, 그들은 현재까지 브랜드의 소비자로 남아 있다. 또한 필립스는 우리나라 소비자에 맞는 제품을 개발, 토착화에 성공한다. 외국의 브랜드가 지역에 맞게 마케팅 전략을 전환하는 경우는 실제로 많지 않다. 작은 사이즈, 한국 음식 문화에 맞는 다양한 종류의 제품 개발로 토스트 뚜껑을 개발했다. 감각과 단순함 sense and simplicity을 브랜드 목표로 잡고 한국 시장을 공략했다. 2007년에 발매한 전기면도기 '아키텍'은 소비자가 꼭 필요한 기능을 담아 냈다. 그래서 면도기 헤드가 360도 회전하도록 설계해 턱과 목 등 굴곡이 심한 부분까지 깔끔하게 면도할 수 있도록 했다. 그 속에는 브랜드 제품이 탄생한 이야기가 숨어 있었다. 제품의 패 키지는 바로 소비자와의 마지막 접촉점 last touch point이다. 그것은 바로 제품의 얼굴이다. 우리는 처음 만나는 3초 안에 대부분 구 매 결정이 형성된다. 그 3초의 순간의 미학이 바로 패키지 디자 인이다. 패키지는 브랜드제품와 동일하다. 인간의 두뇌에는 기억 단위가 구성되어 있어, 우리가 브랜드를 보는 순간, 부르는 순 간에 브랜드 의미 brand meaning가 형성된다. 패키지로 브랜드 그 자체를 대변하고 있기에 그것을 본 소비자의 기억 속에 하나의 의미로 존재하게 된다. 디자인은 시대 가치에 맞게 움직여야 하 며, 제품이 갖고 있는 본질적인 소비자 편익을 잊지 말아야 한 다. 패키지는 커뮤니케이션 파워를 지닌다. 이는 매우 민감하게 소비자를 자극한다. 작은 부분에 심리의 차이가 드러나는데, 왜 냐면 사람의 눈eye은 작은 부분에 오히려 민감하기 때문이다. 패 키지의 숨은 부분에 대한 마케팅 미학이 요구된다.

2) 휴먼 접촉점에서 브랜드 신호를 창출하라

휴먼 접촉점이란, 소비자가 기업의 인적 자원과 직접 상호 작 용할 때 생기는 접촉점이다. 휴먼 접촉점은 현장에서 직원이 소비자의 오해와 불만을 해결해주는 것 등으로 만들어진다. 이는 사람만이 할 수 있는 부분이며 소비자를 위해 존재하는 접촉점이다. 실제로는 눈에 보이지 않는 서비스가 소비자와 만나는 휴먼 접촉점이라고 할 수 있다. 여기에는 영업 사원, 매장 판매 사원, 계산원, 안내원, 콜센터 직원, 배송 직원, 설치 기사 등이 있다. 브랜드 전략 업무를 맡은 직원들은 소비자들에게 브랜드의 어떤 점을 알려야 할지, 메시지는 적절한지를 정확히 파악해야 한다. 예를 들어 '편의성'을 하나의 차별화 특성으로 부각하고자 한다면, 포장 업무를 맡은 직원도 이 점을 잘 이해해야 하고, '무조건 품질 보증'을 강조하는 브랜드 아이디어를 설정했다면, 전화 상담원들에게 소비자들과 통화할 때 이 점과 관련해서 어떻게 응답해야 하는지 미리 교육하고 명확히 인지시켜야 한다. 그뿐만 아니라 제조 부서에서는 제품을 최대한 견고하게 만들 방법을 고심해야 한다. 결국 브랜드 아이디어를 기업의 모든 직원이 함께 노력해야 할 과제로 만드는 것이 관건이다. 그렇게 할 수만 있다면 브랜드 목표를 위한 모든 기업 활동과 노력이 일관성 있게 진행될 것이다. 그러한 통일성과 일관성은 소비자들이 제품을 신뢰하고 신임할 수 있게 해준다. 기업의 모든 직원이 브랜드의 바탕이 되는 콘셉트를 이해할 때 비로소 브랜드가 의도한 대로 구현할 수 있게 된다. 물론 가장 중요한 점은 직원들이 소비자를 직접 응대하면서 브랜드의 이미지를 전달하는 것이다.

노출이 심한 웨이트리스들로 유명한 레스토랑 체인 후터스 Hooters는 1983년 플로리다 클리러워터에서 시작했다. 이전에 레스토랑을 운영해본 경험이 없었던 여섯 명의 창업자들은 그 장소를 자기들 마음에 들게 디자인했다. 즉 프라이드 치킨 윙 같은 편안한 식사, 스포츠가 방영되는 TV, 매력적인 웨이트리스 등으로 레스토랑을 꾸몄다. 그들은 해변 비키니 콘테스트에서 린 오스틴 Lynne Austin을 발견하여 첫 번째 '후터스 걸'로 채용했다. 오스틴은 나중에 《플레이보이》 잡지에 등장했다. 맥도날드 Mcdonalds와 마찬가지로 후터스 창업자들은 상세한 매뉴얼은 만들어 그들의 운영 절차를 엄격하게 표준화했다. 그 매뉴얼이란 '양말은 흰색이어야 한다', '셔츠는 헐렁하지 않게 꼭 맞아야 한다', '어떤 상황에서도 브래지어 끈이 보여서는 안 된다' 등이다. 사람들은 후터스의 성공이 젊은 여성들을 고용하여 이들에게 꽉 끼는 민소매 셔츠와 오렌지색 핫팬츠, 스니커즈로 이루어진 유니폼을 입힌 덕택이라고 생각한다. 그렇지 않다. 여성들의 벗은 모습을 보고 싶어하는 남자들을 만족시켜주는 곳은 무수히 많다. 후터스가 그 소비자들에게 제공하는 것은 은밀한 음담그 체인의 로고가 속어로 여성의 가슴을 뜻하는 '올빼미' 다과 농담이 짙게 밴 분위기를 통해 사회적으로 수용될 만큼의 성적으로 흥분되는 경험이다. 후터스 웨이트리스들은 손님들과 시시덕거리는 대가로 하루에 수백 달러의 팁을 번다. 레스토랑 주위에 수없이 설치되어 있는 재미있는 간판 중 하나는 '당신이 재미없는 사람이더라도 우리는 웃을 겁니다'라고 약속하고 있다.

판매selling는 소비자가 정말로 제품을 만나고 싶지 않은데도 사도록 설득하는 힘든 싸움이다. 그래서 판매하면 콜드콜cold call, 물건을 팔기 위해 임의로 소비자의 집을 방문하거나 전화를 거는 것, 일방적으로 약속 잡기 등을 떠올린다. 실제로 많은 세일즈맨들이 이렇게 하도록 교육받고 있다. 소비자에게 팔려고 하지 말고 소비자들로 하여금 구매하게 만들어라 이것이야말로 최고의 세일즈맨이 되는 비결이며 높은 매출 성과를 올리는 지름길이다. 세일즈의 달인들은 판매를 하지 않는다. 그들은 기꺼이 구매하려는 의지가 있고 준비가 돼 있는 잠재 소비자들을 사로잡는 데 있어서 탁월하다. 그들은 단지 판매가 일어나게 할 뿐이다. 세일즈의 달인들은 악기를 연주하는 연주자가 아니라 오케스트라를 지휘하는 지휘자와 같다. 모든 것을 자신이 원하는 방향으로 부드럽게 리드한다. 즉 구매할 준비가 되어 있는 잠재 소비자들이 구매 결정에 이르도록 인도한다. 절대로 강요하거나 처음부터 무슨 혜택을 주겠다고 유혹하지도 않는다.

세일즈의 달인들이 보통의 세일즈맨과 다른 가장 중요한 차이는 잠재 소비자들과 하는 모든 접촉은 협상이라는 사실을 자각하고 있다는 것이다. 판매 실적을 올려야 하는 세일즈맨이 아니라 잠재 소비자의 욕구를 충족시킬 수 있는 공급자, 또는 문제 해결자로서 포지셔닝을 해야 한다. 소비자와의 협상에서 힘을 갖기 위해서는 해당 분야의 전문가로 인정받아야 한다. 잠재 소비자에게 전문가로 인정받을 때 더 이상 세일즈맨이 아니라 아주 소중한 컨설턴트이자 신뢰할 수 있는 조언자가 된다. 사람들은 자신들의 비즈니스나 삶에 도움이 되는 전문가들의 견해를 듣기 위해서는 기꺼이 많은 돈을 지불할 용의가 있다. 반면 소비자들은 전문가의 조언을 받으면서도 아무런 대가도 지불할 필요가 없다. 단지 물건을 사주기만 하면 된다. 자신의 분야에 대해 충분한 지식을 갖춘 뒤 업계 관련지나 인터넷 등을 통해 전문가로서의 견해를 소개하는 등 스스로를 마케팅self-marketing하려고 노력한다면 결코 어려운 일이 아니다. 정직하게 자신보다 소비자의 이익을 우선적으로 생각할 때 소비자는 전문가로서 당신을 신뢰할 것이다. 또 신뢰할 수 있는 전문가로서의 자세와 정직은 곧 수많은 사람들에게 전파되어 더 많은 가치를 가져다준다.

최근 많은 브랜드기업가 소비자와 접촉점인 진실의 순간MOT, Moment Of Truth을 가장 중요한 소비자 만족 요인으로 보고, 이러한 소비자와의 접촉점에서 일하고 있는 영업 사원들의 서비스 응대 방식과 소비에 대한 서비스 마인드 등에 많은 교육과 지원을 아끼지 않고 있다. 이것이 바로 보이지 않는 품질을 높인다.

이러한 가운데 무려 35년 가까이 소비자 곁에서 변함없이 서비스 응대를 하는 영업 사원들이 바로 '야쿠르트 아줌마'다. 이들의 가치는 실로 무궁무진하다. 그 이유는 단순한 판매원이나 배달원의 의미를 넘어서 전국을 누비며 걸어 다니는 홍보 우먼, 움직이는 광고판, 신제품 구전 마케터로서의 역할을 톡톡히 해내고 있기 때문이다. '야쿠르트 아줌마'라는 판매망이 처음 등장한 것은 1971년 5월이다. 그 이후로 계속 증가하여, 지금은 1만 3,000명에 달하고 있다. 첫 출시된 야쿠르트는 80밀리리터 플라스틱에 담긴 25원짜리였다. 1974년 첫 개통된 지하철 1호선의 기본요금은 30원, 연탄 한 장은 18원, 자장면 한 그릇은 50원, 같은 해 10월 출시된 호빵은 20원 하던 시절이었다. 그때 야쿠르트는 서민들이 마시기에는 다소 비싼 가격이었다. 그 때문에 1970~1980년대 서울 변두리에서는 '야쿠르트를 먹느냐, 먹지 않느냐'로 그 집의 경제 수준을 파악하기도 했고, 그 어림짐작은 몇몇 예외를 제외하고는 대부분 정확히 들어맞았다고 한다. 이러한 상황에서 야쿠르트 판매에 가장 큰 역할을 한 것이 바로 야쿠르트 아줌마들이다. 야쿠르트 아줌마들은 새로운 제품 홍보를 위해 동네 주부들을 찾아다녔고, 당시 한국 사람들에게 생소했던 유산균 발효유를 시장에 성공적으로 안착시키는 데 큰 구실을 했다.

한국야쿠르트가 야쿠르트 아줌마를 부르는 공식 명칭은 '여사

님'이라고 한다. 한국야쿠르트의 전체 매출 중 여사님들을 통한 매출은 80퍼센트 안팎으로, 회사의 전체 조직은 여사님들의 활동을 효율적으로 지원하는 쪽으로 진화해왔다. 사회의 변화, 생활의 변화에 따라 현재는 초기의 야쿠르트 아줌마들 역할이 다소 변경되기는 했지만, 여전히 주부들에게는 동네의 대소사를 꿰뚫는 사랑방이자 인생 선후배로, 직장인들에게는 매일 아침 반갑게 인사하고 사소한 이야기를 나눌 수 있는 대상으로 인식되고 있다. 다양한 제품이 쏟아져 나오는 시장 내에서도 신제품 '윌', '쿠퍼스' 등 다양한 제품들을 지속적으로 성장시킨 가장 큰 역할도 이들의 독특한 판매 방식에 그 기초를 두고 있다 해도 과언이 아니다. 야쿠르트 아줌마들을 통해 소비자 한 사람 한 사람과 관계를 유지하고, 매장의 판매대가 아닌 인간과 인간의 만남이라는 독자적인 핵심 역량을 만들어냈다.

3) 커뮤니케이션 시스템 접촉점에서 브랜드 신호를 창출하라

커뮤니케이션 시스템 접촉점이란, 기업의 커뮤니케이션 시스템과 소비자 간의 모든 접촉점을 말한다. 기업에 볼일이 있거나 거래를 할 때 소비자는 이를 도와주는 프로세스나 시스템을 만나게 된다. 이때 생기는 접촉점이 바로 시스템 접촉점이다. 광고, POP, 카탈로그, 웹사이트, 이메일 그리고 이벤트 등이 이에 해당한다.

소비자가 시장을 이끄는 시대다. 빠르게 변화하는 소비 트렌드를 잡기 위해서는 무엇보다 소비자와 만날 수 있는 기회를 최대한 확보하는 것이 필요하다. 다양한 필요를 충족하려는 소비자에 맞춰 광고, 홍보 등 프로모션 역시 다각도로 시도돼야 살아남을 수 있다.

유통 채널의 다각화와 소비 트렌드의 변화로 광고 역시 변하고 있다. 광고 비주얼이 단순한 시각적인 것에서 나아가 스토리를 갖는 스토리텔링이 적용되는가 하면 뉴미디어 등 새로운 커뮤니케이션 도구의 등장으로 다양해졌다. 과거 광고 노출의 절대적인 비중을 차지했던 4대 매체의 영향력이 계속 약화되고 있다. 전파 매체는 공중파 TV에서 케이블 TV로, 인쇄 매체는 유가지에서 무가지로 이동하고 있다. 이런 변화의 큰 이유는 소비자에 있다. 케이블을 선호하는 소비자층이 확대되고 무가지에 대한 독자의 열독률이 광고 시장의 판도를 바꿔놓았다. 과거 브랜드의 광고가 TV, 신문 등 매스 미디어 즉 불특정 다수를 겨냥한 광고가 주를 이뤘었다면 지금의 브랜드는 세분화된 표적 소비자에 집중하는 것을 선호하는 추세다. 때문에 TV보다는 극장, 대중 잡지보다는 전문 잡지의 광고가 증가하고 있다. 브랜드가 표적으로 하는 소비자를 찾아 그들에게 집중적으로 노출함으로써 광고 효과를 극대화하는 셈이다. 이러한 경향에 따라 광고의 기준도 달라지고 있다. 단순한 비주얼이 아닌 매장 자체를 광고 수단으로 활용한다. 아무리 광고나 마케팅 전략이 탁월하더라도 매장을 관리하지 않으면 소비자가 매장에서 받은 인식은 나빠진다. 또 매장은 소비자와 브랜드가 직접 1:1로 만나는 곳이기 때문에 브랜드를 알리기에는 더할 나위 없는 최적의 공간이기도 하다. 해외 유명 SPA 브랜드 '자라', 'H&M' 등은 중심 상권에 거점 매장을 오픈, 플래그십숍을 소비자에게 브랜드와 제품, 그리고 이미지를 알리는 커뮤니케이션 수단으로 활용하고 있다. 모든 것이 멀티화되고 영역이 넓어지고 있다. 소비자들의 관심이 다양화, 세분화되면서 패션에 라이프스타일을 적극적으로 반영한 제품만이 시장에서 살아남을 수 있는 현실이다. 매체 역시 이러한 점을 반영하고 있다. 패션 화보 위주로 장식됐던 패션 잡지들이 건강, 뷰티, 여행, 맛집, 재테크 등 그 영역을 넓히면서 패션에 할애하는 부분은 점차 축소하고 있는 것도 다양해진 소비자 필요를 충족하기 위해서다.

반면 대중 참여가 적극적인 매체로 홍보 중심이 옮겨가게 하고 있다. 일반인들의 직접 참여가 많은 인터넷이나 최근 미드, 리얼리티 쇼 등으로 독자들의 관심을 받고 있는 케이블 채널로 이동한다. 인터넷 매체의 경우 개별 미디어의 파워보다는 블로그, 커뮤니티, 미니홈피 등 기사 스크랩을 통한 전파력이 크기 때문이다.

사람들이 개방된 사회 구조로 눈높이가 높아지면서 이제 스타일리스트가 꾸며준 모습에는 관심을 갖지 않는다. '저 옷은 협찬을 받아 입은 것이다'라는 말을 하고 옷을 못 입는 연예인 사진에 '코디가 안티'라는 리플이 달리는 것도 과거에 비해 대중들의 정보력이 높아졌다는 점을 반증한다. 때문에 친밀하고 리얼한 모습을 보여주는 점이 효과적 노출 포인트로 작용한다. 사람들이 파파라치가 찍은 할리우드 스타들의 리얼 패션에 열광하는 것처럼 국내에서는 스타들의 자연스러운 모습이 담긴 직접 찍은 사진이 패션 리더층에 관심을 받고 있다. 때문에 대행사들은 연예인들이 평소에도 클라이언트의 옷을 입을 수 있도록 적극적으로 제품을 증정한다. 즉 PPL이다. 한 단계 더 나아가 증정된 옷을 입고 미니홈피에 올려달라고 요구하기도 한다. 스타들이 자신의 평소 사진을 싸이월드 미니홈피에 올려 스크랩되면 자연스럽게 수많은 사람들에게 제품이 노출되는 효과를 가져올 수 있기 때문이다.

 브랜드 표적층의 필요를 파악하고 그들의 문화 스타일에 맞춰 각양각색의 이벤트를 선보이고 있다. 브랜드 이름 공모전, 특정 아이템 디자인 공모전, 코디네이션 제안 등 소비자들이 직접 참여해 브랜드에 대한 애정을 과시할 수 있는 장을 마련하는 시도들이 늘어나고 있다. 소비자가 직접 참여하는 이벤트의 경우 브랜드에 대한 애착을 심어주어 브랜드 충성도를 높이는 것은 물론 마니아 층을 형성할 수 있는 기회로 작용한다. 이와 함께 각광받고 있는 이벤트 형태는 바로 타 업종과의 협력 이벤트다. 패션 업체와 자동차, 뷰티, 외식, 온라인 등 다양한 업체 간의 협력 이벤트로 시너지 효과를 노린다. 인터넷을 통해 많은 정보를 얻게 된 소비자들은 똑똑해지고 빨라졌다. 과거의 4대 매체 중심에서 최근에는 대중 접근도가 높은 인터넷 매체에 대한 비중이 점차 커지고 있다. 웹 2.0, UCC, SNS 등 관련 용어가 사회적으로 이슈가 될 만큼 관심이 높아졌고 소비자들의 참여도가 높아지고 있다. 인터넷 기사는 블로그나 미니홈피를 통해 무수히 재생산되기 때문에 많은 소비자들에게 노출 가능성이 크다. 저장이 되고 네트워크가 활발해 확대가 가능하다는 근본적인 이점이 기존 대중 매체와 겨뤄 이길 수 있는 강점이다.

엡솔루트 보드카의 마케팅은 눈을 즐겁게 한다. 보드카는 사실 별다를 게 없는 술이다. 러시아에 가면 너도나도 다 마시는 게 보드카다. 하지만 단 세 가지 전략이 엡솔루트 보드카를 아주 특별하게 만들었다. 첫째는 '병'의 디자인이다. 엡솔루트 보드카가 담긴 병 디자인은 안에 있는 술이 맑아 보이도록 한다. 둘째는, 그 병이 항상 광고 어딘가에 등장한다. 이 회사는 최고의 아티스트들을 고용해 광고가 화제가 되도록 만든다. 평범한 것을 특별한 것으로 전환한다. 사례로, 세계 도시들을 테마로 한 광고 시리즈 중 '서울 편'에는 연의 중앙에 보드카 병을 숨겨 놓았다. 셋째, 엡솔루트 보드카는 많은 고급 미술 전시회^{아트 쇼}들을 후원했다는 점이다. 아트 마케팅을 하고 있다. 미술품은 늘 부자들이 관심을 갖는 분야다. 먹을 것도 없는데 누가 미술품에 관심을 갖겠는가. 이런 고급 전시회들을 후원하면서 이 회사가 얻은 것은 바로 보드카 한 병에도 남들보다 돈을 더 지불할 용의가 있는 상류층 소비자들과의 만남이다. 이런 식으로 보드카는 흔한 술에서 프리미엄 술로 거듭난다.

2007년 애니콜은 브랜드 슬로건부터 획기적인 변화를 감행했다. 6년간 사용하던 'Digital Exciting'에서 'Talk Play Love'로 전격 교체한 것이다. 인생에 있어 가장 중요한 세 가지 요소인 Talk, Play, Love를 조합한 슬로건은 그 발상부터가 지극히 하이브리드hybrid적이다. 애니콜은 휴대폰으로 '즐겁게 대화Talk하고, 인생을 즐기고Play, 더욱 사랑하자Love'는 메시지를 TV 광고 외에도 다양한 방법과 채널을 통해 전달하고 있어 눈길을 끌었다. 컨텐츠의 유통 채널 역시 온/오프라인의 장점을 각 단계에서 적절히 융합해 최대의 효과를 거두었다. 사이트를 통해 애니밴드에 대한 기대감을 고조시키고 온라인상에서 네티즌들의 자체적인 콘텐츠 확산을 유도한 후, 오프라인에서 콘서트를 개최했다. 그리고 그 실황을 다시 온라인으로 재생산하는 일련의 과정은 하이브리드 미디어 전략에 기반한 엔터테인먼트 콘텐츠로 전하는 'Talk Play Love' 이야기를 뮤직비디오뿐만 아니라 만화로도 선보인다. 애니콜은 포털 사이트 다음과 제휴해 '애니콜 카툰—Talk Play Love'를 연재 중이다. 강풀, 강도하를 비롯해 온라인에서 잘 알려진 파워 블로거 및 웹툰 작가들이 참여하는 애니콜 카툰 시리즈는 휴대폰을 통해 일상 속에서 서로가 만나고 친밀해지는 에피소드들을 담았다.

세련된 것을 좋아하고 감성적인 소비를 추구하는 10~20대 타깃을 공략하기 위해 애니콜은 주요 소비자층을 공유하는 업종들과 제휴를 시도하고 있다. 디자인 문구 회사와 제휴, Talk Play Love 문구류를 선보인다. 작은 수첩이나 필기구 하나까지도 디자인을 고려해 젊은 층의 인기를 얻고 있는 문구류를 애니콜 브랜드 캠페인의 전달 매체로 활용해 소비자들이 자신의 일상과 역사를 기록하는 순간에도 Talk Play Love를 상기할 수 있도록 했다. 휴대폰과 문구류의 만남이라는 색다른 제휴는 애니콜이 휴대폰이란 제품에서 한 발 나아가 하나의 문화 아이콘으로 자리 잡기 위한 것을 의미한다. 또한 압구정의 한 백화점과 손을 잡고 트렌드에 민감한 젊은 표적 층의 생활 공간 속에 애니콜이 자리하도록 했다. 약속 장소로 곧잘 이용되는 백화점 앞에 애니콜 슬로건 큐브 모양의 벤치를 설치해, 누군가를 기다리는 시간 동안 애니콜로 더욱 'Talk Play Love'를 즐길 수 있는 공간을 마련한다. 애니콜은 이와 더불어 백화점과 공동으로 'Talk Play Love'라는 타이틀의 자선 바자회를 실시하기도 했다. 이처럼 애니콜의 커뮤니케이션은 소비자 생활 패턴에 맞춰 다양한 접점에서 소비자들에게 접근하는 데 효과를 발휘하고 있다.

이러한 세 가지의 대표적인 소비자 접촉점에서의 커뮤니케이션 도구에 브랜드 스토리 형태를 결합시켜 보다 효과적으로 브랜드 스토리 커뮤니케이션 활동을 전개해야 한다. 다음 〈도표〉는 이들을 결합한 〈도표〉다.

초점이 정확하면 소비자들의 머릿속 기억에 넣어주고 싶은 브랜드 연상 작용을 확실히 쉽게 정립할 수 있다. 성공할 수 있는 브랜드 신호를 만들기 위해서는 두 가지 사실을 분명히 해야 한다. 첫째, 브랜드 신호를 통해 전달하려는 메시지를 명확히 설정하는 것이고, 둘째, 표적으로 하는 소비자를 분명히 정하는 것이다. 또 경쟁 브랜드를 파악해 소비자들이 머릿속에서 이들의 브랜드 신호를 지워버릴 방법도 연구해야 한다. 그리고 사내 직원들에게 브랜드 아이디어와 그 아이디어를 어떻게 소비자들에게 표현할지를 교육해야 한다. 이러한 브랜드 신호는 사전에 소비자의 마음을 이해하는 여행을 해서 소비자 지도를 그려야 한다. 이 지도에서 소비자들이 브랜드 신호와 만나게 되는 접촉점을 찾아내고, 가장 강력한 영향력을 가진 브랜드 신호가 무엇인지 구별해야 한다. 예를 들면 델DELL이라면 애플처럼 제품 투자를 많이 할 이유가 없다. 제품 포장은 델의 시장 점유율에 그다지 큰 영향을 주지 않기 때문이다. 델은 제품의 주문 절차와

커뮤니케이션 도구별		제품 접촉점	휴먼 접촉점	커뮤니케이션 시스템 접촉점			
		제품 및 유통 매장	사람	매체		판촉 〈Event 등〉	온라인
				광고	광고		
기업 주도형 브랜드 스토리	실화 (Non Fiction)	·B.I ·POP ·팸플렛 등	·WOM ·영업 사원 ·전문가의 추천	·인쇄 매체 (신문, 잡지) 광고 ·PPL ·교통 광고 ·신문 전단지	·인쇄 매체 기사 ·전파 매체 프로그램 ·기자회견 ·Sales kit ·홍보 영상	·강연 활동 ·브랜드 역사관 ·책자 발간 ·D.M ·세미나/ 포럼 ·sponsorship	·블로그, SNS ·브랜드 블로그 ·텔레마케팅 ·웹사이트 ·바이럴 ·이메일 ·UCC ·웹진 ·브랜드 엔터테인먼트
	팩션 (Faction)	·POP ·제품 패키지	·WOM	·라디오 광고 ·PPL	·인쇄 매체 기사 ·전파 매체 프로그램 ·홍보 영상	·D.M ·sponsorship	·블로그, SNS ·UCC ·웹진
	허구 (Fiction)	·B.I ·POP ·제품 패키지	×	·전파 매체 (TV, Radio) 광고 ·인쇄 매체 (신문, 잡지) 광고 ·교통 광고 ·옥외 광고 ·영화 광고	·인쇄 매체 기사 ·홍보 영상	·D.M ·sponsorship	·블로그, SNS ·웹사이트 ·UCC ·웹진
고객 주도형 브랜드 스토리	실화 (Non Fiction)	·제품 패키지 ·POP ·팜팸	·WOM ·전문가의 추천	·전파 매체 (TV, Radio) 광고 ·인쇄 매체 (신문, 잡지) 광고 ·교통 광고 ·포스터	·인쇄 매체 기사	·책자 발간 ·D.M ·세미나/ 포럼 ·sponsorship	·블로그, SNS ·브랜드 블로그 ·웹사이트 ·UCC ·이메일 ·웹진
	팩션 (Faction)	×	·WOM	·교통 광고 ·포스터	·인쇄 매체 기사	×	·블로그, SNS ·웹사이트 ·UCC
	허구 (Fiction)	·제품 패키지	·WOM	·인쇄 매체 (신문, 잡지) 광고	·인쇄 매체 기사 ·홍보 영상	·책자 발간	·블로그, SNS ·웹사이트 ·UCC ·웹진

고객 서비스가 더 중요하기 때문에, 여기에 투자를 집중하는 것이 현명하다.

브랜드 신호가 강렬한 효과를 갖게 하려면 먼저 브랜드 약속브랜드 메시지, 브랜드 핵심 스토리이 무엇인지 알아야 한다. 그리고 소비자들에게 커뮤니케이션하려면 어떻게 해야 하는지 생각하고, 경쟁 브랜드는 어디에서 어떤 방법으로 브랜드 신호를 사용하는지 알아보는 것도 좋은 방법이다. 그런 다음에 경쟁 브랜드를 이길 해결책으로 비슷한 방법을 사용할 것인지, 아니면 전혀 다른 형태의 브랜드 신호를 개발할 것인지 결정해야 한다. 어떤 방법을 선택하든지 간에 중요한 것은 브랜드 약속과 브랜드 신호가 서로 조화를 이루는 것이다. 그러고 나서 최종적으로 브랜드 약속 전달에 가장 좋은 브랜드 신호를 선택하고 여기에 집중적인 투자를 하면 된다.

시간이 갈수록 브랜드 신호의 종류는 더욱 많아질 것이다. 아직도 특정 브랜드가 기존의 브랜드 신호를 중요하게 사용하는 경우가 종종 눈에 띄는데, 브랜드 이름을 브랜드 신호로 사용하는 것이 가장 대표적이다. 여기에는 제품의 로고, 컬러, 트레이드마크, 포장과 제품 디자인뿐만 아니라 광고와 판촉 활동도 포함된다. 광고가 브랜드 커뮤니케이션 분야에서 비중이 많이 낮아지긴 했지만 그래도 여전히 중요한 부분이다. 최근에는 브랜드 신호가 우편이나 텔레마케팅, 온라인 소비자 서비스나 무료 소비자 서비스, 온라인 주문, 무료 주문 서비스, 그리고 점포 안 광고나 옥외 광고 등을 통해서 전달된다. 또한 인터넷과 그 밖의 기술적인 요소들이 브랜드 신호의 주요 기능을 맡는다. 인터넷은 그 자체로도 충분히 다양한 브랜드 신호의 형태^{이메일, SNS, 블로그, 카페, 미니 홈피, UCC, 팝업 창, 스폰서 링크 등}를 마련해준다. 또한 개개인을 향한 브랜드 신호도 체계를 잡아간다. 지금의 인터넷은 사람들의 사고와 그들의 의견을 지배하면서 가장 강력하게 영향력을 행사하는 주체가 되었다.

브랜드는 소비자들이 세상을 바라보는 시야를 바꿔놓을 수 있다. 소비자들의 인지도, 선호도, 충성도의 우선순위가 브랜드에 좌우되는 것은 더 이상 새로운 일이 아니다. 브랜드 신호는 소비자들이 브랜드를 바라보는 시야와 경험을 형성하고 조정하게 하는 브랜드 커뮤니케이션이다. 롱런 브랜딩^{long run branding}은 소비자 마음 여행을 통해 강력하고 의미가 있는 상호 작용이 일어나는 순간을 조작하는 능력과 밀접하게 관련된다. 그런 순간을 포착하면 곧바로 브랜드를 부각할 수 있는 기회로 활용되기 때문이다. 그러나 창의력과 집중력 없이는 안 된다. 창의력도 중요하지만 초점이 분명하지 않으면 흥미 위주의 브랜드 신호로서는 더 이상 발전할 수 없다. 초점이 명확할 때야 비로소 소비자들의 마음을 사로잡을 수 있다. 효과적인 브랜드 신호를 개발하려면 브랜드 중심의 사고와 창의력이 전제 조건이다. 정말 소비자들에게 강하게 호소할 수 있는 브랜드 신호가 필요하다면, 먼저 브랜딩 전략을 완벽하게 이해하고 이를 브랜드 약속$^{브랜드 메시지, 브랜드 핵심 스토리}$과 잘 어우러지게 만들어야 한다. 또 소비자가 브랜드 여행에서 그들의 인지도 형성에 가장 큰 영향력을 줄 수 있는 접촉점을 찾아내서 강력한 브랜드 신호를 보내야 한다. 그러면 소비자들의 두뇌에 입력된 연상 작용이 기억으로 저장된다. 브랜드 신호를 통해 올바르게 커뮤니케이션한다면 브랜드는 소비자들의 머릿속에 저장할 가치가 있는 것으로 평가받게 되고, 이를 통해 소비자의 무의식 속에 항상 존재하게 됨으로써 롱런 브랜딩을 이루는 기반을 형성한다. 브랜드 스토리가 제대로 브랜드 커뮤니케이션이 되기 위해서는 적절한 소비자^{브랜드} 접촉점에서 적절한 브랜드 신호로 전환되어야 한다

BRAND STORY STRATEGY

브랜드 스토리 전략 5

무의식적 브랜드 행동을 유도하는 브랜드 스토리

01 브랜드 연상은 이미지 단서로 구성된다

brand story Strategy

브랜딩 전략은 소비자와 브랜드가 통할 수 있는 커뮤니케이션을 진행하는 것이다. 이를 위해 가장 적은 커뮤니케이션 비용을 투입해서 브랜드를 소비자 기억 속에 각인시켜 구매 행동 시점에 소비자 자신도 모르게 브랜드 선택을 하는 것이다.

리더 브랜드Leader brand, No.1 brand, 최초 상기도가 1위인 브랜드는 소비자에게 브랜드 고정관념이 생김으로써 브랜드 사용을 습관화시킨다. 그래서 소비자는 브랜드 고정관념에서 벗어나지 못하는 일상성을 제공하고, 소비자는 리더 브랜드의 선택을 주저하지 않는다. 이는 소비자, 인간 자체의 본능적인 반응이다. 왜냐하면 인간은 보다 단순함simple을 원하고, 단순함이 바로 적은 에너지를 사용하기에 인간의 두뇌는 생존 본능에 저절로 반응한다. 그래서 새롭게 태어나는 브랜드는 소비자 마음에 받아들여지기가 어렵고, 각인되기가 어렵다. 새로운 브랜드가 소비자 마음기억에 각인되기 위해서는 그 브랜드에 맞는 신경 회로가 만들어져야 한다. 신경 회로를 새롭게 만들기 위해서는 많은 에너지가 들기에 인간의 두뇌는 본능적으로 새로운 브랜드를 거부한다. 하지만 브랜드 메시지를 지속적으로 보냄으로써 브랜드의 반복적 강압에 의해 그것이 소비자 욕구에 부합하고, 동기 부여가 공유된 감정을 지녔을 때만이 인간의 두뇌는 브랜드에 맞는 신경 회로를 생성한다. 새로운 브랜드를 받아들일 준비를 한다.

반복된 브랜드의 인지 속에서 소비자는 스스로 거기에 수용성을 갖게 된다. 왜냐면 불필요하다고 생각된 브랜드가 지속적인 신호, 특히 브랜드 감성을 지닌 정보를 보내오게 되면 어쩔 수 없이 두뇌는 무의식적으로 받아들이기 때문이다. 소비자 마음에 각인된다는 것은 마음 그 자체가 두뇌의 활동에 의해서 만들어지고, 인간 두뇌 속에 브랜드를 기억하게 만든다. 기억의 저장고에 브랜드가 심어지면, 그것이 브랜드 단서brand cue만 만나면 자연스레 발현되는 현상이 브랜드 회상brand recall이다. 브랜드를 다시 불러내는 브랜드 회상은 브랜드 연상brand association에 의해 이루어진다. 브랜드 연상은 특정 브랜드를 생각할 때 그 브랜드에 대해 떠오르는 모든 브랜드 지식을 말한다. 브랜드 연상은 이미지로 기억된 브랜드를 기억 저장고 속에서 불러온다.

브랜드 연상의 특징으로는 첫째, 브랜드 연상은 한 번에 하나씩 순차적으로 떠오르기 때문에 브랜드와 연상이 연결되어 있는 강도가 다르다. 브랜드와 연결 강도가 강한 연상이 먼저 떠오르고 이러한 차이는 브랜드 경험과 반복의 차이에 기인한다. 브랜드 스토리는 브랜드 연상에서 가장 먼저 브랜드 회상이 일어나도록 한다. 둘째, 브랜드 연상 내용이 동일하여도 강도는 브랜드마다 다르다. 이는 브랜드에 따라 경험의 유형이나 빈도가 같지 않기 때문이다. 브랜드 스토리는 이야기 형태로 되어 있기에 연상 내용의 강도를 높여준다. 셋째, 브랜드 연상에 소용되는 반응 시간이 다르다. 브랜드 스토리는 무의식적 사고에 기반을 둔 것이기에 반응 속도 자체도 무의식적 행동을 일으킴으로써 반응 시간이 굉장히 빠르다.

　브랜드 스토리는 브랜드와 관계성 높은 이야기를 브랜드와 함께 소비자 두뇌에 제공한다. 실제로 소비자는 브랜드를 기억하지 않는다. 그 브랜드가 갖고 있는 이미지를 연상하는 단서를 기억한다. 그것도 두뇌 전체에 퍼져 있어 구매 행동 시 순식간에 퍼져 있는 이미지 단서를 통합시킨다. 브랜드 스토리는 실제로 스토리 자체가 감정을 갖고 있기에 무의식적 차원에서 두뇌가 기억하고, 브랜드에 관한 이야기가 먼저 생성되고 이야기를 감싸고 있는 브랜드가 저절로 행동을 하게 한다. 소비자가 기억하는 것은 브랜드가 아니고 그 브랜드와 관련된 이미지 씨앗

Image seed을 두뇌 곳곳에 심어놓는다. 브랜드 그 자체를 기억하지 않는 것이 인간의 두뇌 생리다. 브랜드 스토리의 중요성은 바로 여기에 있다.

스토리는 감정, 정감을 전해주는 유일한 도구이고, 감정은 소비자가 인식하기 전에 이미 편도체를 지나 해마 깊숙이 스며든다. 무의식 속으로 가장 빨리 전달되는 것이 감정感情이다. 느낌feel에 대한 기분이 감정이다. 이러한 감정은 오감을 통해 전해지고, 감정은 의식하지 않는 상태로 그냥 그대로 흡수해버린다. 감정의 소용돌이가 브랜드 태도를 결정한다. 태도 변용은 두뇌의 대뇌변연계를 움직인다. 이것은 무의식과 관련된다.

브랜드 스토리는 감성적 차별화다. 그래서 브랜드 스토리는 정감情感이 있다. 브랜드 정보브랜드 메시지를 전달하는 효과적인 커뮤니케이션 내용이 스토리다. 여기서 정보情報는 정情을 보내는報 것이고, 커뮤니케이션通信은 믿음信으로 통通한다. 이는 함께 공감communication하는 것이다.

브랜드 스토리의 마케팅적 가치는 소비자의 기억 속에 브랜드를 자연스럽게 각인하는 역할을 한다. 두뇌가 처음으로, 각각에서 정보를 받아들일 때는 그 신호가 물리적 파동 형태로 신경계로 들어간다. 두뇌에서 첫 기착지인 해마는 그 파동을 뉴런의 언어, 즉 여기저기 지나가는 전기적 활동의 분출로 바꿔놓는다. 정보에 대한 신호가 두뇌 전체에 걸친 지역망으로 분산되고, 그

각 지역망이 패턴, 색채, 형태, 위치, 동작과 같은 것들을 분석한다. 이 분산된 요소들이 1,000분의 몇 초 이내로 하나의 통합된 지각으로 명확해진다. 그다음 두뇌가 우리의 기억을, 그 광경을 기록하자마자, 그 심상心象, image에 대한 우리의 오래된 연상과 감정 반응들이 뒤따라 나오고, 감정의 생각 열차가 경적을 울리며 즐겁게 그 선로를 따라간다. 지각 대상인 제품에 브랜드 이름을 붙이는 순간 우리는 거기 실제 있는 것과의 접촉을 잃어버린다. 그리고 그 대신 거기 있는 것에 대한 우리의 생각이라는 취약한 세계, 즉 사물에 대한 심상과 느낌 환상과 망상에 사로잡히게 된다.

브랜드 스토리가 기억된 소비자가 브랜드 만남의 장소브랜드 접촉점에서 이미지 단서가 돌출될 때, 브랜드 신호 체계가 이루어지면 소비자는 자신도 모르게 브랜드의 이야기를 입을 통해 행한다. 이것이 입소문WOM, words of mouth의 진실이다. 브랜드 신호가 오감을 통해 포착되면 브랜드 스토리가 기억에서 저절로 올라와서 스스로 발하게 되는 것이 인간의 본능이다. 소비자 스스로 들려주는 브랜드 스토리는 복잡한 세상을 한결 쉽게 살아가도록 하는 본능적 행동이다. 브랜드 스토리는 스토리 자체가 서로를 통하게 함으로써 자연스럽게 소통된다. 사람들은 모두 자기 자신의 이야기를 하지만 그 이야기의 근원에 브랜드 스토리가 있다.

마케터는 브랜드 스토리를 만들어내고 소비자들은 그것이 스토리이기에 그냥 자연스럽게 감정무의식으로 받아들인다. 그래서 브랜드 정보, 브랜드 지식, 브랜드 메시지는 브랜드 스토리여야 한다. 성공 브랜드는 모두 브랜드 스토리를 갖고 있다. 브랜드 스토리가 있음으로써 성공 브랜드가 된다. 소비자의 기억 속에 환기되는 최초의 브랜드가 바로 성공 브랜드이다. 소비자는 자신도 모르게 브랜드 스토리를 흡수한다. 그리고 다른 사람에게 이야기한다. 그것은 익숙한 행동이다. 두뇌는 익숙한 것을 좋아한다. 브랜드 스토리가 없는 브랜드는 절대로 성공할 수 없다. 소비자의 마음의 틈새를 비집고 들어갈 수 없기 때문이다. 믿음, 진정성, 신뢰는 인식의 차원이 아니라 감정의 차원이다. 소비자는 자기가 원하는 것이라면 스폰지처럼 끌어당긴다. 무의식적인 행동이 감정을 통해 이루어진다. 브랜드를 이야기 형식으로 받아들이는 것이 소비자 마음을 끌어당기기 때문이다.

  사람은 자유 의지로 움직인다고 의식하고 자기 스스로 결정을 하지만 그것은 의식이 아니라 무의식이 의식을 주도한다. 자신의 내밀한 욕구를 충족시키는 것은 무의식에 근거한다. 그래서 자기 최면에 걸리게 하는 것이 스토리의 힘이다. 소비자 자신도 이 사실을 잘 모른다.

02 브랜드 스토리가 최초 상기를 유도한다
brand story Strategy

소비자는 자기가 다른 사람들에게 어떻게 보이고, 외부 세계와 어떤 방식으로 상호 작용을 하는지 브랜드 스토리를 통해 알려준다. 이제 소비자는 단순한 소비자에서 프로슈머Prosumer 또는 자아실현 구매자로 나아간다. 자아실현 구매자는 타인에 의해서가 아니라 스스로 확신에 따라 결정한다. 문화적으로 자신감이 넘칠수록 소비자들은 마케터에게 무엇을 기대하기보다 그들 자신의 내면심리이 원하는 것을 말하고 행동하고 느끼고 생각한다. 이러한 흐름은 브랜드 문화brand culture를 형성한다. 브랜드 문화는 브랜드 오리지널리티brand originality를 창조함으로써 소비자와 브랜드 관계 맺기를 지속시킨다. 또한 브랜드 스토리는 브랜드 아이덴티티와 브랜드 퍼스낼리티의 통합 과정을 촉진함으로써 브랜드 오리지널리티의 창조를 가능하게 한다. 이러한 브랜드 통합은 소비자의 마음속에 브랜드 이미지라는 하나의 씨앗을 심어놓고, 이로써 브랜드 DNA가 소비자의 생각마음 속에 자라나게 한다.

브랜드 매니저brand manager, marketer는 브랜드가 긍정적인 이미지로 소비자에게 심어지기를 원한다. 그것도 소비자 마음에 정확하게 지각되기를 원한다. 그리고 오래가야 한다. 그것은 또한 경쟁 브랜드, 모든 브랜드와의 차별된 의미성이 소비자의 마음속에 간직되길 원하고, 제품을 구매할 때 자연스럽게 우리의 브랜드가 연상되어, 손이 자연스럽게 가도록, 지갑은 열도록 만들어야 한다. 그래서 브랜드 스토리는 따뜻함이 있어야 한다. 그 따뜻함이 소비자 마음을 녹일 수 있다. 그것은 바로 정서emotion이다. 정情이라고 해도 좋다. 브랜드가 소비자 두뇌에 각인되는 것은 브랜드 이미지이고, 이것은 바로 느낌에 의해서 만들어진다.

이야기 속에는 꿈과 열정이 있다. 그래서 이야기는 창의성과 연결된다. 소비자를 설득하는 힘이 흥미로운 이야기라면, 공감할 수 있는 이야기라면 그 파급 효과는 더욱더 뛰어나다. 그래서 브랜드가 소비자에게 회자되기 위해서는 브랜드 스토리가 필요하다.

브랜드 스토리는 소비자에게 브랜드 회상, 브랜드 연상을 일으킨다. 즉 최초 상기도T.O.M; Top of Mind를 일으킨다는 것이다. 브랜드 커뮤니케이션의 최고 과제는 자사의 브랜드를 표적 소비자의 인식상에 첫 번째로 기억시키는 것이다. 소비자가 기억하지 못하면 구매 대상에서 고려조차 하지 않을 것이고, 고려하더라도 대부분 최초로 떠오르는 브랜드에 마음이 쏠리기 마련이다. 소비자의 기억 속에 저장되어 있는 브랜드 인지awareness와 관련된 개념에 대해 살펴보면, 일반적으로 소비자는 한 제품 카테고리에서 최대 7개의 브랜드를 기억할 수 있는데, 이를 브랜드 재인brand recognition이라고 한다. 이 가운데 구매하는 시점에서 스스로 떠올릴 수 있는 브랜드는 보통 4~5개로, 이를 브랜드 회상brand recall이라고 한다. 전문 용어로 브랜드 회상은 비보조 인지unaided awareness, 브랜드 회상군에 속하지 못한 것을 보조 인지aided awareness, 그리고 비보조 인지군 중 가장 처음으로 상기되는 것을 최초 상기라고 한다. 일반적으로 소비자들은 구매 시점에서 최종 2~3개 브랜드를 두고 어떤 것을 구매할 것인지 고민하는데, 이를 구매 고려 브랜드군consideration set이라고 한다.

대부분의 브랜드 커뮤니케이션 활동은 브랜드 핵심 메시지 전달과 함께 브랜드 인지도 제고를 주요 목표로 하는데, 이는 곧 표적 소비자의 기억 속에 들어가야만 가능한 일이다. 기억에는 감각 기억, 단기 기억, 장기 기억이 있는데 소비자의 장기 기억을 오랫동안 남기면서 좀 더 빨리 회상되는 것이 브랜드 스토리 커뮤니케이션이다.

▪▪ 브랜드 인지의 개념

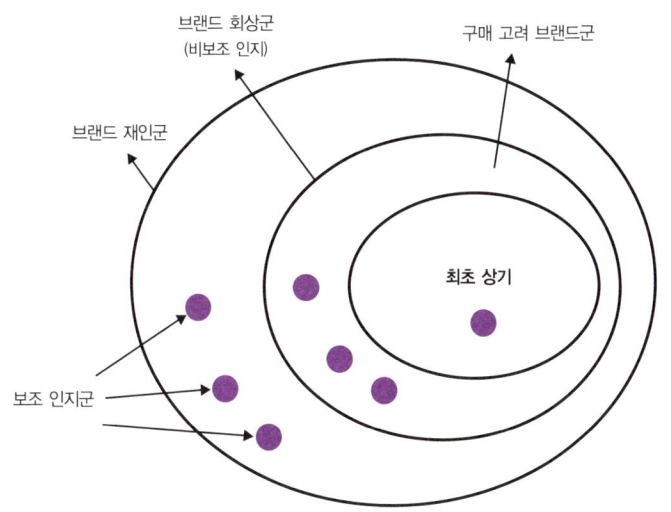

　소비자에게 전달할 브랜드 메시지^{브랜드 정보, 브랜드 지식}를 스토리 형태로 구조화해서 커뮤니케이션하는 것이다. 스타벅스, 켈로그, 바디샵, 애플, 디즈니랜드, 마이크로소프트, 나이키 등과 같은 브랜드들은 창업과 관련된 브랜드 스토리가 있다. 브랜드 스토리가 중요한 것은 스토리 속에 브랜드가 가고자 하는 비전과 미션, 철학, 가치 등이 자연스럽게 전달되기 때문이다. 소비자의 기억 속에 쉽게 진입하고, 오랫동안 기억에 남을 만한 스토리를 브랜드 이미지에 자연스럽게 녹여야만 최초 상기를 효과적으로 유도한다. 그렇기 때문에 브랜드 구축^{brand building}을 위해서는 소비자의 진솔한 마음이 담긴 브랜드 스토리를 찾아야 한다. 소비자와의 진실한 커뮤니케이션을 가능케 하는 핵심은 그들과 공감하고 공유할 수 있는 이야기 속에 있다. 소비자에 의해 자발적으로 만들어진 브랜드 스토리를 브랜드 문화brand culture로 승화시킬 수만 있다면 그 브랜드는 반드시 성공할 것이다. 강력한 브랜드 문화는 그 브랜드를 컬트 브랜드cult brand, 아이콘 브랜드icon brand로 만들어줄 것이다. 이를 위해서는 소비자들이 공유할 수 있는 이야기를 지속적으로 생산하고 관리해야 한다. 브랜드 의미는 브랜드 이미지를 통해 확장되고, 그 속에 감정을 이입함으로써 브랜드 마음의 상징 체계를 만들어내기 때문이다. 소비자들은 그들만의 브랜드 신화를 갖고 있다. 브랜드 신화적 요소가 브랜드의 과거와 현재, 미래에까지 영향을 미친다.

마케터는 소비자들이 브랜드와 관계를 맺고 행동하고 상호 작용하며 살아가는 현장의 모습이 중요하다는 사실을 절대 잊지 말아야 한다. 소비자의 생활 현장에서 일어나는, 즉 생활 체험을 통한 브랜드 이야기가 소비자 구매 행동을 일으킬 때 최초 상기를 유도하는 브랜드 스토리가 된다.

03 브랜드 구매 결정은
brand story Strategy
소비자도 모른다

    소비자의 습관이 이끄는 대로 소비자의 마음이 움직인다. 소비자의 행동 중 95퍼센트는 무의식적 사고에 의해서 지배된다는 사실이 뇌 과학자나 인지 심리학자들의 연구를 통해 밝혀졌다. 그래서 소비자가 합리적인 선택을 하는 것은 5퍼센트 수준이다.

    마케팅의 궁극적인 목표는 소비자와 의미 있는 관계를 형성하는 것이고, 여기에 가장 큰 영향을 미치는 것이 소비자의 무의식적 사고, 즉 습관habit이다. 소비자의 무의식적 사고가 소비 상황 전반에 큰 영향을 미치고 있다. 물론 의식적 사고는 인간과 동물을 구분해주는 중요한 요소이지만 인간 행동의 95퍼센트는 무의식적 사고다. 이러한 습관적 사고는 과거의 경험으로부터 형성되며 소비자의 현재 행동을 좌우한다. 또는 좌뇌가 정보를 받아들이고 우뇌를 깨움으로써 습관적 사고가 형성된다. 기업의 새로운 제품브랜드이 성공하기 위해서는 먼저 소비자의 무의식 속에 제품브랜드과의 연결 고리를 만들어내야 한다. 소비자가 새로운 브랜드제품을 수용하려 하고 소비자의 습관적 사고의 변화가 있어야 하는데 이러한 변화는 점진적으로 일어난다. 이것은 바로 소비자의 태도 변용attitude transformation이 일어나야만 가능하다.

습관은 버리기 힘들다. 습관이 오래되면 관습custom이 된다. 고객customer이란 용어 자체는 관습에 물든 사람이기에 함부로 고객이란 말을 사용해서는 안 된다. 그것은 습관적인 사고 즉, 의식적 사고가 중독되어 무의식적 사고로 전환되기에 가능하다. 즉 브랜드에 대한 구매 의사 결정은 소비자의 의식적 사고로는 힘들고, 무의식적 사고로 이루어지기에 이러한 사실을 소비자는 잘 모른다. 그래서 마케팅의 성공은 소비자들이 습관적, 무의식 중에 브랜드를 선택하게 만드는 데 있다. 브랜드 스토리는 소비자들의 무의식 중에 자연스럽게 브랜드를 기억하고 회상함으로써 브랜드를 선택하게 만든다.

소비자 마음을 이해하는 것은 소비자의 무의식 세계를 이해하는 것과 동일하기에 실제로 소비자 마음의 심층까지 이해하기 어렵다. 이는 소비자의 행동을 관찰하고, 관찰된 행동에 대한 느낌이 진실로 전달되었을 때 가능하다. 이것이 소비자 통찰 consumer insight이다. 이해understanding는 바로 무의식 아래under에 서 있는standing 것이다.

이야기는 사람들의 오래된 삶의 행동이기에 스토리는 이미지의 정보로써 소비자가 기억하고, 스토리를 통해 브랜드가 회상되도록 한다. 즉 스토리 자체가 이미지적이기에 여기에는 감정이 있다. 거칠고 위험한 선사 시대의 자연환경에서 살아남기 위해 인간은 의식과 무의식의 두 가지 사고 영역을 발전시키며 진화했다. 무의식의 사고는 인간의 생존 전략이 진화되어 나타난 지각 전략이다. 의식적 사고가 새롭고 혁신적인 일에 집중할 수 있도록 무의식적 사고는 일상생활의 의사 결정을 도맡아 처리한다. 이러한 두 가지 사고는 서로 상호 보완적 역할을 담당한다. 습관적 사고에서의 정보와 행동은 자기만의 독특한 신경 회로를 가지고 있다.

소비자의 생각이 행동으로 나타나기 위해서는 의식적 사고에서 처리된 정보가 무의식적 사고로 넘어가야 한다. 지각이란 의식적 사고는 습관을 깨뜨린다habit breaking. 그래서 의식적 사고를 일으키게 해야만 비로소 무의식의 세계에 침투할 수 있다. 이는 쉬운 일이 아니다. 그러나 브랜드 스토리는 스토리로써 곧바로 무의식적 사고 속으로 들어간다. 브랜드 스토리는 이미지에 의해 브랜드를 습관적으로 선택하게 만드는 역할을 한다.

대부분의 소비자들은 실제 의사 결정을 내리고 행동할 때 무의식에 의해 조정된다. 인간은 무의식적 사고를 보완하기 위해 의식적 사고를 발전시키며 진화해왔다. 소비자를 이해하는 것은 바로 무의식 세계를 아는 데 있다. 소비자 자신도 잘 모르는 무의식 세계에 브랜드가 자연스럽게 침투하지 않는 한 브랜드의 선택은 쉽지가 않다. 브랜드 선택은 행동이다. 행동은 경험을 통해 형성된 복잡한 명령 체계에 의한 반응으로 의식적 사고는 지각하지 못하는 상태를 의미한다. 기억을 조절하는 대뇌변연계의 해마가 기억을 생성하고, 저장하며 회상해내는 과정, 감정의 중심인 편도체가 정보를 저장하고 상기한다. 브랜드 구매를 결정하는 것이 습관, 즉 무의식적 사고다. 습관은 오랜 기간 반복을 통해 학습되며, 특정 상황에 따라 형성되고, 한 번 습관으로 학습이 되면 해당 상황에 놓였을 때 자동적무의식적으로 나타난다. 습관은 없어지는 것이 아니라 내면에 잠재되어 있다가 나타난다.

브랜드 스토리에 의한 커뮤니케이션은 바로 이런 인간의 두뇌 작용과 같은 동일한 효과가 나타난다. 즉, 무의식적 사고 속으로 곧바로 들어가서 브랜드 습관화를 만들어낸다는 것이다. 브랜드 스토리는 의미 마케팅meaning marketing이다. 소비자의 기억 속에 스며들기에는 스토리가 갖는 의미성에 소비자는 무의식적으로 반응하기 때문이다. 이러한 의미 마케팅은 기존의 이성 마케팅, 감성 마케팅, 경험 마케팅을 통합화한다. 사실 감성과 이성은 반대의 개념이 아니다. 실제 두뇌의 인지 신경 구조에서는 감정이 인지, 의사 결정 행동, 기억에 결정적인 역할을 담당한다. 그래서 실제로는 의식적 사고 역시 무의식적 사고와 연관되어 있다. 기억과 감정은 서로 연관되어 있고, 브랜드 스토리에는 감정이 있다. 그래서 특정 스토리를 떠올리게 되면 그 스토리와 연계된 브랜드가 기억되며, 반대로 브랜드를 기억하면 그 사건이 일어났을 때의 스토리를 느낄 수 있다. 습관을 변화시키는 것은 브랜드 스토리만이 가능하다.

아래의 그림은 브랜드 스토리가 소비자와 커뮤니케이션 과정

브랜드 스토리가 소비자 커뮤니케이션에 미치는 역할

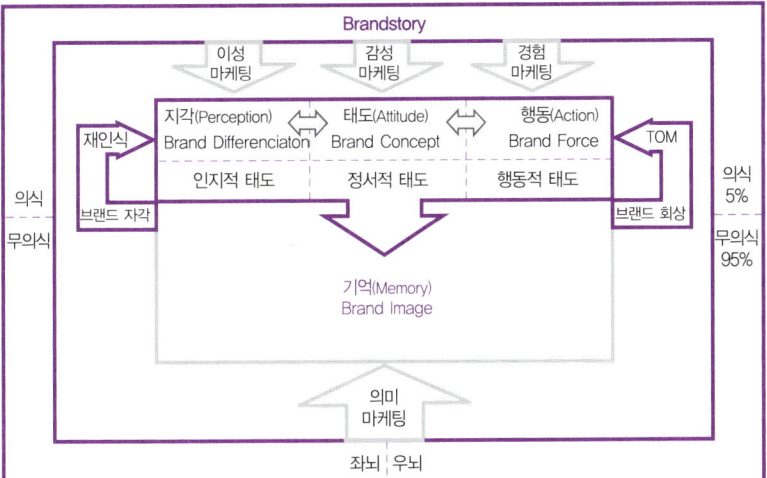

에서 어떤 역할을 하는지 요약해놓은 것이다.

요약해서 설명하면 브랜드 스토리는 소비자의 의식 차원에서는 이성, 감성, 체험 마케팅 활동으로 움직이고, 소비자의 무의식 차원에서는 의미 마케팅 활동으로 움직이는 총체적인 설득 커뮤니케이션이다.

여기서 의미 마케팅meaning marketing이 무엇인가에 대해 보다 구체적으로 살펴보자. 브랜드 스토리 마케팅은 소비자에게 브랜드 구입에 의미성을 강조하고, 의미성은 의미 만들기meaning making로 통해 드러난다. 의미 만들기의 기술은 이야기를 듣는 소비자에게 소비자 자신과 절대적인 관련성을 느끼게 할 뿐만 아니라 감성적으로 강한 힘을 제공하기에 소비자가 빨리 의사 결정을 할 수 있게 하고, 빨리 이해할 수 있도록 이야기를 끌어가는 기술이다. 의미 있는 대화를 통해 소비자에게 브랜드를 보다 잘 이해할 수 있도록 한다. 그래서 의미를 알게 되면 아이디어, 콘셉트 또는 제품에 대해 보다 잘 이해하고, 소비자가 알고 있거나 믿고 있는 사실과 어떻게 연결되는지 알 수 있다. 그래서 의미 만들기는 사람들을 이해시키는 것이다.

사람들을 이해시킨다는 것은 사람들의 무의식에 존재하는 것을 의식의 심연에서 깨닫게 되는 것이다. 의미성은 소비자들과 대화의 기반을 형성하여 소비자들이 브랜드 정보에 대해 잘 이해하고, 합리적이면서도 감성적인 기준을 가지고 소비자 스스로 의사 결정을 할 수 있도록 도와준다. 두뇌는 의미에 의해 움직이기 때문에 실제로는 브랜드 정보보다 브랜드 의미가 훨씬 중요하다. 소비자가 브랜드 의미성을 안다는 것은 브랜드가 지지하고, 변화하고, 방향을 수정하고, 새롭게 도전하는 브랜드의 생각을 행동으로 바로 옮길 수 있게 만들어준다. 즉 의미성은 소비자들이 빨리 이해하기에 빨리 행동으로 옮길 수 있게 해준다. 그래서 현대의 마케팅은 소비자들에게 의미 있는 것으로 받아들여지도록 해야 한다.

사람의 두뇌는 선천적으로 정보가 어떤 유형의 정보인지를 찾아내고 이를 각각 연결하면서 의미를 찾아내게 되어 있다. 유형을 찾아내고 연계하는 과정을 통해 의미 없는 것은 걷어내고 가치 있는 것을 찾아내도록 해준다. 그러므로 마케터는 사람들이 우리가 주는 정보 속에서 유형을 찾아낼 수 있게 하고, 그 유형을 브랜드 아이디어와 연계할 수 있게 해야 한다. 사람의 신경계 네트워크는 정보가 두뇌로 들어가면, 그 즉시 그 정보가 비슷한 유형인지를 알아보기 위해 지각 기관의 반응이 일어난다. 그래서 맞는 짝이 나타나면 두뇌에서는 새로 들어온 자극이 유사한 것이라고 결정한다. 이 경우 사람은 새로운 정보가 의미를 갖는다고 말할 수 있다. 만약 맞는 짝이 없다면 두뇌는 그것이 신기해서 짧은 시간 동안은 의미 없는 그 정보에 주목한다. 그러나 들어온 자극으로부터 의미를 찾아낼 수 없다면 두뇌는 더 이상 작업을 하지 않게 된다. 그래서 브랜드 의미성을 제대로 만들기 위해서는 관련성relevance, 감성emotion, 맥락context 그리고 유형 만들기pattern making가 중요하다. 관련성이란, 신경계로부터 관계를 만들어내는 일종의 두뇌 기능이고, 감성은 두뇌의 화학 반응에 의해 만들어진다. 그리고 맥락은 더 큰 신경계의 형성과 활동에 관련되어 있는 유형 만들기에 직접적인 영향을 준다.

브랜드 아이디어는 정보를 수용하는 사람의 경험과 관련되어 있을 때 의미가 있다. 다시 말해 소비자에게 새로운 콘셉트와 브랜드가 왜 이것을 지지하는가를 이해시키기 위해서는 브랜드의 생각을 소비자가 이전에 갖고 있던 경험과 제품 시장에 대해 인지하고 있던 기존의 틀frame 속에 연결해주어야 한다.

사람은 아무것도 없는 진공 상태에서는 움직일 수 없다는 것을 기억하고, 소비자는 경쟁사, 시장 전문가 그리고 미디어 등 다양한 경로를 통해 정보를 얻어 그들의 생각을 조합해나간다. 소비자가 움직이는 시장은 어디일까? 그리고 우리 브랜드의 생각을 그 시장과 연결하려면 어떻게 해야 할까를 찾아내야 한다. 브랜드가 소비자와 관여되어 있는 틀을 무시한다면 소비자도 역시 브랜드를 무시하게 된다. 마케팅은 무엇이든지 간에 소비자가 이미 가지고 있는 관계, 즉 소비자가 사전에 이해하고 있는 전후 관계 속에서 브랜드 아이디어를 이야기해야 한다.

예를 들어, 미국의 담배 업계는 점차 심해지는 규제에서 벗어나고자 발 빠르게 '미국적 가치 American values'라는 데서 흡연에 대해 이야깃거리를 만들어냈다. 흡연은 개인의 권리라고 담배 회사들은 주장하고 있었고 공중 보건 커뮤니티는 그 권리를 빼앗으려고 하고 있었다. 우리의 마케팅 전략에 소비자가 동의를 하든지 않든지 간에 마케팅 전략은 이미 존재하고 있는 브랜드와 제품과의 상호 관계 속에서 어떻게 할 것인가를 보여주어야 한다.

앞뒤 맥락을 알고 연계하는 것은 사람들이 참고할 만한 틀 안에서 어떻게 유형을 만들어내는가를 말하는 것이다. 유형을 만든다는 것은 브랜드 아이디어들 속에서 관련성 있는 것을 찾아내고 이것에 대한 맥락을 근거로 해서 그 안에서 연결지어 정리하는 것이다.

우리가 보내는 브랜드 메시지 브랜드 약속, 브랜드 스토리를 들으려는 것은 소비자가 이미 자신이 이해하고 있는 맥락 속에서 서로 다른 정보의 조각들을 모아 의미 있는 유형으로 맞추어 연결해내려고 하기 때문이다. 소비자는 원래 유형을 찾게 마련이기 때문에 마케터가 그 유형을 관찰하거나 혹은 학습으로 얻어진 경험 등을 소비자와 공유하는 것은 소비자를 돕는 최고의 방법이 될 수 있다.

소비자에게 더 잘 다가가 브랜드 의미성을 창조할 수 있는 가장 좋은 방법 중 하나는 소비자와 관련 있는 아이디어를 기반으로 토론거리를 만들어내고, 그들이 놓인 맥락에 맞게 그들을 감성적으로 감동시킬 수 있는 관점을 찾는 것이다. 이러한 과정을 통해 소비자의 기억 속에 브랜드 이미지가 저장된다. 브랜드 접촉점에서 소비자는 브랜드를 자각하거나 브랜드를 회상하여 브랜드를 구매하도록 만든다. 좌뇌와 우뇌를 통합적으로 움직이게 함으로써 우리 브랜드에만 구매 행동 반응이 일어나게 한다. 실제로 이러한 활동은 소비자 자신도 모르게 일어나는 것이다. 브랜드 스토리는 소비자 커뮤니케이션과 소비자의 브랜드 구매 의사 결정에 자연스럽게 개입함으로써 소비자가 자신도 모르게 우리의 브랜드를 구입 결정하도록 만든다.

04 브랜드 스토리는 브랜드 습관을 만든다
brand story Strategy

브랜드는 제품^{기업}의 아이덴티티에 대한 물리적 표현일뿐만 아니라, 소비자들이 제품에 대해 가지고 있는 이미지의 총체다. 이러한 두 가지 관점에서 소비자들을 관찰하여 그들이 브랜드와 어떻게 상호 작용을 하는지 이해해야만 브랜드 습관brand habit을 만들 수 있다. 습관이 지닌 힘은 대뇌변연계의 신경 회로를 만든다. 즉 브랜드 습관이란 브랜드 신경 회로를 만드는 것이다. 브랜드 중독이 바로 브랜드 습관의 힘이다. 브랜드의 성공은 이러한 브랜드 습관을 만드는 과정에서 이루어진다. 인간의 정보 처리 과정에서 볼 때, 브랜드는 마케팅 맥락marketing context으로 전이된 고정관념에 속한다. 즉, 인간이 최소한의 노력으로 최대의 효과를 얻기 위해 한두 가지의 단서를 중심으로 전체를 확대 해석하게 하는 극단적 도구가 바로 브랜드다. 즉, 브랜딩 전략은 소비자의 기억 속에 강력하고 근거 있는 브랜드 고정관념을 만드는 것이다. 또 역으로 이미 만들어진 부정적인 고정관념과 선입견을 바꾸는 설득의 과정도 브랜딩 전략의 핵심이다. 이렇게 소비자의 행동을 이끌어내는 일련의 브랜드 커뮤니케이션 전략은 브랜드 스토리를 통해 이루어진다.

브랜드 스토리 마케팅 커뮤니케이션은 소비자에게 알리고 싶어 하는 고정관념을 만들어 감성적 설득을 통해 이를 전달하는 브랜딩 전략이다. 브랜드 스토리 마케팅 커뮤니케이션은 좌뇌적 논리, 이해, 판단, 평가를 겨냥하는 일반적 커뮤니케이션과 달리 논리와 감정의 시너지를 겨냥한 공감, 감동의 행동을 유발하는 커뮤니케이션이다. 제품이나 서비스를 소비자의 기능적인 요구와 결합하는 방법인 브랜드 퍼포먼스brand performance나 소비자의 개인적인 의견과 평가를 이끌어내는 브랜드 평가는 좌뇌적 활동에 의존한다. 이에 비해 브랜드에 대한 소비자의 감정적 반응을 의미하는 브랜드 느낌brand feelings은 우뇌적 활동에 의지한다. 이런 우뇌적 활동에 즉각적으로 반응하는 것이 브랜드 스토리다. 최근 소비자가 브랜드를 통해 자신의 아이덴티티를 규정하는 경향이 점점 많아짐에 따라 브랜드 스토리를 통해 제품에 의미를 담는 감성 마케팅이 활발해졌다. 특히 브랜드 스토리 마케팅 커뮤니케이션은 이야기를 통해 소비자의 관심과 흥미는 물론 자발적인 화제를 불러일으키고, 브랜드 아이덴티티를 확보하는 데 더욱 용이하다. 브랜드 스토리로 커뮤니케이션하면 브랜드와 소비자의 상호 관계를 무의식적으로 연결해준다. 구글의 브랜드 습관은 '구글링'이다. 무의식적 사고가 대부분의 인간 행동을 지배하고, 이는 바로 소비자를 길들이는 것이다.

  인간의 행동은 오랜 기간에 걸쳐 형성된 습관적 반응이다. 그 때문에 마케터들은 소비자의 두뇌 신경 회로가 변화를 일으킬 정도로 행동을 반복하게 만들어 브랜드제품에 대한 습관을 형성해야 한다. 소비의 95퍼센트를 지배하는 행동이 바로 습관이다. 기억과 감정은 서로 연관되어 있다. 특정 감정을 떠올리면 그 감정과 연계된 브랜드가 기억나고, 그 브랜드를 기억하면 그 브랜드와 관련된 감정을 느낄 수 있다. 감정은 타인과 상호 작용을 잘할 수 있도록 지원하고 의사 결정을 돕는다. 브랜드 스토리는 감정을 기반으로 한 커뮤니케이션이기에 소비자들과의 공감대를 형성하도록 강력한 힘을 발휘한다. 무의식 속으로 브랜드를 자연스럽게 스며들게 하는 것이 브랜드 스토리이기에 습관적 두뇌무의식적 사고를 만들어 브랜드 신경 회로가 형성되게 하고, 이를 통한 소비자들은 자신만의 방식으로 브랜드 세상과 상호 작용한다. 브랜드 행동을 강화하는 브랜드 스토리는 브랜드 습관을 만들어내는 최상의 방법이다. 브랜드 스토리는 브랜드 심상 정보imagery information이기에 이미지로 기억하는 두뇌 생리와 일치한다. 사람은 자유 의지로 움직이나 스토리의 방식으로 모든 것을 기억하기에 브랜드 스토리는 소비자의 기억 속에 각인될 수 있다. 물론 브랜드 스토리는 긍정적인 반응을 일으키게 해야 한다. 이를 위해서는 브랜드 스토리 자체에 소비자 신뢰를 획득할 수 있는 진정성이 있어야 한다. 그래야만 소비자가 특정 제품브랜드을 구입할 때 의사 결정의 단서로 작용함으로써 브랜드 구매가 효율적으로 이루어지게 만든다. 소비자로 하여금 의식적 사고 과정 없이 자동으로 브랜드 구매를 하게 만드는 것이 브랜드 습관, 즉 브랜드 행동 마케팅이다. 브랜드 습관을 형성하기 위해서는 브랜드를 발견하고, 브랜드를 구매하고, 브랜드를 사용하는 세 가지 행동을 반복해야 한다. 브랜드 습관은 소비자의 무의식 세계를 지배하고, 자율적인 브랜드 행동을 유도하고, 소비자의 자유 의지에 의한 브랜드 행동을 지배한다. 브랜드 스토리 전략 형태의 결정들은 소비자의 진화에 따라서 그때그때 적절하게 변화시켜야만 브랜드 스토리의 힘이 계속 유지될 수 있다. 소비자가 브랜드를 처음 사용하는 경험이 브랜드 습관을 형성하는 데 매우 중요하기에 브랜드 탄생 시점에서 소비자의 구매 시도를 잘 유도해야 할 것이다. 그러기 위해서는 브랜드 단서brand cue를 제공하는 마케팅 행동이 소비자의 접촉점에서 지속적으로 일어나야 한다. 그래서 브랜드 행동이 일어나 브랜드를 사용해야 한다. 경쟁 브랜드를 사용하지 않고 연속해서 우리의 브랜드를 세 번 이상 사용한다면 브랜드는 습관화된다.

소비자들은 무의식적인 사고에 따라 행동한다. 브랜드 약속브랜드 스토리을 통해 변화하는 시장에 발맞춰 진화하는 브랜드만의 소비자 관계를 지속시킬 수 있다. 습관은 없어지는 것이 아니라 내면에 잠재되어 있다가 나타난다. 습관과 연관된 과거의 자극이 나타나면 잠재되어 있던 습관적 행동이 다시 활성화된다. 경쟁사의 행동에 의해 소비자가 갖고 있는 습관이 없어질 수도 있는데, 이는 경쟁사의 소비자가 가진 무의식적인 브랜드 습관을 방해하는 것이다. 지속적인 재구매를 유지하기 위해서는 브랜드 습관을 지속시켜야 하고, 이는 계속적인 브랜드 단서브랜드 신호를 소비자의 진화에 맞춰 특별한 무엇인가를 마케팅 프로그램 속에 있게 해야 한다.

소비자의 브랜드 습관을 파악하면 장기적인 이익을 가져다주는 브랜드 스토리 전략을 기획하는 데 도움이 된다. 브랜드 스토리는 브랜드 습관을 낳고, 소비자의 진화에 맞춰 브랜드 스토리 전략의 형태를 변경해줌으로써 브랜드 습관은 더욱 강화된다. 실제로 모든 시장은 소비자의 습관에 의해 움직인다. 이미 형성되어 있고 무의식적 브랜드 습관을 대체할 수 있는 새로운 습관을 만들어야 새로운 브랜드는 살아남을 수 있다. 시장의 변화 속에서 이미 형성된 브랜드 습관을 변화시켜야 한다. 브랜드 습관이 이끄는 대로 소비자의 마음이 움직인다. 브랜드 습관이 소비자의 영혼까지 물들인다. 브랜드 습관은 브랜드를 최단 시간 내에 결정하고 두뇌의 본능에 의존한다. 이는 바로 우뇌의 감성^{감정}이고, 감성 바이러스를 만드는 브랜드 스토리가 우뇌를 깨움으로써 브랜드 습관이 일어난다.

이제 브랜드 스토리 마케팅은 두뇌 마케팅^{brain marketing}, 뉴로 마케팅, 무의식 마케팅이란 다양한 이름으로 등장할 것이고, 이것은 소비자 마음에 대한 심층적 이해가 쉽지 않기 때문에 발생한다.

21세기에 들어서서 인터넷을 이용한 세일즈 프로모션, 이벤트, 게릴라 마케팅 등이 소비자의 직접적인 브랜드 행동을 야기시키지만, 그 중심에 존재하는 브랜드 스토리로 소비자와 커뮤니케이션하지 않는다면 브랜드 습관화는 실패할 것이다. 소비자의 브랜드 의사 결정의 95퍼센트가 무의식적 사고에 의해 움직이며 이는 바로 브랜드 습관에 의해 좌우된다. 브랜드 스토리가 브랜드 습관을 만드는 가장 유효한 마케팅 커뮤니케이션 전략이라는 사실을 잊지 말자. 브랜드 습관은 브랜드 스토리에 의해서 형성되고, 브랜드 습관은 또 다른 브랜드 행동에 의해서 정복되기에, 브랜드 습관을 만드는 브랜드 스토리에 대한 경쟁이 미래 마케팅^{브랜딩} 전쟁의 화두가 될 것이다.

매력적인 브랜드 스토리로 소비자와 사랑하라

 어떻게 하면 우리의 브랜드가 소비자 기억 속에서 오랫동안 지워지지 않을까. 이를 위해서는 소비자와 대화가 되어야 한다. 대화가 된다는 건 바로 친구 사이, 동료 사이 그리고 연인 사이로 발전하게 된다는 것이다. 소비자와 연인 사이가 되기 위해서는 먼저 소비자에게 가치가 있는 테마로 대화해야 하며, 그것이 공감대를 형성하고 그러한 테마가 브랜드 성장과 결합되어야 한다. 브랜드의 스토리를 만들어야 한다. 소비자의 마음을 울리는 이야깃거리가 있으면 그 제품은 단순히 기억되는 것을 넘어 사랑받게 된다. 그래서 브랜드는 소비자와 적극적으로 연애해야 한다. 사랑love은 감성적이며, 느낌이다. 그리고 사랑은 늘상 움직인다. 브랜드 스토리는 바로 소비자와 적극적으로 연애하는 것이다. 끊임없이 사랑을 받는 것이다. 사람은 사랑받기 위해서 산다. 사랑에 빠지면 사람의 심장heart과 두뇌head에 불이 들어온다. 실제로 열이 발생된다. 이성이 의식하기 전에 본능적으로 먼저 반응한다. 그 불이 들어오는 때에는 주변의 모든 것이 빛을 잃고, 사랑하는 사람만이 눈에 들어온다.

사랑은 아름답다. 사랑의 시작은 처음 본능이 작용한 열정적인 시기가 아니다. 주변의 모든 상황이 정확히 보일 때, 모든 부분을 이해하고 자기희생을 감수하면서 진짜 사랑이 시작된다. 소비자와 적극적으로 사랑하는 마음, 연애 감정을 유지한다는 것은 대단히 중요하다. 한눈에 반할 수도 있지만 지속적인 사랑은 끊임없는 연애 감정을 가지는 것이다. 그것은 바로 호감도를 창출한다. 마케팅에서 우리가 사랑해야 할 사람은 바로 소비자다. 브랜드와 사랑에 빠진 소비자는 언제나 그 자리에 있지 않고 움직인다. 소비자가 움직이기에, 즉 마음의 변화가 늘상 존재하기에, 그들과 적극적 연애를 함으로써, 관계를 지속시켜야 한다. 만남의 횟수가 많아질수록 새로운 사건을 만들어야 한다. 사랑의 기간을 오랫동안 유지하는 것만이 지속적인 성장 마케팅의 핵심이다. 소비자를 제대로 알면 사랑이 보인다. 상대방의 마음을 진실되게 이해했을 때 우리의 사랑이 깊어지듯이 소비자도 그러하다.

브랜드에는 스토리가 있어야 한다. 그것이 히스토리든 사연이든 간에 이야깃거리가 있어야 한다. 이것이 브랜드 스토리

brand story다. 끊임없는 사연이 연결되면 사랑은 쉽게 식지 않는다. 브랜드 탄생 배경, 브랜드의 성장 사연배경과 에피소드 등이 지속적으로 얽혀들음으로써 브랜드는 인격체가 되고, 생명을 부여받는다. 브랜드 스토리는 결국 소비자와의 관계의 끈, 인연을 만들고, 그것을 결국 사랑의 감정으로 승화시켜야 한다. 브랜드의 애절한 사연을 계속해서 듣게 된 소비자는 그 브랜드를 사랑할 수밖에 없다. 브랜드 스토리는 소비자가 이야기를 듣고 스스로 마음을 움직이게 해준다. 그래서 잘 만든 브랜드 스토리는 소비자를 자발적으로 연결해준다. 브랜드에 사연을 담아야 한다. 만일 그것이 소비자에게서 나온 이야기일 경우에는 진정한 힘을 발휘한다. 그 속에는 보이지 않는 사랑의 힘이 깃들어져 있어야 한다.

브랜드를 지속적으로 성장시키는 원동력은 사랑이다. 사랑은 항상 불가능을 가능케 한다. 성공 신화 너머에 존재하는 모든 것이 사랑이다. 사랑을 하지 않으면 아무것도 변화시킬 수 없다이다. 사랑하기 때문에 목숨을 걸고 일을 한다. 지속적인 성장 마케팅도 순간순간 목숨을 걸어야 한다.

불타는 사랑의 열정이 이것을 만든다. 소비자와 끊임없이 사랑을 할 수 있는 브랜드, 지속적인 연인 관계를 유지할 수 있어야 한다. '사랑하고, 사랑하라.' 이것이 브랜드를 성공하게 만들고 지속적인 관계를 맺게 한다. 사랑의 힘은 위대해서 모든 것을 가능케 한다. 지속적인 성장 마케팅의 이면에 숨어있는 진실은 바로 소비자와 적극적으로 사랑을 하는 것이다. '소비자와 사랑하십시오. 브랜드와 사랑하십시오.' 마케터는 이 둘과의 사랑을 영원토록 맺게 해야 한다.

브랜드의 시대가 끝나고 러브 마크^{lovemark}의 시대가 도래했다고 한다. 물론 단순하게 브랜드를 기억하고 이미지로 남는 브랜드가 되어서는 안 된다는 말이겠지만 브랜드 시대는 끝나지 않는다. 브랜드 속에 사랑의 감정을 넣는 것이고, 정^{情}이 있는 브랜드 구축을 하라는 이야기일 것이다. 러브 마크는 소비자의 마음 속 깊이 사랑받는 브랜드여야 한다는 것, 그 브랜드를 듣는 순간 가슴이 설레이고 두근거리는 감정을 갖게 한다는 뜻이다. 브랜드는 사라지지 않는다. 보다 독특한 브랜드 커뮤니케이션하라는 의미로 받아들여야 한다. 브랜드의 존재가 탄생했을 때부터 소비자에게 사랑받지 않는 브랜드는 살아남지 못한다. 러브 마크 브랜드는 브랜드 스스로가 소비자 욕망을 충족시키고, 소비자와 같은 존재로서의 개성을 보유하라는 말이다.

브랜드는 기업의 심장이다. 영혼이다. 지속적인 성장 마케팅을 이루기 위해서는 매력점$^{sweet\ spot}$이 있어야 한다. 성장의 핵심은 이를 시대에 맞게 반복적으로 발견하는 것이다. 소비자들은 분명히 빠르게 변하는 중이다. 소비자와 적극적으로 연애를 한다는 것은, 소비자를 만날 때마다 새로운 기분을 주어야 한다는 것이다. 이는 만날 때마다 그들의 마음이 움직인다는 데 초점이 있다. 지속적인 성장 마케팅은 소비자 마음 변화, 한계에 도전한다. 해당 시장 카테고리를 다시 정의할 수 있을 만한, 소비자 기대 심리를 만족할 수 있는 제품을 내놓음으로써 끊임없이 소비자 마음에 충격을 준다. 매일매일 새로운 사건을 만든다. 브랜드에게 최적의 매력점을 발견한다. 끊임없는 마케팅 혁신을 통해 새로움을 제공한다. 더욱 개선된 버전으로 대처한다. 브랜드에 열정을 부여한다. 그래서 소비자를 열광시킴으로써 역동적인 연애를 한다.

브랜드는 이야기를 자양분으로 성장, 진화하는 유기체적 성질을 가지고 있다. 브랜드 스토리는 브랜드에 담긴 의미를 제공함으로써 소비자 마음을 훔치는 공감 기술이다. 재미있는 브랜드 스토리 속에서 소비자들은 읽을거리를 발견하고 서로의 의미성을 공유한다. 브랜드 스토리는 일회성에 머무르지 않고 소비자가 변화함에 따라 끊임없이 진화해야 하며 그것은 소비자가 꿈꾸는 것에 대한 공감을 유도해 관계를 더욱 밀접히 해야 한다. 브랜드의 부가 가치는 브랜드 스토리에 의해 생겨난다. 소비자의 일상생활에서 마주치는 브랜드와의 경험은 지속적으로 발전해야 한다. 소비자의 체험 속에 우러나오는 진솔한 감정이 브랜드 스토리에 있을 때 호소력은 뛰어나게 된다. 브랜드 스토리는 브랜드의 영양소이기에 그것이 이야기에 머무르는 게 아니라 다른 소비자와도 공유되기에 지속적인 성장 마케팅을 할 수 있다.

  모든 브랜드에는 이야기가 숨어 있다. 경쟁 우위나 차별성을 확보하고 브랜드 가치를 높이기 위해서는 브랜드 스토리가 필요하다. 그것은 바로 브랜드의 내면 가치를 형성하며, 소비자의 내면마음을 움직여야 한다. 그냥 멋있는 이야기가 아닌 소비자의 브랜드 경험의 진실한 순간이 담겨 있어야 한다. 일상적인 평범함 속에서 생활 브랜드 가치를 끄집어내야 한다. 그것은 바로 우리와 가장 가까이 존재한다. 신선함, 콘셉트와 어울리는 스토리를 브랜드에 넣어야 한다. 브랜드와 소비자의 사랑은 끊임없는 대화로써 이루어진다. 매력적인 브랜드 스토리로 소비자와 지속적으로 사랑관계 맺기하는 것이 롱런 마케팅을 위한 브랜딩 전략이다.

BRAND STORY STRATEGY

참고문헌
brand story Strategy

1. 데이비드 A.아커 & 에릭 요컴스탈러 지음, 이상민·최윤희 옮김,

   《브랜드 리더십》, 브랜드앤컴퍼니, 2001.

2. 스콧 데이비스 외 지음, 김형남 옮김,

   《브랜드, 비즈니스를 움직이는 힘》, 청림출판, 2003.

3. 로렌스 빈센트 지음, 박주민 옮김,

   《스토리로 승부하는 브랜드 전략》, 다리미디어, 2003.

4. 댄 힐 지음, 이정명 옮김,

   《감각마케팅》 비즈니스북스, 2004.

5. 제럴드 잘트먼 지음, 노규형 옮김,

   《How Customers Think: 소비자의 숨은 심리를 읽어라》, 21세기북스, 2004.

6. 김훈철, 장영렬 지음,

   《브랜드 스토리 마케팅》, 멘토르, 2006.

7. 세스 고딘 지음, 안진환 옮김,

   《마케터는 새빨간 거짓말쟁이》, 재인, 2007.

8. 클라우스 포그·크리스티안 부츠·바리스 야카보루 지음, 황신웅 옮김,

   《스토리텔링의 기술》, 멘토르, 2008.

9. 에벌린 클락 지음, 서정아 옮김,

   《이야기 경영 : 기업을 변화시키는 스토리텔링의 힘》, 연암사, 2008.

10. 한스 게오르크 호이젤 지음, 배진아 옮김,

    《뇌, 욕망의 비밀을 풀다》, 흐름출판, 2008.

11. 닐 마틴 지음, 박지혜·홍성태 옮김,

    《해빗Habit》, 위즈덤하우스, 2009.

12. 로이스켈리 지음, 황인영 옮김,

    《비욘드 버즈》, 다산북스, 2009.

13. 정성희 지음,

    《무의식 마케팅》, 시니어커뮤니케이션, 2009.

14. 린제이 잘트먼·제럴드 잘트먼 지음, 이진원 옮김,

    《마케팅 메타포리아》, 21세기북스, 2010.

15. 댄 힐 지음, 안진환·이수경 옮김,

    《이모셔노믹스》, 마젤란, 2011.

브랜드스토리로 커뮤니케이션하라!

마케터가 만들고 싶어하는 브랜드는 〈전설적인 브랜드〉이다.
그 시작은 소비자가 가지고 있는 작은 감동이
하나의 브랜드 스토리로서 사람들의 입에서 입으로
큰 물결을 타기 시작하면서 만들어진다.

● 브랜드스토리 마케팅의 이해

기업의 마케터가 원하는 것은 소비자들이 우리 브랜드를 오랫동안 기억하고,
브랜드에 대한 호감을 지속적으로 가짐으로써 우리 브랜드를 선택하게 만드는 것이다.
즉, 브랜드의 기억도를 높이고 브랜드를 소비자 마음에 확고하게 자리잡게 하는 것이다.
가장 오래 기억할수 있고, 가장 확실하게 구매를 유도하는 방법을 우리는 브랜드스토리에서 찾는다.
브랜드스토리 커뮤니케이션을 통해 브랜드를 소비자에게 자연스럽게 기억시킴으로써
브랜드 구매 행동을 습관화 하는 것을 소셜 미디어 마케팅을 통해 효율적으로 운영한다.
브랜드스토리를 통해 단시간 내에 브랜드와 소비자를 친구 관계로 만든다.

● 브랜드스토리랜드의 마케팅 기본 전략

● 브랜드스토리 마케팅 시스템 전개
 — 브랜드에 가치가 담긴 스토리 기반의 마케팅
 • 단순한 정보 전달이 아닌 소비자의 언어로 된 브랜드스토리 전개
 • 소비자의 브랜드 스토리를 기반으로 하는 마케팅 전략 창출

● Social Media Marketing을 통한 브랜드스토리 확산
 — 브랜드 스토리의 확산에 가장 적합한 매체로 Social Media 활용
 • 브랜드스토리의 효율적 확산위해 블로그 기반의 마케팅
 • 블로그를 기반으로 ONLINE 상의 WOM(구전마케팅) 병행
 • 트위터, 페이스북을 통한 커뮤니케이션

● 브랜드스토리랜드만의 고유의 마케팅 커뮤니케이션 실행
 — 소비자가 다수 참여하여 소비자가 만드는 브랜드 블로그 마케팅
 • 소비자 참여를 통한 브랜드 충성도 형성
 • 풍성하고 재미있는 콘텐츠 양산 (One Brand, Multi Brandstory)
 • 저비용으로 최대의 입소문 마케팅 가능

● 브랜드스토리 마케팅 서비스 영역 및 진행 사례

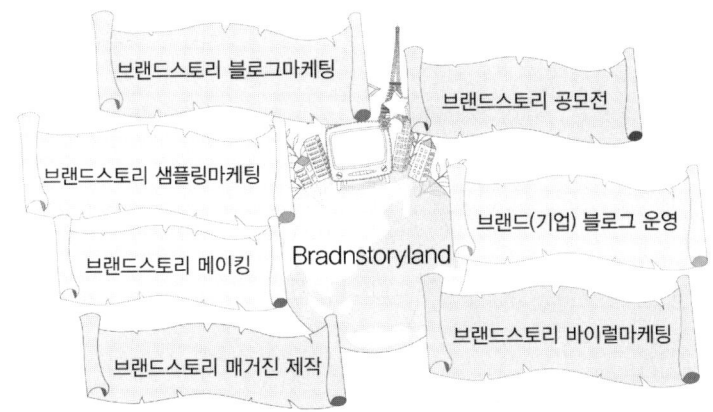

1. 브랜드스토리 공모전

● 소비자 브랜드 경험 스토리모집을 통한 커뮤니케이션 확산
● 1석 5조 마케팅 커뮤니케이션 효과
  ① S.P, P.R, 블로그포스팅, 제품구매등 다양한 효과 창출
     브랜드스토리공모전 분석을 통한 F.G.I 효과
     차후 마케팅 전략 수립을 위한 현재 소비자 마음의 자료획득
  ② WOM 효과
     공모전의 당첨작을 활용하여 웹사이트, 브랜드커뮤니티 콘텐츠 활용
     브랜드스토리 광고, 사내외 홍보용 소스 활용 On/Off line leaflet, salesman kit 활용
  ③ 브랜딩 전략 방향 설정
  ④ 정기적인 소비자 브랜드스토리공모전을 통한 브랜드 아이덴티티 변화 파악
  ⑤ 향후 브랜드 커뮤니케이션 전략 플래닝
● 소비자 T.P.O 공모전, 소비자 에피소드 공모전, 브랜드네이밍 공모전

• 동원F&B 〈좋은차 이야기〉 스토리 공모전 (2008.4~6) • 옥시 〈Veet〉스토리 공모전 (2008.5~6)
• 동서식품 〈커피믹스〉, 유한킴벌리 〈좋은느낌〉, LG생활건강 〈더블리치〉,
  Hite 〈S맥주〉 스토리공모전 (2008.8~10) • 진로〈J소주〉스토리 공모전 (2009.1~4)
• 매일유업 〈카페라떼 에스프레소&젤〉 스토리 공모전 (2009.3~6)
• 롯데제과 〈롯데ID껌〉 스토리 공모전 (2009.9~12) • 바닐라코 스토리 공모전 (2009.5)
• 네이처리퍼블릭 스토리 공모전 (2010.7~8) • 코카콜라 〈글라소 비타민워터〉
  스토리 공모전 (2010.7) • DHC 스토리 공모전 (2010.8~10)

• 푸드웰 〈사랑해 보늬〉 (2008.1~2), 〈다귤다감〉 (2009.9~10) 네이밍 공모전
• 아이소리 〈키드진〉 네이밍 공모전 (2010.8~9)

2. 브랜드(기업) 블로그 운영

- 브랜드(기업)의 블로그를 브랜드스토리 콘텐츠와 함께 운영하는 브랜드커뮤니티
- 일반적인 제품의 홍보가 아닌 소비자의 적극적인 참여로 표적 소비자층에 관심을 유도 할수 있는 다양한 스토리 콘텐츠 생성
- 소비자들이 블로그 운영에 참여하여 소비자와 함께 만드는 브랜드 블로그

  - 코카콜라 〈글라소 비타민워터〉 브랜드 블로그 운영(2010.5~2011.1)
  - 동아오츠카 〈블랙빈&소이조이〉브랜드 블로그 운영 (?011.3~8)
  - 다산북스 브랜드 블로그 운영 (2010.11~)
  - 〈후시리즈〉 브랜드 블로그 운영(2011.1~) • 오리온 〈마켓O〉 브랜드 블로그 운영 (2010.1~3)

3. 브랜드스토리 바이럴 마케팅

- 기존의 바이럴 마케팅 형태가 아닌 소비자가 함께 하는 바이럴 마케팅 진행
- 마케팅 이슈에 맞는 커뮤니케이션 핵심 콘셉트 결정
- 소비자 아이디어로 만든 바이럴 콘텐츠 제작
- 블로그, 커뮤니티, 3대포털, 브랜드관련 사이트 소비자가 홍보
- 브랜드스토리를 기반으로한 바이럴 콘텐츠 형성

  - 매일유업 〈카페라떼 에스프레소&젤〉 바이럴 마케팅 (2009.3~6) • 오리온 〈마켓O〉 바이럴 마케팅(2010.1~3)
  - 네이처리퍼블릭 바이럴 마케팅 (2010.4~10) • 코카콜라 〈Burn〉 바이럴 마케팅 (2011.4~5)
  - Kt online 바이럴 마케팅 (2011.5~)

4. 브랜드스토리 블로그 마케팅

- 브랜드스토리랜드 회원 블로그를 통한 그룹 활용
- 단순한 상품 후기가 아닌 소비자의 시각으로 브랜드를 사용 및 경험후 스토리로 구성해서 블로그에 포스팅
- 오프라인모임을 주기적으로 진행하여 제품의 차별화된 특성과 가치를 공감
- DM, 토픽메뉴얼(브랜드 제품 스토리)를 통한 관리를 통하여 솔직하고 공감할 수 있는 스토리 콘텐츠 작성 확산

  - 미스터도넛 블로그 마케팅 (2009.7~9), (2010.2~5) • 롯데제과 〈롯데 ID껌〉 블로그 마케팅 (2009.9~12)
  - 동서식품 〈그래놀라〉 블로그 마케팅 (2010.1~2) • 오리온 〈마켓O〉 블로그 마케팅(2010.1~3)
  - 네이처리퍼블릭 블로그 마케팅 (2010.4~9) • 파리바게뜨 〈해피포인트〉 블로그 마케팅 (2010.5~7)
  - DHC 블로그 마케팅 (2010.8~10) • 스와치 블로그 마케팅 (2010.10~12)
  - 에리트베이직 〈Beatoy〉 블로그 마케팅 (2011.5~6) • KT 블로그 마케팅 (2011.5~)

5. 브랜드스토리 샘플링 마케팅

- 기존의 Street 샘플링의 약점을 보완한 이유가 있는 샘플링 마케팅
- 소비자와 함께하는 샘플링
- 소비자와 직접 소통하며 온라인, 오프라인 연계를 통한 샘플링 효과 극대화
- 소비자 블로그를 통해 샘플링 타겟을 결정하고 샘플링후 블로그 포스팅 게재

  • 동원F&B 〈좋은차 이야기〉 샘플링 (2008.4~6) • 매일유업 〈까페라떼 에스프레소&젤〉 샘플링(2009.3~6)
  • 롯데 ID껌 샘플링 (2009.9~12) • 오리온 〈마켓오〉샘플링 (2010.1~3)

6. 브랜드스토리 메이킹

- 마케팅 이슈에 맞는 브랜드스토리 핵심 콘셉트 결정
- 브랜드 스토리 소스를 내부,고객자료를 바탕으로 추출
- 브랜드핵심 콘셉트에 따른 브랜드 스토리 전략 방향 설정
- 브랜드 스토리 타입 결정에 따른 전략적인 브랜드스토리 개발

  • 포스코플랜텍 〈타이칸〉 브랜드스토리 개발 (2010.8~10)

7. 브랜드스토리 매거진 제작

- 브랜드스토리를 기반으로 한 브랜드 홍보잡지 제작
- 차별화 된 소비자와의 접점으로 소비자 충성도 확보
- 브랜드의 기업정보만이 아닌 소비자의 경험이야기 구성으로 재미 증가
- 기존의 사내·외보의 대체로 마케팅 비용 절감
- 브랜드미디어로 브랜드 아이덴티티 구축 용이

"모든 마케팅 문제의 solution은 소비자 마음 그 자체에 있다.
소비자의 생각 그대로 마케팅 해야 한다. "

– Crenovation Marketing by Mad21

㈜ 매드이십일 / 브랜드스토리랜드 Tel 02-3471-4747 Fax 02-3471-4704
김현구 팀장 bsl@brandstoryland.com
www.brandstoryland.com 18-29 Trend Setter 여성들만을 위한 브랜드스토리랜드
http://cafe.naver.com/brandstorysumer 브랜드스토리슈머카페
http://blog.naver.com/bs_land 〈브랜드에겐 스토리가 힘이다〉 브랜드스토리랜드 블로그